福建省社科研究基地福建江夏学院金融风险管理研究中心资助

新编21世纪高等职业教育精品教材 ◆ 金融类

国际金融

（第四版）

GUOJI JINRONG

李杰辉 编著

中国人民大学出版社
·北京·

本教材得到福建省社科研究基地福建江夏学院金融风险管理研究中心的支持，同时也是2020年福建省本科高校教育教学改革研究重大项目“以产为教 知行合一——金融类专业产教融合实践之路”（项目编号：FBJG20200164）阶段性研究成果。

前言

第二次世界大战之后，国际金融从国际贸易学中逐渐分离出来，形成了一门独立的学科。它研究的是国际范围内货币流通和资本运动的一般规律，其研究范畴涉及国际货币兑换与汇率制度、国际收支、国际储备、国际金融市场、国际金融机构、国际结算、外汇与外债管理、国际资本流动等方面的问题。

党的二十大报告明确指出："坚持社会主义市场经济改革方向，坚持高水平对外开放，加快构建以国内大循环为主体、国内国际双循环相互促进的新发展格局。"汇率、外汇储备、国际收支、投机资本、国际金融组织等已经成为普通老百姓谈论的话题，国际金融也已经融入现代人的经济生活。在这样的背景下，对国际金融理论及实务知识的通晓和掌握变得十分紧迫。

为了使本书更符合当前形势，我们在忠于第三版框架及内容的基础上新增了"素养目标"，并借鉴和吸收了国际金融领域最新的研究成果和前沿知识，更换了大量的数据、案例和图表，使读者能够更好地理解和应对当今复杂多变的国际金融形势。近几年来，我国在国际收支、外汇储备、人民币汇率制度、国际资本流动等方面都发生了较大变化，并走出了有中国特色的实践之路。我们希望通过修订，使本书为读者提供更全面、更精准、更实用的国际金融知识和应对策略，为我国经济发展和对外开放做出更大的贡献。

本书的适用对象主要是财经类专业的高职高专学生和从事国际金融相关工作的人员。在编写过程中，我们力求做到以下几点：

1. 多角度、全覆盖搭建课程思政体系。在教材中将中国特色国际金融治理实践融入章节中，大力推进专业课程的课程思政建设，向学生传达正确的世界观、人生观、价值观以及金融职业道德观。

2. 体系独特，内容新颖。理论部分贯彻"够用即可"的原则，只简要介绍国际金融最基本的知识和原理，而用较大的篇幅介绍外汇交易和外汇支付的实用技术，以及国际金融最新产品的操作规程、风险防范等。

3. 注重理论与实践的充分结合。本书介绍的概念和理论都是经过对现有国内外教材大量的比较分析之后确定下来的，力求做到简练、精确，并通过案例的计算和分析，让读者逐步掌握理论知识的运用方法。在每一章的最后，我们对该章的重点内容进行了梳理，并配以一定的课后练习，让学生能巩固所学的知识。

4. 注重知识的更新。国际金融领域的新知识、新概念层出不穷，因此本书在修订过程中注意吸收本学科最新的研究成果，尽量采用最新的统计资料。对一些具有代表性的事件或背景资料，我们特别以“专题看板”的形式呈现给读者。

国际金融领域是世界经济中最活跃、发展最迅速的部分，专家、学者对许多理论和实务的研究还在不断深入，探索永无止境。在本书编写的过程中，编者吸收各家之长，参考了许多金融界老前辈和同人的著作与资料，在此一并表示感谢。

由于编写时间紧迫，编者的水平有限，书中的疏漏和错误在所难免，恳请同行专家、学者和读者提出宝贵意见和建议。我们将不断努力，改进和完善本书内容，为读者提供更加优质的国际金融理论及实务知识。

编者

目录

第 1 章　外汇与汇率 …… 1
1.1　外汇和汇率的基本概念 …… 2
1.2　汇率与经济的关系 …… 5
1.3　汇率制度 …… 13
第 2 章　外汇市场及外汇交易 …… 23
2.1　外汇市场概述 …… 24
2.2　传统的外汇交易方式 …… 30
2.3　衍生的外汇交易方式 …… 37
2.4　外汇风险及其防范 …… 44
第 3 章　国际收支 …… 50
3.1　国际收支与国际收支平衡表 …… 51
3.2　国际收支的失衡与调节 …… 60
3.3　我国的国际收支发展历程 …… 68
第 4 章　国际储备 …… 73
4.1　国际储备概述 …… 74
4.2　国际储备的管理 …… 82
4.3　我国的国际储备管理 …… 86
第 5 章　国际货币体系 …… 94
5.1　国际货币体系概述 …… 95
5.2　国际货币体系的演变及类型 …… 96
5.3　国际货币体系的改革 …… 111
第 6 章　国际金融市场 …… 117
6.1　国际金融市场概述 …… 118
6.2　传统的国际金融市场 …… 122
6.3　欧洲货币市场 …… 127

6.4 国际金融市场的发展 …… 132
第 7 章 国际金融组织 …… 138
7.1 国际金融组织概述 …… 139
7.2 全球性国际金融组织 …… 140
7.3 洲际性国际金融组织 …… 151
第 8 章 国际结算 …… 159
8.1 国际结算概述 …… 160
8.2 国际结算工具 …… 162
8.3 国际结算方式 …… 167
第 9 章 外汇管制与外债管理 …… 186
9.1 外汇管制概述 …… 187
9.2 我国的外汇管理体制 …… 191
9.3 外债管理概述 …… 199
第 10 章 国际资本流动 …… 206
10.1 国际资本流动概述 …… 207
10.2 国际债务危机 …… 215
10.3 国际融资新方式 …… 221
参考文献 …… 229

第 1 章

外汇与汇率

导入案例

美国和墨西哥的边境住着一个精于算计的农民。别人都以种地维持生计，而他却另辟蹊径，仅仅依靠自己的 10 美元积蓄便能享受算得上小康的生活。早晨起床后，他在美国的酒店花 1 美元买一杯啤酒和一盘牛排，吃完早餐，他拿着剩下的 9 美元来到墨西哥。这时已经过了中午，他在当地银行按 1∶3 的汇率，将 9 美元换成 27 比索，然后拿出 3 比索，在当地饭店继续喝一杯啤酒，吃一盘牛排。下午，他拿着剩余的 24 比索回到美国，再按美国 1∶2.4 的汇率，换成 10 美元。这样，一天下来他等于白白享用了啤酒和牛排，第二天他再次重复这个行程。

现在，就让我们一起来认识一下外汇和汇率。

本章学习目标

1. 正确理解外汇与汇率的概念；
2. 了解汇率的种类；
3. 掌握汇率的形成机制及对经济的影响；
4. 掌握汇率制度的类型和特征。

素养目标

党的二十大报告提出为全面建设社会主义现代化国家而团结奋斗。在这个大背景下，理解并掌握外汇和汇率的基本概念，以及它们与经济之间的内在联系，对于确保我国的经济安全有着不可或缺的重要性。选择适宜的汇率制度，是推动我国经济持续稳定发展，从而保障国家经济安全的重要策略。

同时，党的二十大报告也强调了增强全民国家安全意识和素养，筑牢国家安全人民防线。对国家外汇和汇率政策的深入理解和认同，对金融行业和金融岗位的重要性和社会责任的深刻认识，都是推动全面深化改革、全面建设社会主义现代化国家的重要组成部分。

1.1 外汇和汇率的基本概念

1.1.1 外汇

国际经济交易和国际支付，必然会产生国际债权债务关系，由于世界上的每个国家都有自己独立的货币和货币制度，各国货币之间不能流通使用，因此国际债权债务的清偿需要用本国货币与外国货币兑换，由此产生了外汇。

1. 外汇的概念

外汇（Foreign Exchange）的概念，可以从动态和静态两个不同的角度来理解。

动态的外汇，是指国际汇兑，即把一国货币兑换为另一国货币以清偿国际债务的实践活动或过程。这种以国际汇兑作为考察对象的外汇含义，是外汇概念的渊源。随着世界经济的发展，国际经济活动的日益活跃，国际汇兑也逐渐由动态概念演变为静态概念。

静态的外汇，是指以外币表示的可用于对外支付的金融资产。这种外汇概念通常用于国家的外汇管理法令之中。如《中华人民共和国外汇管理条例》第三条规定，外汇，是指下列以外币表示的可以用作国际清偿的支付手段和资产：（1）外币现钞，包括纸币、铸币；（2）外币支付凭证或者支付工具，包括票据、银行存款凭证、银行卡等；（3）外币有价证券，包括债券、股票等；（4）特别提款权；（5）其他外汇资产。

一种外币资产要成为外汇必须具备以下三个前提条件：

第一，外币性，即外汇必须是本国货币以外的外国货币；

第二，可偿性，即外汇必须是在国外能得到清偿的债权；

第三，可兑换性，即外汇必须能自由兑换成其他形式的资产或具备支付手段的多种工具。

世界主要货币名称及简称见表1-1。

表1-1 世界主要货币名称及简称一览表

货币名称	货币简称	货币名称	货币简称
人民币	RMB	韩元	KER
日元	JPY	美元	USD
英镑	GBP	欧元	EUR
瑞士法郎	CHF	澳大利亚元	AUD
加拿大元	CAD	马来西亚林吉特	MYR
港币	HKD	菲律宾比索	PHP
印度尼西亚卢比	IDR	新加坡元	SGD
新西兰元	NZD	泰铢	THB
俄罗斯卢布	RUB	墨西哥比索	MXN

2. 外汇的种类

按照不同的标准，可以把外汇分为以下不同的种类：

（1）根据是否可以自由兑换，外汇可分成自由外汇和记账外汇。

自由外汇是指不需要货币发行国当局的批准就可以自由兑换成其他国家货币，或用于第三国支付的外汇。如美元、日元等。

记账外汇也称协定外汇或双边外汇，是指记载在协定贸易双方银行账户上的外汇，未经货币发行国批准不能自由兑换成其他货币或对第三国进行支付，只能用于两国间的支付。

（2）根据外汇的来源和用途，外汇可分为贸易外汇和非贸易外汇。

贸易外汇是指进出口贸易所收付的外汇，包括货物及相关的从属费用，是一个国家外汇的主要来源与用途。

非贸易外汇是指除进出口贸易和资本输出输入以外的其他各方面所收付的外汇，包括劳务外汇、侨汇、捐赠外汇和援助外汇等。

（3）根据外汇买卖交割期限，外汇可分为即期外汇与远期外汇。

即期外汇又称现汇，是指在外汇买卖成交后，在当日或在两个工作日内办理交割的外汇。

远期外汇又称期汇，是指买卖双方不需要即时交割，而仅仅签订一纸买卖合同，预定将来在某一时间（如两个工作日以后）进行交割的外汇。

1.1.2　汇率

1. 汇率的概念

汇率（Exchange Rate）又称汇价，就是“外汇的交易价格”，或者说是“一国货币折算成另一国货币的比率”。因为世界各国货币的名称不同，币值不一，所以若要将一国货币兑换成其他国家的货币，就要规定一个兑换率，这就产生了汇率。汇率是一国货币对外价值的体现。

2. 汇率的标价方法

确定两种货币的比价，先要确定以哪一国货币为标准。选择的标准不同，标价方法也不同。目前，世界上主要有直接标价法和间接标价法这两种方法。

（1）直接标价法（Direct Quotation），又称应付标价法。它是以一定单位的外国货币为基准，来计算应付若干单位的本国货币，也就是用本国货币表示外国货币价格。在直接标价法下，汇率的数值越大，意味着一定单位的外国货币折合的本币越多，表明外国货币汇率上升，本国货币汇率下降；反之，表明外国货币汇率下降，本国货币汇率上升。目前，世界上大部分国家都采用这种汇率表示方式，我国的人民币汇率也是采用这种表示方式。例如，2022 年 7 月 8 日，我国外汇市场上人民币兑美元的汇率为 USD1＝RMB6.702 1，表示 1 美元的价格以人民币表示是 6.702 1 元。如果两者的汇率变为 USD1＝RMB6.9，则 1 美元的价格用人民币表示是上升了，意味着美元升值，人民币贬值；相反，如果两者汇率变为 USD1＝RMB6.7，则 1 美元的价格用人民币表示是下降了，意味着美元贬值，人民币升值。

（2）间接标价法（Indirect Quotation），又称应收标价法。它是以一定单位的本国货币为标准，来计算应收若干单位的外国货币。在国际外汇市场上，欧元、英镑、澳元等货币采用间接标价法。在间接标价法中，本国货币的数额保持不变，外国货币的数额随着本国货币币值的对比变化而变动。如果一定数额的本币能兑换的外币数额比前期少，这表明外币币值上升，本币币值下降，即外汇汇率上升；反之，如果一定数额的本币能兑换的外币数额比前期多，则说明外币币值下降，本币币值上升，即外汇汇率下跌。外币的价值和汇率的升降成反比。例如，2022 年 7 月 8 日，在欧洲外汇市场上，欧元兑美元的汇率为 EUR1＝USD1.018 8。如果两者的汇率变为 EUR1＝USD1.0，表示本币（欧元）汇率下降，外币（美元）汇率上升；相反，如果两者的汇率变为 EUR1＝USD1.1，表示本币（欧元）汇率上升，外币（美元）汇率下降。

3. 汇率的种类

（1）按国际货币制度的演变划分，有固定汇率和浮动汇率。

固定汇率，是指由政府制定和公布，并只能在一定幅度内波动的汇率。这是在金本位制和布雷顿森林体系下通行的汇率，目前许多发展中国家仍然采用该汇率。

浮动汇率，是指由市场供求关系决定的汇率。其涨落基本自由，一国货币市场原则上没有维持汇率水平的义务，但必要时可进行干预。这是布雷顿森林体系解体后西方国家普遍采用的汇率。由于各国具体情况不同，选择汇率浮动的方式也会有所不同，因此浮动汇率又可细分为自由浮动、联合浮动、钉住浮动等。

（2）按制定汇率的方法划分，有基本汇率和套算汇率。

各国在制定汇率时必须选择某一国货币作为主要对比对象，将这种货币称为关键货币。将本国货币与关键货币实际价值进行对比，制定出的对关键货币的汇率就是基本汇率。一般来说，美元是国际支付中使用较多的货币，各国都把美元当作制定汇率的主要货币，常把本币对美元的汇率作为基本汇率。

套算汇率，是指各国按照对美元的基本汇率套算出的直接反映其他货币之间价值比率的汇率。例如某日，人民币兑美元的汇率为 USD1＝RMB6.337 1，美元兑瑞士法郎的汇率为 USD1＝CHF1.526 5，在这两个基本汇率的基础上可套算出人民币兑瑞士法郎的汇率为 CHF1＝RMB4.151 4。

（3）从银行买卖外汇的角度划分，有买入汇率、卖出汇率、中间汇率和现钞汇率。

买入汇率也称买入价，即银行向同业或客户买入外汇时所使用的汇率。采用直接标价法时，外币折合本币数较少的那个汇率是买入价，采用间接标价法时则相反。

卖出汇率也称卖出价，即银行向同业或客户卖出外汇时所使用的汇率。采用直接标价法时，外币折合本币数较多的那个汇率是卖出价，采用间接标价法时则相反。

中间汇率是指买入价与卖出价的平均数。西方国家报刊报道汇率消息时常用中间汇率，套算汇率也是由有关货币的中间汇率套算得出的。

一般国家都规定，不允许外国货币在本国流通，只有将外国货币兑换成本国货币，才能够购买本国的商品和劳务，因此产生了买卖外汇现钞的兑换率，即现钞汇率。按理，现钞汇率应与外汇汇率相同，但因需要把外币现钞运到各发行国，由于运送外币现钞要花费一定的运费和保险费，因此，银行在收兑外币现钞时的汇率通常要低于外汇买入汇率。

（4）按银行外汇付汇方式划分，有电汇汇率、信汇汇率和票汇汇率。

电汇汇率，是经营外汇业务的本国银行在卖出外汇后，即以电报委托其国外分支机构或代理行付款给收款人所使用的一种汇率。由于电汇付款快，银行无法占用客户资金头寸，同时，国际电报费用较高，因此电汇汇率较一般汇率高。但是电汇调拨资金速度快，有利于加速国际资金周转，所以电汇在外汇交易中占有较大的比重。

信汇汇率，是银行开具付款委托书，用信函方式通过邮局寄给付款地银行转付收款人所使用的一种汇率。由于付款委托书的邮递需要一定的时间，银行在这段时间内可以占用客户的资金，因此，信汇汇率比电汇汇率低。

票汇汇率，是指银行在卖出外汇时，开立一张由其国外分支机构或代理行付款的汇票交给汇款人，由其自带或寄往国外取款时所使用的汇率。由于票汇从卖出外汇到支付外汇有一段间隔时间，银行可以在这段时间内占用客户的头寸，因此票汇汇率一般比电汇汇率低。票汇有短期票汇和长期票汇之分，其汇率也不同。由于银行能更长时间运用客户资金，因此长期票汇汇率较短期票汇汇率低。

（5）按外汇交易交割期限划分，有即期汇率和远期汇率。

即期汇率也称现汇汇率，是指外汇买卖双方成交当天或两天以内进行交割的汇率。

远期汇率，是在未来一定时期内进行交割，而事先由买卖双方签订合同、达成协议的汇率。到了交割日期，由协议双方按预定的汇率、金额进行钱汇两清。远期外汇买卖是一种预约性交易，是由于外汇购买者对外汇资金需要的时间不同，以及为了避免外汇汇率变动风险而引起的。远期汇率与即期汇率相比是有差额的，这种差额叫远期差价，有升水、贴水、平价三种情况，升水是表示远期汇率比即期汇率贵，贴水则表示远期汇率比即期汇率便宜，平价表示两者相等。

（6）按对外汇管理的严格程度区分，有官方汇率和市场汇率。

官方汇率，是指国家机构（财政部、中央银行或外汇管理当局）公布的汇率。我国国家外汇管理局公布的外汇牌价就属于官方汇率。官方汇率又可分为单一汇率和多重汇率。多重汇率是一国政府对本国货币规定的一种以上的对外汇率，是外汇管制的一种特殊形式。其目的在于奖励出口、限制进口，限制资本的流入或流出，以改善国际收支状况。

市场汇率，是指在自由外汇市场上买卖外汇的实际汇率。在外汇管理较松的国家，官方宣布的汇率往往只起中心汇率作用，实际外汇交易则按市场汇率进行。

（7）按银行营业时间划分，有开盘汇率和收盘汇率。

开盘汇率又称开盘价，是外汇银行在一个工作日刚开始营业时进行外汇买卖使用的汇率。

收盘汇率又称收盘价，是外汇银行在一个营业日的外汇交易终了时使用的汇率。

1.2 汇率与经济的关系

1.2.1 决定汇率的基础

各国货币之所以可以进行对比，能够形成相互之间的比价关系，原因在于它们都代表着一定的价值量，这是汇率的决定基础。

1. 在金本位制度下的汇率决定基础

金本位制度就广义来说是指以黄金为一般等价物的货币制度，包括金币本位制、金块本位制和金汇兑本位制。金币本位制（Gold Specie Standard）盛行于 19 世纪中期至 20 世纪初期，是典型的金本位制。后两个货币制度发生在由金币流通向纸币流通过渡和第二次世界大战后某一时期的特殊阶段，是残缺不全且不稳定的金本位制，其特点是没有金铸币流通。金本位制度就狭义来说，它仅指金币本位制。下面我们就探讨金币本位制下的汇率决定基础。

（1）汇率的决定基础是铸币平价。在典型的金币本位制下，黄金被用来规定货币所代表的价值，各国一般规定每一金铸币单位所包含的黄金重量与成色，即法定含金量（Gold Content）。在现实中，各国都用各自规定的含金量（有些国家不公布含金量）多寡来测定本币对外币的比价，两国铸币单位的含金量之比，就是铸币平价（Mint Par 或 Specie Par），也叫法定平价或外汇平价。铸币平价是决定各国货币之间汇率的基础。例如，英国规定 1 英镑金币的重量为 123.274 47 格令（Grain），成色为 22 开（Karat），即为 0.916 67（22/24），1 英镑的纯含金量则为 113.002 0 格令（123.274 47×0.916 67）。美国规定 1 美元金币的重量为 25.8 格令，成色为 0.900 0，则 1 美元的纯含金量为 23.22 格令（25.8×0.900 0）。根据含金量对比，英镑与美元的铸币平价是：113.002 0/23.22＝4.866 6，可知，1 英镑的含金量为 1 美元含金量的 4.866 6 倍。也就是说，这两种货币汇率为 1 英镑等于 4.866 6 美元。

可见，英镑与美元两种货币的汇率是以它们的铸币平价为标准的，铸币平价是决定各国货币汇率的基础。

（2）黄金输送点。各金币本位制国家在 20 世纪 30 年代大危机以前，虽然在理论上和法律上认定两国货币的汇率是铸币平价，但这种汇率与外汇市场上的实际汇率行市并不一定一致。后者的价格受外汇市场供求和该国国际收支状况的变化而围绕着铸币平价上下波动。当外汇供不应求时，汇率就可涨到铸币平价以上；当外汇供过于求时，外汇汇率就可能跌到铸币平价以下。但在典型金币本位制下，不论外汇的供求力量多么强大，汇率波动是不会漫无边际、没有限制的。这个制约汇率在限度内波动的点，即黄金输送点（Gold Point）。

黄金输送点包括黄金输入点和黄金输出点，简称黄金点，它是指在金币本位制下，外汇汇率涨落引起黄金输出输入的界限，它等于铸币平价加或减运送黄金的运费。运送黄金的运费是影响黄金点变动的主要因素。在直接标价法下，黄金输出点＝铸币平价＋黄金运费，黄金输入点＝铸币平价－黄金运费。

[例 1-1] 从伦敦把 1 英镑黄金运往美国纽约的运费为 0.03 美元，英镑铸币平价为 4.866 6 美元，那么对美国人来说，英镑外汇汇率的黄金输送点为：

黄金输出点：4.866 6＋0.03＝4.896 6（美元）

黄金输入点：4.866 6－0.03＝4.836 6（美元）

这就是说，在美国，英镑外汇汇率波动上限为 4.896 6 美元，下限为 4.836 6 美元。

（3）汇率波动的规则。汇率在黄金输送点内的波动规则，可以概括为：最高不能超过黄金输出点，即铸币平价加运费；最低不能低于黄金输入点，即铸币平价减运费。若超过或低于这一界限，就会引起黄金的输出输入和货币汇率的自动调节。

在黄金输出输入的过程中，还形成了一个“黄金—物价—国际收支”运作机制，对汇率起到了自动调节的作用。一国国际收支逆差而输出黄金时，货币流通量减少，通货紧缩，物价下跌，从而商品在国际市场上的竞争力增强，出口增加，进口减少，导致国际收支自动地恢复平衡；反之，一国国际收支顺差而输入黄金时，货币流通量增加，通货放松，物价上涨，从而商品在国际市场上的竞争力减弱，出口减少，进口增加，最后导致国际收支自动地恢复平衡。可见，在金币本位制下，由于黄金输送点和“黄金—物价—国际收支”机制的运作，把汇率的波动限制在一定的幅度内，并对汇率起到了自动调节的作用。

根据汇率在黄金输送点内的波动规则，金币本位制下运送黄金的费用，只占黄金价值的极小部分，仅是0.5‰～0.7‰，因此外汇汇率的波动面很小，全球的外汇汇率都比较稳定。

2. 在纸币流通制度下的汇率决定基础

金本位制度崩溃后，世界各国普遍实行了纸币流通制度，这种纸币流通制度有三大特点：第一，没有黄金流通，金本位制下的黄金输送点和铸币平价已不复存在；第二，各个国家对各自的纸币规定了名义上的含金量，但不能兑换黄金；第三，在纸币发行量过多或滥发纸币的情况下，名义上的含金量与实际代表的含金量往往不一致，致使有些国家不得不公开取消名义上的含金量。因此，汇率的决定基础不再是铸币平价。

（1）纸币流通制度下汇率的决定基础是纸币所实际代表的含金量或黄金价值。在两国纸币本身没有内在价值而无法按自身的价值相互对比时，它们之间的交换比率或汇率，本质上就是按各自所代表的价值量为基础的。因此，两国纸币所代表的价值之比，决定了两国的汇率。

但是，由于受纸币流通规律的作用，纸币所代表的价值量是经常变化的，因而汇率决定的基础比金本位制时复杂。

1）理想状态下的汇率决定。所谓理想状态，是指各国纸币名义上的含金量同纸币实际代表的含金量相一致的状态。在这种状态下，汇率的决定基础是各国所规定的纸币的黄金平价。在纸币流通制度建立之初，各国政府都参照了过去流通中金币的含金量，用法令形式强行规定每一单位纸币的黄金平价，两种货币的黄金平价之比，就是决定汇率的基础。

2）现实状态下的汇率决定。所谓现实状态，是指纸币的含金量与其所实际代表的含金量不相一致的状态。在纸币流通制度下，纸币受纸币流通规律的支配，纸币代表的价值量经常变化，纸币的法定黄金平价与实际代表的含金量已严重脱节，致使纸币的含金量与纸币面值极不一致，甚至变得含金量毫无用处。如西方国家货币当局纸币实际发行量并不依据黄金准备，加上在国际结算中，一国的国际收支顺差，也不能将顺差金额兑换为黄金而取回，因此，在纸币流通制度下，名义上的黄金平价已不能作为决定纸币汇率的基础，而应以纸币所实际代表的价值量为依据。

（2）衡量纸币实际价值量的标准。一国纸币实际代表的含金量是很难确定的，在国际货币价值对比中也无法把纸币与黄金间的数量关系准确或者大致计算出来，从理论上说，应以什么标准来衡量纸币代表的实际价值呢？目前有两种意见。

从纸币是金币的价值符号这一基本点出发，认为黄金的市场价格是衡量纸币真实价值的标准。首先，这种观点认为纸币是“金”的符号，纸币流通引起通货膨胀导致纸币贬值，意味着纸币所代表的含金量减少；相反，纸币流通引起升值，则意味着纸币所代表的含金量增加。其次，这种观点认为这种“含金量”的增加与减少又是与黄金市场价格相联系的。金价是纸币所代表的含金量的客观反映，金价上升，则表示纸币所代表的含金量下降；金价下降，则表示纸币所代表的含金量上升，因此得出，衡量纸币所代表的真实价值的标准，非金价莫属。最后，这种观点认为，当今世界，金价虽受各种因素影响而波动剧烈，甚至国际货币基金组织（IMF）在协定中取消了黄金条款，美国还竭力提倡黄金非货币化，但黄金发挥世界货币的职能并没有改变。与此相关的，有人主张通过比较两国纸币购买力来得出两国纸币汇率。

从纸币的国内外价值（即国内外物价水平）出发，认为物价是衡量纸币真实价值的标准。主张以国内物价为标准的理由是：第一，黄金的地位与作用已日益削弱。黄金生产、流通、分配或储存极不平衡，黄金量也远远不能满足商品流通的需要。第二，国际货币基金组织废除了黄金条款后，黄金已不再是金属货币，实际上纸币已与黄金脱钩。第三，随着政治经济的动荡不定和国际金融市场的投机盛行，黄金越来越不能准确地反映一国纸币的真实价值。第四，一国纸币的对内价值也是决定其对外价值的基础，两者之间应长期保持一致，否则影响国际收支，因此，以黄金作为衡量纸币真实价值的标准是不切实际的，唯一可行的是按一国纸币的对内价值来衡量。另外，有人还从国外物价出发，认为应比较两国出口（进口）商品的国际市场价格来求得两国纸币的汇率。

专题看板

麦当劳汉堡指数

麦当劳对经济发展、经济走向一向是敏感的，因此在现代经济学上有“麦当劳汉堡指数”一说。麦当劳汉堡指数是1986年由英国《经济学人》杂志开始编制的，它是通过巨无霸汉堡这个商品在世界各国售价的比较来预测未来主要国际通货汇价可能的走向，目的是测试各国汇率是否有偏差。

国际汇率的均衡水准应接近经济学说中的购买力平价（PPP）水准。购买力理论认为，从长远来看，某一种产品在每一个国家的价格经过汇率折算后应该是一样的，即所谓的“一价定理”。利用购买力平价理论推算汇率的最大困难，就是找到一种在各国都出售的经常消费品。巨无霸汉堡刚好解决了这一难题。因为麦当劳的汉堡在全世界行销甚广，质量、重量、口味都有统一的标准，而且包含多种原料和劳动，如粮食、肉类、调料和人工，所以可以把它的价格看成一种综合指数。这个指数也确实不负众望，它的创始人约翰·伍德尔曾根据阿根廷巨无霸汉堡价格相对美国偏低预测阿根廷比索将升值，事实果然如此。所以“麦当劳汉堡指数”在经济学界被广泛应用。

但这一指数也有其局限，这一点连《经济学人》都承认。因为此指数中包括了汇率与物价两项因素，所以，即使PPP成立，还存在究竟是汇率偏离还是物价偏离的问题。此外，汉堡的销售价格中还包含了各国的贸易障碍、税负以及汉堡为非贸易财物等因素。欧洲、日本及韩国的巨无霸汉堡价格偏高，部分原因是这些国家和地区的牛肉进口关税较高；丹麦及瑞典则因加值税税率相当高而夸大了币值被高估的程度。

1.2.2 影响汇率变动的主要因素

汇率实际上是一种价格，是一国货币对于外国货币的价值表现。与其他类型的价格相比，汇率的变动有许多特殊性，受很多方面的影响，但归纳起来主要有两大方面，即经济因素与非经济因素。

1. 经济因素

（1）国际收支状况。国际收支是一国对外经济活动的综合反映，它的状况的好坏在很大程度上对外汇市场的供求关系有直接的影响，尤其是经常性收支中的贸易收支，对一国货币汇率的变动起着决定性的作用。当一国进口增加而国际收支产生逆差时，该国对外国货币产生额外的需求，在外汇市场就会引起外汇升值，本币贬值；反之，当一国的经常项目出现国际收支顺差时，就会引起外国对该国货币需求的增加与外汇供给的增长，本币汇率就会上升。例如，美国在 1870—1970 年产生贸易顺差，因此美元持续坚挺。1970 年以后出现贸易连续逆差，美元于 1971 年、1973 年出现了两次大贬值。

（2）通货膨胀程度。通货膨胀是影响汇率变动的一个长期、主要而又有规律性的因素。货币对内价值是决定其对外价值（即汇率）的基础，货币对内价值的变化必然引起其对外价值的变化。在一国发生通货膨胀的情况下，该国货币所代表的价值量就会减少，其实际购买力下降，于是其对外比价也会下跌。如果此时对方国家也发生了通货膨胀，并且幅度恰好一致，两者就会相互抵消，两国货币间的名义汇率可以不受影响，然而这种情况毕竟少见。一般来说，两国通货膨胀率是不一样的，通货膨胀率高的国家货币汇率下跌，通货膨胀率低的国家货币汇率上升。特别值得注意的是，通货膨胀对汇率的影响一般要经过一段时间才能显现出来，因为它的影响往往要通过商品和劳务贸易、国际资本流动和心理预期等经济机制方能体现出来。

（3）利率水平。利率水平是影响汇率变动的短期因素。一国利率水平的高低，是反映借贷资本供求状况的主要标志。一国利率水平相对提高时，会吸引外国资本流入该国，从而增加对该国货币的需求，该国货币汇率就趋于上浮；反之，一国利率水平相对降低，会直接引起国内短期资本流出，从而减少对该国货币的需求，该国货币汇率就趋于下浮。但是，利率的变化对国际资本流动影响的程度有多大，还要考虑本国的通货膨胀程度以及其他国家的利率水平等因素的影响。

（4）经济增长率差异。在其他条件不变的情况下，一国经济增长率相对较高，一方面反映该国经济实力增强，其货币在外汇市场上易被依赖，货币地位提高，使该国货币汇率趋于上升；另一方面，经济高速增长，国民收入提高，可能加大该国对进口原料、设备等生产资料及消费品的需求，在该国出口不变的条件下，将使该国进口大量增加，导致国际收支项目逆差，造成该国货币汇率下降。但要注意两种特殊情况：第一，对于出口导向型国家，经济增长主要是由出口增加推动的，经济较快增长伴随着出口的高速增长，此时出口增加往往超过进口增加，这样会出现汇率不跌反升的现象；第二，如果国内外投资者把该国较高的经济增长率视作经济前景看好、资本收益率提高的反映，则会导致外国对该国投资的增加，如果流入的资本能够抵消经常项目的赤字，该国的货币汇率亦可能不跌反升。

2. 非经济因素

（1）中央银行干预。在开放的市场经济下，中央银行在具有充足的外汇储备和较好的操作技术的前提下，介入外汇市场直接进行货币买卖，对汇率的影响是最直接的，其效果也是极明显的。例如，当一国货币汇率处于较高水平而影响该国国际收支的改善和经济发展时，该国中央银行就会向外汇市场抛出本币而收购外汇，从而使本币汇率下跌，以达到扩大出口和推动国内经济发展的目的。需要注意的是，政府干预汇率往往是在特殊情况下，譬如市场汇率剧烈波动、本币大幅度升值或贬值等，或者为了特定的目标（如促进出口、改善贸易状况等）而进行的，因而它对汇率变化的作用一般是短期的，无法从根本上改变汇率的长期走势。通常中央银行干预外汇市场的措施有以下四种：

第一，直接在市场上买卖外汇。如外汇市场上本币供应不足，中央银行可提供本币购买外币；如本币供过于求，中央银行可提供外币购回本币。其目的在于实现本国货币政策，稳定本国货币汇率。

第二，调整国内货币政策。例如，在经济萧条的时候，中央银行采用扩张的货币政策，即降低利率和采取其他措施，在降低利率前后的短暂时期内，会引起本币对外汇率的下跌。因利率调低，与其他国家存在利差，外资为追求高的收益而流出，从而引起外汇需求的扩大，外汇价格上涨，本币对外汇率下跌。

第三，在国际范围公开发表导向性言论以影响市场心理。

第四，与国际金融组织和有关国家配合或联合，进行直接或间接的干预。

（2）市场预期。市场预期有时能对汇率产生重大的影响。影响外汇市场交易者心理预期变化的因素有很多，就经济方面而言，包括对国际收支状况、相对物价水平、相对利率水平或相对资产收益率以及对汇率本身等的预期。只要市场上预期某国货币不久会下跌，那么市场上立即就可能出现抛售该国货币的活动，造成该国货币的市场价格立即下降。例如，1997 年 7 月爆发的泰国货币危机就是在人们预期投资达不到理想收益的情况下，纷纷撤离泰国市场而引发的。

（3）政治局势。如果一国出现政府更迭，国内发生叛乱、战争，与他国的外交关系恶化以及遇到严重的自然灾害，而这些事件和灾害又未能得到有效控制的话，就会导致国内经济萎缩或瘫痪，使投资者信心下降而引发资本外逃，其结果会导致该国汇率下跌。如 1991 年的海湾战争、2001 年 9 月 11 日恐怖分子对美国纽约世贸中心的突发袭击、2003 年 3 月 21 日美英联军发动的对伊拉克的战争，以及从 2018 年年初开始的意大利组阁到德国移民危机，从中美贸易摩擦争端到英国退欧风波等，为国际外汇带来了很多不确定性，均对美元汇率产生了重大的影响。

影响汇率变动的因素是多种多样的，但它们之间也有一定的内在联系，在把握这些联系的过程中，必须掌握以下几点：

第一，综合分析。要多方面、多角度地去分析引起汇率发生变动的因素。

第二，主导因素与促进因素相互影响、相互作用。在特定时期内，某个或某几个因素会对汇率的变动起到主导作用，同时这些因素还会受其他因素的影响，进一步导致汇率的变化，要善于把握它们之间的关系。

第三，理论分析与实务操作有机结合。影响汇率变动的因素有长期的也有短期的，在做好长期汇率走势分析的同时，要密切注意对经济数据极为敏感的短期汇率的走势，将二者有机地结合起来，才能做好外汇实务的操作。

1.2.3 汇率变动对经济的影响

汇率变动会引起货币升值或贬值，从而对经济产生广泛的影响。汇率的上浮和下浮

（即汇率的升值和贬值）的方向相反，其作用也正好相反，下面仅从本国汇率变动的角度分析汇率变动对经济的影响。

1. 汇率变动对国际收支的影响

（1）汇率变动对贸易收支的影响。一国货币汇率的变动，会影响该国进出口商品的价格，抑制或刺激国内外居民对进出口商品的需求，从而影响进出口的规模和贸易收支。本币贬值后，本国出口量会因为商品的价格优势而有所增加，进口量会因以本币表示的进口商品的价格上涨而减少，本国的贸易收支得到改善。但这一过程能否实现，主要受两个因素的制约：一个因素是满足马歇尔-勒纳条件，即如果进口商品的需求弹性和出口商品的需求弹性之和大于 1，则说明本国货币汇率下降对出口和进口的数量比较敏感，那么本币贬值的效果就比较明显，出口就能增加，从而改善一国的贸易条件；反之，效果就不明显。另一个因素是 J 曲线效应，也称时滞效应。也就是说，人们对本国货币贬值的经济现象或经济政策有一个认识、理解并接受的过程。一方面，从进出口合同执行的角度来看，由于进出口合同早已签订，因此在本币贬值的最初阶段，出口量不会增加，进口量也不会减少；另一方面，从产业结构调整的角度来看，本币贬值后，某种商品出口量要增加，首先必须是生产量要增加，而进口量的减少，也需要一定的时间来开发进口替代品或调整产业结构。

（2）汇率变动对非贸易收支的影响。本币贬值可以改善本国的非贸易收支。以国际旅游为例，本币贬值后，单位外币兑换到的本币数额增加，外币在本国的购买力相对提高，使得外国旅游者在本国旅游时的费用开支减少，增加了外国旅游者来本国旅游的吸引力，使本国的旅游外汇收入增加；而本币贬值后，兑换单位外币所需的本币数额增加，本国出国旅游者的费用开支增加，使本国的旅游外汇支出减少。

（3）汇率变动对一国资本流动的影响。资本的主要目标是追求利润和避免损失，因此，它会随着汇率的变动而在国与国之间发生流转。一般来说，贬值会导致短期资本外逃。短期资本逐利性强、流动性大，尤其是游资，极具投机性，因此，贬值会使金融资产的相对价值降低，短期资本就会抽逃。同时，贬值还会造成一种通货膨胀预期，影响实际利率水平，打破“利息平价”关系，诱发投机性资本外逃。从长期来看，贬值会鼓励长期资本流入。因为一国汇率下调，使得同样的国外投资可购得比以前更多的生产资料和劳务，从而有利于吸引外商到该国进行投资和追加投资。不过，在既定利润率的条件下，汇率下跌也使得外商汇回母国的利润减少，因而也可能出现不愿追加投资或抽回资本的情况。因此，一国货币汇率下跌能否真正达到吸引外资的目的，还取决于外商在汇率下跌前后获利大小的比较，以及贬值后是否造成经济状况恶化、货币发生危机的可能性等因素的影响。

（4）汇率变动对外汇储备的影响。外汇储备是国际收支平衡表的项目之一。汇率变动对外汇储备的影响主要体现在三个方面：一是汇率变动会改变一国外汇储备的规模；二是储备货币的汇率变动会影响一国外汇储备的实际价值；三是汇率的频繁波动将影响储备货币的地位。

2. 汇率变动对国内经济的影响

（1）汇率变动对国内物价的影响。汇率变化对物价水平的影响体现在对贸易品价格和非贸易品价格上。以贸易品为例，当本国货币汇率下降时，从进口来看，以本国货币表示的进口商品价格提高，进而带动国内同类商品价格的上升。如果进口的多是原材料、中间产品，且当这些物品的弹性较小时，必然会引起生产成本提高，还会促使其他商品价格的普遍上涨，引发成本推进型通货膨胀。从出口来看，在国内商品供应既定的条件下，由于本国货币汇率下降将降低出口产品的国外价格，由此刺激商品的出口，必然加剧国内商品市场的供求矛盾，从而致使物价上涨。从货币发行量来看，如果贬值增加了出口，改善了贸易收支，通常也会导致该国外汇储备的增加，中央银行也必须同时投放相同价值的本币，在没有有效的对冲操作的条件下，必然会增大该国通货膨胀的压力。因此，一国如果要想使贬值发生正效应，必须采取相应的货币政策予以配合。

（2）汇率变动对国内利率水平的影响。货币贬值会扩大货币供应量，这是由于贬值会鼓励出口，增加外汇收入，从而增加本币的投放量；同时也会限制进口，使得外汇支出减少，货币回笼减少，最终促使利率水平下降。另外，货币贬值会使居民手持现金的实际价值下降，因此需要增加现金持有额才能维持原先的实际需要水平，导致全社会储蓄水平下降；同时，也会促使居民把某些金融资产转换成现金，导致金融资产价格的下降，这样，国内利率水平又会趋于上升。因此，汇率下跌究竟是提高还是降低一国的利率，要视各国的具体情况而定。但一般来说，汇率下跌随之而来的总是利率上升。

（3）汇率变动对国民经济、产业结构与就业水平的影响。当一国本币汇率下降，外汇汇率上升时，有利于促进该国出口而抑制进口，会促进资金等生产要素从非出口厂商和部门转向出口厂商和部门，推动出口行业的发展，从而使整个国民经济发展速度加快，国内就业机会因此增加，国民收入也随之增加。贬值会使一部分需求由进口商品转向国内产品，进口替代行业也因此获得发展的机会，就业机会也会被进一步创造出来；同时，贬值能够吸引更多的外国投资，改变投资结构，同样会提供更多的就业机会。但如果一国经济已处于充分就业状态，贬值只会带来物价的上升，而不会有产量的扩大，除非贬值能通过纠正原先的资源配置扭曲来提高生产效率。

3. 汇率变动对国际经济关系的影响

从国际角度来看，汇率的变动是双向的，本国货币贬值或汇率下调，就意味着他国货币升值或汇率上升，因而会导致他国国际收支的恶化，经济增长缓慢，从而招致其他国家的不满、抵制甚至报复，掀起货币竞相贬值的风潮或加强贸易保护，“汇率战”“贸易战”由此而生，其结果将会导致国际经贸关系的恶化。因此，一国货币贬值之前，必须权衡贬值后可能带来的方方面面的影响。

专题看板

广场协议

1985 年 9 月 22 日，美国、日本、德国、法国以及英国的财政部部长和中央银行行长在纽约广场饭店举行会议，达成五国政府联合干预外汇市场，诱导美元对主要货币的汇率有秩序地下跌，以解决美国巨额贸易赤字问题的协议。因该协议在广场饭店签署，故又被称为“广场协议”（Plaza Accord）。

从表面来看，"广场协议"签订的经济背景是解决美国因美元定值过高而导致的巨额贸易逆差问题，但从日本投资者拥有数量庞大的美元资产来看，"广场协议"是为了打击美国的最大债权国——日本。

20世纪80年代初期，美国财政赤字剧增，对外贸易逆差大幅增长。美国希望通过美元贬值来增加产品的出口竞争力，以改善美国国际收支不平衡的状况。

"广场协议"签订后，上述五国开始联合干预外汇市场，在国际外汇市场大量抛售美元，继而形成市场投资者的抛售狂潮，导致美元持续大幅贬值。1985年9月，美元兑日元汇率在1美元兑250日元上下波动，协议签订后不到3个月的时间里，美元兑日元汇率迅速下跌到1美元兑200日元左右，跌幅达20%。在这之后，以时任美国财政部长贝克为代表的美国当局以及以弗日德·伯格斯藤（当时的美国国际经济研究所所长）为代表的金融专家们不断地对美元进行口头干预，表示当时的美元汇率水平仍然偏高，还有下跌空间。在美国政府强硬态度的暗示下，美元兑日元的汇率继续大幅下跌，最低曾跌到1美元兑120日元。在不到三年的时间里，美元对日元贬值了50%，也就是说，日元对美元升值了一倍。

有专家认为，此后日本经济进入十多年低迷期的罪魁祸首就是"广场协议"。这是由于"广场协议"下的低利率政策助长了资产价格的盲目膨胀，股市价格上涨迫使银行把贷款转向房地产，并催生出一个更大的资产泡沫，这使泡沫经济得以形成。但也有专家认为，日本泡沫经济的形成不应该全部归罪于日元升值，日元大幅升值为日本企业走向世界、在海外进行大规模扩张提供了良机，也促进了日本产业结构调整，最终有利于日本经济的健康发展。

1.3 汇率制度

1.3.1 汇率制度的选择

汇率制度（Exchange Rate Regime），是指一国货币当局对本国汇率水平的确定、维持、调整和管理所做的一系列安排和规定。其基本内容包括：确定汇率的原则与依据；维持与调整汇率的方法；管理汇率的法规、制度和政策等；制定、维持与管理汇率的官方机构。

汇率制度作为货币制度的核心组成部分，对内外均衡和经济稳定有着重要影响，并且不同的汇率制度本身也意味着政府在进行宏观经济调节的过程中需要遵循不同的规则，所以选择适当的汇率制度是一国乃至国际货币制度面临的非常重要的问题。各国的汇率制度主要有两种，即固定汇率制度和浮动汇率制度。

1. 固定汇率制度

固定汇率制度（Fixed Exchange Rate System）是货币当局把本国货币对其他货币的汇率加以固定，将波动幅度限制在一定的范围之内。这种制度下的汇率是在货币当局调控之下，在法定幅度内进行波动，因而具有相对稳定性。

固定汇率制度的好处是：(1) 汇率波动的不确定性将降低。(2) 将汇率看作是一个名义锚，可促进物价水平和通货膨胀预期的稳定。但固定汇率制度也存在一些缺陷：(1) 容易导致本币币值高估，削弱本地出口商品的竞争力，引起难以维系的长期经常项目收支失衡。(2) 僵化的汇率安排可能被认为是暗含的汇率担保，从而鼓励短期资本流入和没有套期保值的对外借债，损害本地金融体系的健康。在固定汇率制度下，一国要么牺牲本国货币政策的独立性，要么限制资本的自由流动，否则易引发货币和金融危机。如1992—1993年的欧洲汇率机制危机、1994年的墨西哥比索危机、1997年的亚洲金融危机、1998年的俄罗斯卢布危机。这些发生危机的国家都是采用了固定汇率制度，同时又不同程度地放宽了对资本项目的管制。

2. 浮动汇率制度

浮动汇率制度（Floating Exchange Rate System）是指一个国家不规定本国货币与外国货币的汇率的上下波动幅度，也不承担维持汇率波动界限的义务，而任凭汇率随外汇市场供求的变化自由浮动。在这一制度下，外汇完全成为国际金融市场上的一种特殊商品，汇率成为买卖这种商品的价格。

实行浮动汇率制度的好处是：(1) 浮动汇率制度可以保证货币政策的独立性。(2) 浮动的汇率可以减缓外部的冲击。(3) 由于干预减少，汇率将由市场决定，因此更具有透明性。(4) 不需要维持巨额的外汇储备。但是人们对浮动汇率也有一些顾虑：(1) 在浮动汇率制度下，汇率往往会出现大幅过度波动，可能不利于贸易和投资。(2) 由于汇率自由浮动，人们就可能进行投机活动。(3) 浮动汇率制度对一国宏观经济管理能力、金融市场的发展等方面提出了更高的要求。但是在现实中，并不是每一个国家都能满足这些要求。

按政府是否干预，浮动汇率制度可以分为自由浮动汇率制度和有管理的浮动汇率制度两种。

(1) 自由浮动汇率制度。该制度是指货币当局对外汇市场很少干预，汇率随市场供求状况而变化。这种制度的缺点是名义（和实际）汇率的大幅波动可能扭曲资源配置，汇率的随机性和通货膨胀偏向较大。

(2) 有管理的浮动汇率制度。该制度是指货币当局通过各种措施和手段对外汇市场进行干预，以使汇率向有利于本国经济发展的方向变化。货币当局虽然干预外汇市场，但不捍卫任何确定的平价，干预的频率根据汇率目标而定。有管理的浮动汇率制度的优点是避免了汇率的过分波动，主要缺点是中央银行的行为有时缺乏透明度，可能引起一定的不确定性。

在现行的国际货币制度下，大部分国家实行的都是有管理的浮动汇率制度。实行这种汇率制度可以依靠三种工具：一是货币政策工具；二是中央银行对外汇市场的对冲性干预；三是一定程度的资本管制。目前，我国实行的就是有管理的浮动汇率制度。

1.3.2 人民币汇率制度

人民币汇率制度改革是我国金融体系改革的重要组成部分，也是我国发展、完善社会主义市场经济不可或缺的配套措施。客观考察与分析人民币汇率制度的历史沿革，探索人民币汇率制度的进一步改革及其目标，对于我国建立社会主义市场经济体制，实现经济国际化，具有重要意义。新中国成立以来，我国经济体制经历了曲折的发展演变过程。我国的外汇体制改革也经历了一个由高度集中的计划管理模式，转变为在外汇留成和外汇上缴体制基础上的计划与市场结合的管理模式，然后转变为建立在结售汇制上的以供求关系为基础、市场调节为主的管理模式。人民币汇率制度的演变以各阶段经济发展为基础，以各阶段经济体制改革为线索，以改革开放、汇率并轨为分界点，划分为下述三个阶段。

1. 国民经济恢复时期和计划经济时期的人民币汇率制度

（1）国民经济恢复时期（1949—1952 年年底）：管理浮动制。1948 年 12 月 1 日，中国人民银行成立，并发行了统一的货币——人民币。由于人民币一开始就没有规定其含金量，因此其对外汇率就不是以含金量作为基础，而是实行根据“物价对比法”来计算的管理浮动制。人民币兑美元的汇率是根据人民币对美元的出口商品比价、进口商品比价和侨眷日用品生活费比价三者的加权平均数来确定的，并按照国际市场相对价格水平的变化加以调整。具体又分为两个阶段：第一阶段是从 1949 年至 1950 年 3 月全国财经工作统一以前。当时根据“发展生产，繁荣经济，城乡互助，内外交流，劳资两利”的经济政策，在“统制对外贸易”的原则下，为恢复和发展国民经济，扶植出口，积累外汇资金，购买主要进口物资，确定人民币汇率的总方针是“奖出限入，照顾侨汇”。“奖出”即奖励出口，保证 75%～80%的大宗出口物资商获得 5%～15%的利润；“限入”即限制奢侈消费品进口，并照顾华侨汇款的实际购买力。这一阶段国内物价猛涨而国外物价稳定甚至下跌，汇率大幅波动，1949 年 3 月，人民币汇率为 600 旧人民币/美元，至 1950 年 3 月调至 42 000 旧人民币/美元，其间汇率调整达 52 次之多。第二阶段是从 1950 年到 1952 年年底。这一阶段国内财政金融形势好转，人民币汇率逐渐调高，起伏回升。1950 年 3 月，全国财经会议后，国内金融、物价日趋稳定，而国际市场物价上涨，为保障外汇资金安全，加速进口，人民币汇率政策由“奖出限入”变为“进出口兼顾”。从 1950 年 3 月至 1951 年 5 月，汇率共调高 15 次，从 42 000 旧人民币/美元调至 22 380 旧人民币/美元，升幅达 46.7%。

总之，这一时期，国家用汇需求很大，但由于外国的经济封锁，外汇资源紧缺，进出口渠道不畅，侨汇阻塞。人民币汇率的调整与相关政策的制定，对稳定国内经济秩序、调整进出口贸易、保证侨眷的生活以及恢复农业生产都起到了积极的作用。

（2）进入社会主义建设时期至 1972 年年底（1953—1972 年年底）：固定汇率制。自 1953 年起，我国进入社会主义建设时期，国民经济实行高度集中的计划管理体制，国内物价保持基本稳定。对私营进出口商的社会主义改造完成后，对外贸易由外贸部所属的外贸专业公司按照国家规定的计划统一经营，外贸系统采取了“进出统算，以进贴出”的办法。自 1964 年起还采取了对一部分进口商品加成的办法，即外贸部为用货部门的进口商品作价，按进口成本加价 103%，以进口盈利弥补出口亏损，不需要再用汇率调节进出口贸易。在这种条件下，人民币汇率主要用于非贸易外汇兑换的结算，按国内外消费物价对比，汇率已适当照顾侨汇和其他非贸易外汇收入，已无调整必要。为了维护人民币的稳定，有利于内部核算和编制计划，人民币汇率坚持稳定的方针，在原定汇价的基础上，参照各国政府公布的汇率制定，只有在外国货币发生升值或贬值时，才做相应的调整。同时，世界经济中以美元为中心的布雷顿森林体系在 20 世纪 70 年代之前基本能发挥作用，西方各国货币之间的汇率变化不大，国际金融秩序基本稳定。在这样的国内外环境下，人民币汇率的政策目标直接表现为维持汇率的稳定。1955 年 3 月，中国人民银行实行货币改革，废除旧币，发行新币，新币以 1：10 000 的比例兑换旧币，汇率上也由 1 美元兑换人民币 24 618 元变为兑换 2.461 8 元。直到 1971 年 11 月，人民币汇率在近 16 年里基本保持在 2.461 8 人民币/美元的水平（如图 1-1 所示）。

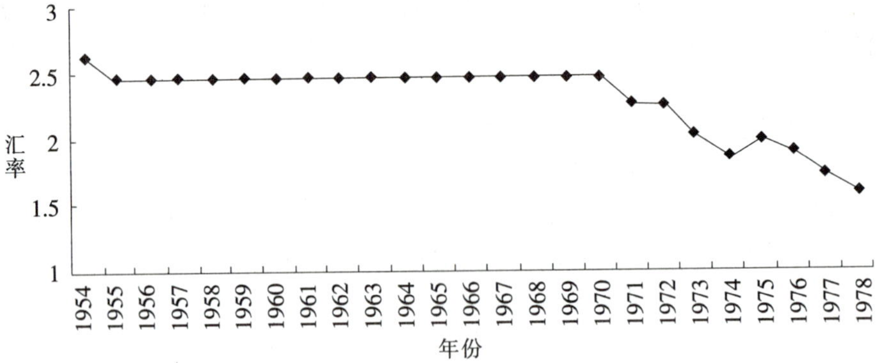

图 1-1 计划经济时期的人民币汇率

（3）从西方货币实行浮动汇率至人民币贸易内部结算价时期（1973—1978 年）：钉住“一篮子货币”的浮动汇率制度。1971 年 8 月，美国不再允许各国中央银行以美元向美国兑换黄金，国际货币体系中以美元为中心的固定汇率体制岌岌可危。1973 年 3 月，西方货币纷纷实行浮动汇率，汇率波动日益频繁。在动荡不定的国际金融背景下，为了避免西方国家经济衰退对我国的影响，保持对主要贸易伙伴货币的相对稳定，促进对外经贸的正常开展，我国改变原来以美元为基础的固定汇率制度，采用钉住“一篮子货币”的浮动汇率制度。主要选用与我国外贸有密切关系的国家和地区的货币组成“货币篮子”，再根据“篮子”中货币的浮动情况及我国政策进行调整，货币的种类及其权重多少由国家统一掌握，并根据不同时期的情况加以改动，其中，美元、日元、英镑、德国马克、瑞士法郎等在“货币篮子”中始终占重要地位。由于选用货币和权重的变动，该时期人民币汇率变动频繁，仅 1978 年人民币兑美元汇率就调整了 61 次之多。人民币汇率基本上稳定在各国之间汇率的中等偏上水平。1971 年 12 月、1973 年美元两次贬值，以后美元汇率又持续下浮，在 1972 年人民币汇率偏离 2.46 人民币/美元后，人民币快速升值，并于 1979 年达到 1.49 人民币/美元的水平，汇率高估现象不断趋向严重。

这种钉住“一篮子货币”的浮动汇率制度，操作简便、易行，在很大程度上抵御或减少了国际汇率波动对我国货币的影响，保持了人民币汇率的相对稳定，有利于对外经济贸易企业的成本核算、利润预测，同时也减少了汇兑风险。但该种方式缺乏本币主权性，刻板且不灵活，汇价水平的合理性不能保证。因为这种钉住制的人民币汇价的确定脱离了直接的物价基础和货币购买力原则，反映的只是人民币与“篮子货币”的相应变动情况，而不是人民币本身价值量的变动情况，容易使国际市场价格和国内市场价格严重背离，汇率作为经济杠杆的作用逐渐消失，蜕化为外贸会计核算的标准，贸易和非贸易价格与世界市场拉大，贸易部门和非贸易部门间矛盾加剧，从而影响整个对外贸易的发展；同时，因“篮子货币”的币种选择和权数确定客观依据不足，从而使汇率水平的合理制定失去可靠保证。

2. 经济转轨时期的人民币汇率制度

（1）人民币内部结算价和官方汇率并存的双重汇率时期（1979—1984 年）：双重汇率

制度。20 世纪 70 年代后期，人民币汇率出现严重高估，长期以来的贸易与非贸易单一汇率制度已无法适应进出口贸易发展的要求，特别是对扩大出口不利。如 1979 年我国出口 1 美元的商品，全国平均换汇成本为 2.41 元，而出口企业按银行牌价只能得到 1.555 元人民币，因此每出口 1 美元，企业要亏损 0.855 元，从而造成出口越多亏损越大，而经营进口反而赚钱的不合理现象。为了奖出限入，1979 年 8 月，国务院决定改革我国外汇制度，除继续保留人民币的公开牌价（1 美元=1.555 人民币元）外，自 1981 年 1 月起实行 1 美元兑 2.80 元人民币进出口贸易内部结算价。这样，人民币汇率在改革开放初期形成了贸易内部结算价和官方牌价汇率并存的双重汇率制度。贸易内部结算价限于进出口贸易外汇的结算，而官方牌价汇率主要适用于旅游、运输、保险等劳务项目和经常转移项目下的侨汇等外汇结算。两种汇价的实行，在开始两年对出口起到了一定的刺激作用，对进口也有一定的限制，但人民币高估状态仍未改变，国内物价、换汇成本、侨汇收入和外汇管理等方面都存在着困难。同时，国际上也反对双重汇率制度。因此，1985 年 1 月，人民币官方牌价汇率调整为 1 美元兑 2.80 元人民币，与内部结算价相同。

（2）取消内部结算价，官方牌价汇率和外汇调剂市场汇率并存时期（1985—1993 年）：以美元为基准的有限弹性汇率制度。从 1985 年 1 月 1 日起，我国取消内部结算价，官方牌价汇率应用于贸易结算和非贸易外汇兑换。为了消除汇率高估，使人民币汇率同物价的变化相适应，起到调节国际收支的作用，1985 年至 1990 年根据国内物价的变化，我国多次大幅度调整官方牌价汇率。为鼓励出口，在人民币汇率下调的同时，1985 年国家又一次提高外汇留成比例，采取按出口商品收汇金额比例留成的办法。1985 年 12 月，我国改变由中国银行多年承办外汇调剂业务的模式，在深圳成立第一个外汇调剂中心，调剂市场汇率日益成为补偿出口亏损、促进出口增长的重要手段。

1988 年 4 月，上海外汇调剂中心正式成立，随后各地都陆续成立了外汇调剂市场和调剂中心，增加外汇留成比例，扩大外汇调剂量，放开调剂市场汇率，利用市场利率，解决出口亏损问题，鼓励进口，限制非必需品进口，形成了人民币官方汇率与调剂汇率并存的汇率制度。1988 年至 1993 年，由于经济过热、通货膨胀、物价上涨、进口需求猛增，外汇求大于供，市场汇率不断下跌，由 5.70 人民币/美元贬值为 1993 年 2 月的 8.20 人民币/美元。为了限制汇率投机性上涨，一度实行限价，造成外汇流向场外交易。1993 年 5 月，取消了限价，市场汇率骤升至 11.20 人民币/美元。1993 年 7 月以后，在国家加强宏观调控和中国人民银行对市场进行干预的情况下，到 1994 年年初市场汇率回落到 8.70 人民币/美元。具体变化参见表 1-2。

表 1-2　1985—1994 年人民币的汇率变化（1 美元折合人民币）

时间	汇率	时间	汇率
1985.01.01	2.809 7	1990.11.17	5.222 1
1985.10.30	3.201 5	1992.09.08	5.465 1
1986.07.05	3.703 6	1993.10.25	5.750 0
1986.07.15	3.722 1	1993.12.01	5.700 0
1989.12.16	4.722 1	1994.01.01	8.700 0

作为一种特定历史条件下产生的计划汇率向市场汇率过渡的形式，双重汇率制度发挥了一定的市场调节和鼓励企业换汇、创汇的功能。不过，随着国内经济体制改革的深入，特别是外贸体制改革的不断深入及对外开放步伐的加快，官方牌价汇率和外汇调剂市场汇率的并存，造成了人民币两种对外价格和核算标准，导致了哄炒外汇的投机行为，不利于外汇资源的有效配置，不利于市场经济的进一步发展。

3. 1994 年外汇体制改革后以市场机制为基础的人民币汇率制度

（1）人民币汇率并轨，实行真正单一汇率制时期（1994—2005 年）：以市场供求为基础的、单一的、有管理的浮动汇率制度。1993 年 12 月 28 日，中国人民银行发布了《关于进一步改革外汇管理体制的公告》，决定自 1994 年 1 月 1 日起实行人民币汇率并轨，4 月 1 日起开始外汇管理体制改革。总体目标是“改革外汇管理体制，建立以市场为基础的有管理的浮动汇率制度和统一规范的外汇市场，逐步使人民币成为可兑换的货币”。主要内容是：全面实行结售汇制，取消外汇留成制，取消出口企业创汇的有偿和无偿上缴，取消外汇收支指令性计划，停止发行外汇券，禁止外币在境内流通，建立银行间外汇市场等。1994 年 1 月 1 日，实行人民币官方汇率与外汇调剂价并轨，人民币官方汇率由 1993 年 12 月 31 日的 5.80 人民币/美元下浮至 1994 年 1 月 1 日的 8.70 人民币/美元。实行单一的、有管理的浮动汇率制，汇率的形成以市场供求状况为基础，改变了以行政决定调节汇率的做法，发挥了市场机制对汇率的调节作用。并轨后取消了外汇留成和上缴，实行外汇的银行结售汇制，作为一项临时性措施，对经常性项目设立台账制，取消国内企业的外汇调剂业务，建立统一的银行间外汇市场，并以银行间外汇市场所形成的汇率作为中国人民银行公布的人民币汇率的基础。此后，人民币汇率结束了长达 16 年的贬值过程，开始稳中趋升。二十几年来人民币汇率运行基本稳定，国际货币基金组织对人民币汇率制度的划分也从“管理浮动制”转为“钉住单一货币的固定钉住制”。

自 1996 年 7 月起，外商投资企业开始实行银行结售汇制。自 1998 年 12 月 1 日起，关闭外汇调剂中心，外商投资企业的外汇买卖全部纳入银行结售汇体系。此外，对境内居民个人的私用汇大幅度提高供汇标准，扩大供汇范围；对超限额或超范围用汇，经外汇管理局审核其真实性后由外汇指定银行供汇。至此，自 1994 年外汇体制改革以来尚存的其他经常项目汇兑限制基本消除。我国于 1996 年 12 月 1 日接受了《国际货币基金组织协定》第八条，实现了人民币经常项目可兑换，所有正当的、有实际交易需求的经常项目用汇都可以对外支付，这是实现人民币自由兑换的重要一步。

（2）2005 年人民币汇率制度改革（2005 年至今）：以市场供求为基础，参考“一篮子货币”汇率变动的单一的管理浮动汇率制。2005 年 7 月 21 日 19 时，中国人民银行宣布了一条让全球震动的消息：经国务院批准，自 7 月 21 日起，我国开始实行以市场供求为基础、参考“一篮子货币”进行调节、有管理的浮动汇率制度。即人民币汇率不再钉住单一美元，而是按照我国对外经济发展的实际情况，选择若干种主要货币，赋予相应的权重，组成一个“货币篮子”。同时，根据国内外经济金融形势，以市场供求为基础，参考“一篮子货币”计算人民币多边汇率指数的变化，实行有管理的浮动汇率，维护人民币汇率在合理、均衡水平上的基本稳定。2005 年 7 月 21 日 19 时，美元兑人民币的交易价格调整为 1 美元兑 8.11 元人民币，作为次日银行间外汇市场上外汇指定银行之间交易的中间价，外汇指定银行可自此时起调整对客户的挂牌汇价。现阶段，每日银行间外汇市场美元兑人民币的交易价仍在人民银行公布的美元交易中间价上下千分之三的幅度内浮动，非美元货币兑人民币的交易价在人民银行公布的该货币交易中间价上下一定幅度内浮动。

需要注意的是，“参考一篮子货币”不等于“钉住一篮子货币”。“钉住一篮子货币”是指按照既定的货币种类、权重套算其汇率价值，这样一来，一国的货币当局基本没有汇率的定价主动权；而“参考一篮子货币”，表明货币当局还可以将市场供求关系作为汇率定价的另一个重要依据，据此形成有管理的浮动汇率。据国际货币基金组织统计，到 2002 年，世界上实行“钉住一篮子货币”汇率机制的国家只有九个，并且都是人口数量、经济规模很小的国家。中国作为人口居世界第一、经济总量居世界前列的大国，实行“钉住一篮子货币”汇率机制显然不符合实际国情。

距离目前最近的一次汇改发生在 2015 年 8 月 11 日，也称“8.11”汇改，我国央行宣布调整人民币兑美元汇率中间价报价机制，做市商参考上日银行间外汇市场收盘汇率，向中国外汇交易中心提供中间价报价。这一举措增强了人民币兑美元汇率中间价的市场化程度和基准性。另外，2015 年 12 月 11 日，中国外汇交易中心发布“CFETS 人民币汇率指数”，人民币汇率形成机制开始转向参考“一篮子货币”、保持“一篮子货币”汇率基本稳定。至此，“收盘汇率＋一篮子货币汇率变化”的人民币兑美元汇率中间价形成机制已经形成。这一机制更加公开、透明和具有规则性，市场化水平明显提高，比较好地兼顾了市场供求变化、保持对“一篮子货币”基本稳定和稳定市场预期三者之间的关系。

汇率的历次改革都是从我国自身发展的实际需要出发而做出的重要决策，市场化是其始终坚持的方向。我国政府多次强调，未来人民币汇率形成机制改革会继续朝着市场化方向迈进，更大程度地发挥市场供求在汇率形成机制中的决定性作用，促进国际收支平衡；加快外汇市场发展，丰富外汇产品；推动外汇市场对外开放，延长外汇交易时间，引入合格境外主体，促进形成境内外一致的人民币汇率；根据外汇市场发育状况和经济金融形势，增强人民币汇率双向浮动弹性，保持人民币汇率在合理均衡水平上的基本稳定；进一步发挥市场汇率的作用，完善以市场供求为基础、有管理的浮动汇率制。经过多年的不懈努力，我国汇率制度的规则化、透明度和市场化水平均得到了极大的提升。

专题看板

我国香港地区的汇率制度

我国香港地区在发展为贸易与金融中心期间，实行过不同类型的联系汇率制度。1863 年，香港政府宣布以当时的国际货币——银元为香港的法定货币，并于 1866 年开始发行香港自己的银元。直至 1935 年，香港的货币制度都是银本位制。后来发生全球白银危机，香港遂宣布弃用银本位制，并按 16 港元兑 1 英镑的汇率将港元与英镑挂钩。根据 1935 年颁布的《货币条例》，银行须向外汇基金交出手头用作支持发行纸币的所有白银，以换取负债证明书，外汇基金则把收到的白银投资于英镑，这些负债证明书成为发钞银行发行纸币的法定支持。实际上，这种安排就是货币发行局制度。发钞银行日后若增发纸币，必须以英镑购买负债证明书。

1972 年 6 月，英国政府决定让英镑自由浮动。其后，港元曾一度与美元挂钩，最初是 5.65 港元兑 1 美元，并于 1973 年 2 月改为 5.085 港元兑 1 美元。自 1972 年 6 月起，发钞银行可用港元购买负债证明书。1974 年 11 月，由于美元弱势，港元遂改为自由浮动。

虽然浮动汇率制度实施后的最初两年运作颇为顺利，但其后的情况却并不理想。当时的货币政策架构尚在发展初期，不足以取代以外国货币的价值来定位的货币架构，同时又没有明确的货币政策目标，更遑论达到这些目标的工具。因此，香港经济步入动荡期，几乎所有环节均大幅波动。本地生产总值增长率在 1975 年跌至 0.3%，在 1976 年却上升至 16.2%；通胀由 1975 年的 2.7%大幅攀升至 1980 年的 15.5%；港元汇价由 1981 年的 5.13 港元兑 1 美元，贬值至 1983 年的 9.60 港元兑 1 美元。打击投机的活动，以及对香港前途的信心不足，令港元贬值的情况进一步恶化，在 1983 年到了非常严峻的关头。1983 年 9 月，港元汇率跌至新低，两日间共贬值了 13%，跌至 9.60 港元兑 1 美元的低位。面对货币危机及有关多家银行是否稳健的疑虑，香港政府在 1983 年 10 月 15 日公布新政策，以稳定港元汇价，将港元按 7.80 港元兑 1 美元的固定汇率与美元挂钩。这项安排成为香港目前的货币制度的基础。

首先，联系汇率制度（联汇制度）能够满足香港这类高度外向型的经济体系的需要。这个制度简单、易于理解，让香港经济面对各种冲击能进行调整，避免因货币体系突然崩溃而造成的损失与波动。其次，联汇制度符合香港的经济状况。香港是高度外向型经济体系，资本市场完全开放，并拥有庞大的金融体系。因此，若海外市场大幅波动，造成金融震荡，香港动辄就会受到影响。最后，联汇制度为香港提供了稳定的货币支柱，降低了进出口商与国际投资者面对的外汇风险。由于美元是香港对外贸易与金融交易所用的主要货币，因此美元顺理成章成为港元的挂钩货币。

联系汇率制度行之有效，是因为香港多项经济特质使然：

第一，香港的经济结构灵活性高、适应力强。劳动市场、零售市场等均能迅速就不断变化的环境做出响应。这种灵活性有利于内部价格与成本的调整，在无须调整汇率的情况下，使对外竞争力得以调节。

第二，香港银行体系稳健，资金充裕，能有效应对因实施联汇制度而可能出现的利率波动情况。

第三，香港奉行审慎的理财政策，而且累积了庞大的财政盈余，并以平衡预算为中期目标。因此，汇率制度不会因为要支持财政赤字而受到不利影响。

第四，香港坐拥庞大的外汇储备，为联汇制度提供支持。这些储备由外汇基金持有，曾于 2012 年 12 月底达到 3 173 亿美元，为流通货币的 8 倍多，是当时全球最高水平之一。

自 1983 年实施联汇制度以来，港元汇率面对外来震荡仍能保持稳定。经历了 1987 年股灾、1990 年波斯湾战争、1992 年欧洲汇率机制危机、1994—1995 年墨西哥货币危机，以及 1997—1998 年亚洲金融危机，联汇制度仍然丝毫未受影响。

本章小结

1. 外汇的含义可以从动态和静态两个不同的角度来理解。动态的外汇，是指把一国货币兑换为另一国货币以清偿国际债务的实践活动或过程。静态的外汇，是指以外币表示的可用于对外支付的金融资产。

2. 汇率又称汇价，是一国货币折算成另一国货币的比率，即两种不同货币的相对价格。由于两种货币可以互相表示，汇率就有了两种基本的标价方法：直接标价法和间接标价法。从不同角度来看，汇率可以分为多种类型，如固定汇率与浮动汇率、基本汇率与套算汇率、即期汇率与远期汇率、官方汇率与市场汇率等。

3. 汇率是不同国家货币之间的比价，货币具有的或代表的价值是决定汇率水平的基础，汇率在这一基础上受其他各种因素的影响而变动，形成现实的汇率水平。在金本位制度下，铸币平价是决定汇率的基础，汇率围绕铸币平价在黄金输出及输入点之间上下波动；纸币所代表的含金量或黄金价值是决定纸币制度下汇率的基础。

4. 汇率制度是指一国货币当局对本国汇率水平的确定、维持、调整和管理所做的一系列安排和规定，主要有固定汇率制度和浮动汇率制度两种，它们各有其优势与劣势。各个国家在不同的发展阶段，会针对各自的特点选择合适的汇率制度。

重点概念

外汇	自由外汇	汇率	直接标价法	间接标价法
基本汇率	套算汇率	买入汇率	卖出汇率	中间汇率
固定汇率	浮动汇率	电汇汇率	信汇汇率	票汇汇率
即期汇率	远期汇率			

复习思考题

1. 名词解释

外汇	汇率	直接标价法	间接标价法	基本汇率
套算汇率	买入汇率	卖出汇率	中间汇率	固定汇率
浮动汇率				

2. 思考题

(1) 试述外汇的概念及种类。

(2) 比较分析在不同的标价法下，汇率变化与外汇升贬值之间的关系。

(3) 汇率是如何形成的？

(4) 影响汇率变动的经济因素有哪些？汇率变动会对经济产生哪些影响？

(5) 比较固定汇率制度和浮动汇率制度的优劣。

(6) 现行人民币汇率制度的主要内容及改革前景是什么？

3. 案例分析

人民币汇率双向波动

2021 年 12 月 15 日，美联储宣布将从 2022 年初开始加息，并将缩表速度提高至每月 300 亿美元。此举引发了国际金融市场的剧烈波动，美元指数大幅上涨，非美货币普遍下跌。人民币兑美元汇率也受到冲击，当日从 6.35 元跌至 6.40 元，创下近三个月新低。有分析认为，美联储加息预期将对人民币汇率形成持续压力，而我国央行则可能继续保持货币政策稳健中性，不会跟随美联储加息。

问题：

（1）根据你目前掌握的知识分析汇率应该如何决定，并讨论人民币是应该升值还是贬值。

（2）人民币升值和贬值分别可能给中国企业带来哪些影响？

第 2 章

外汇市场及外汇交易

导入案例

一名优秀的交易员需要具备以下素质：

第一是要有较高的职业道德。主要表现在交易员做交易首先要遵守上级部门的授权，包括开盘本金的大小、止损的限额等一系列的授权。这也是交易员一切业务开展的前提。如果没有良好的职业道德，哪怕这个交易员能赚更多的钱，也不会得到任何市场机构的认可。因为这样做所冒的风险是相当大的，从理论上讲亏钱和赢钱的概率是一样大的。

第二是要有较好的心理素质。交易岗一个很大的特点是与市场紧密接触，而市场又是千变万化的，有一句话叫作市场永远是对的，但交易员不可能永远是对的，做交易不敢保证每笔都能赚钱，有时也会被套住，面对这种情况怎么办，是及时止损，还是持有等待？两难的抉择常常使交易员承受很大的心理压力。

第三是要果断，该止赢的时候止赢，该止损的时候更要止损，这也需要经验的积累。

第四是对市场要有敏锐的洞察力和很好的分析能力，即使具备了前面提到的职业道德和心理素质，但经常看反也不行，交易员不能一直亏钱。交易员的最终价值还是要以创造利润来实现。

资料来源：刘嘉．恪守职业道德比盈利更重要．中国货币市场，2008（4）：74－75.

本章学习目标

1. 掌握外汇市场的含义、类型、特点和构成；
2. 掌握传统外汇交易的类型和交易的原理；
3. 掌握衍生外汇交易的类型、原理及相关计算；
4. 掌握外汇风险的含义及防范措施。

素养目标

党的二十大报告提出了全面建设社会主义现代化国家、全面推进中华民族伟大复兴的宏伟目标，强调了增强文化自信，践行社会主义核心价值观的重要性。这一精神要求我们在金融学习中，不仅掌握专业知识和技能，还要培养金融思维和金融伦理，树立正确的价值观和风险意识，面对输赢得失保持正确的心态。金融思维和金融伦理不仅是金融学科的专业素养，也是社会主义核心价值观在金融领域的具体体现。

2.1 外汇市场概述

2.1.1 外汇市场的概念及类型

外汇市场（Foreign Exchange Market）是由各国中央银行、外汇银行、外汇经纪人和客户组成的进行外汇买卖的交易场所，它是金融市场的重要组成部分，由于它的存在，资金才能实现国际上的调拨和划转，国际债务才能得以清偿，国际资本才能得以流动，跨国界的资金借贷融通才能得以实现。

由于各国各自长期的传统习惯，形成了两种交易方式的外汇市场，一是正式的或称为有形的市场（Tangible Market），二是非正式的或称为无形的市场（Intangible Market）。正式的市场是指有具体的交易场所，像一般商品交易一样，参与者于一定时间集合于某一地点买卖外汇，欧洲大陆的德国法兰克福、法国巴黎、比利时布鲁塞尔和意大利米兰等地就属此类，这种交易方式的外汇市场也被称为大陆式市场。非正式的外汇市场是指参与者利用电报、电话或电传等进行交易，没有固定的交易地点，英国、美国、加拿大和瑞士等国家和地区均采用此种方式，因而也称为英美式外汇市场。第二次世界大战后，国际经济往来日益频繁，外汇交易也日趋复杂，国际外汇交易越来越重要，欧洲大陆各国的大部分当地外汇交易也均经由电信办理，由于正式的市场功能有限，只能做部分当地现货交易，因此，在一般情况下，人们往往将典型的外汇市场理解为无形的外汇市场。

根据外汇交易额度的不同，外汇市场分为外汇批发市场和外汇零售市场两类。由于银行间的外汇买卖具有金额大、汇率买卖差价小的特点，一般把银行同业之间进行外汇交易而形成的外汇市场称为外汇批发市场，它包括外汇银行之间、外汇银行和中央银行之间以及各国中央银行之间的外汇交易。而把银行与其客户之间买卖外汇形成的市场称为外汇零售市场。

2.1.2 外汇市场的特点

20 世纪 70 年代以来，随着国际货币制度的改革以及现代科学技术的发展，国际外汇市场迅速发展，受到越来越多人的青睐，外汇投资也逐渐成为国际上投资者的“新宠儿”，这与外汇市场本身的特点密切相关。外汇市场的主要特点如下所述。

1. 24 小时全天候运作

目前，世界上有 30 多个主要的外汇市场，它们遍布于世界各大洲的不同国家和地区，由于时差的关系，世界各地的外汇市场的营业时间得以衔接，如早上 8 点半（以纽约时间为准）纽约外汇市场开市，9 点半芝加哥外汇市场开市，10 点半旧金山外汇市场开市，18 点半悉尼外汇市场开市，19 点半东京外汇市场开市，20 点半我国香港地区、新加坡外汇市场开市，凌晨 2 点半法兰克福外汇市场开市，3 点半伦敦外汇市场开市。如此 24 小时不间断运行，外汇市场成为一个不分昼夜的市场，只有星期六、星期日以及各国的重大节日，外汇市场才会关闭。同时，现代化通信设备和计算机的大量运用，使各个外汇市场相互间的联系更加紧密。外汇交易者不仅可以远隔重洋进行交易，而且可以 24 小时进行交易。全球外汇市场就这样相互衔接、重叠交合，在时间和空间上连成一个统一的整体。

专题看板

各主要外汇市场的特点及全球主要市场动作时间表

虽然国际外汇市场是一个不分昼夜 24 小时连续作业的市场，一个市场的汇率波动可以迅速波及其他市场，但每一个市场又都有其自身的特点。

悉尼外汇市场作为每天全球最早开市的外汇交易市场之一，交易时间约为北京时间 7:00—15:00。通常汇率波动较为平缓，交易品种以澳元、新西兰元和美元为主。

东京外汇市场的交易品种较为单一，主要集中于美元和欧元。日本作为出口大国，其进出口贸易的收付较为集中，因此具有易受干扰的特点。交易时间约为北京时间 8:00—11:00 和 12:30—16:00。东京是亚洲地区最大的外汇交易中心，在 20 世纪 60 年代以前，日本实行严格的金融管制，1964 年日本加入国际货币基金组织，日元才被允许自由兑换，东京外汇市场开始逐步形成。20 世纪 80 年代以后，随着日本经济的迅猛发展和在国际贸易中地位的逐步上升，东京外汇市场也日渐壮大起来。20 世纪 90 年代以来，受日本泡沫经济崩溃的影响，东京外汇市场的交易一直处于低迷状态。日本是贸易大国，进出口商们的贸易需求对东京外汇市场上汇率的波动影响较大。由于汇率的变化与日本贸易状况密切相关，日本中央银行对美元兑日元汇率的波动极为关注，频繁地干预外汇市场。这是东京外汇市场的一个重要特点。

伦敦外汇市场交易品种众多，经常有三十多种，其中交易规模最大的为英镑兑美元，其次是英镑兑欧元、瑞郎和日元等。其交易时间约为北京时间 17:00 至次日 1:00。在伦敦外汇市场上，几乎所有的国际性大银行都在此设有分支机构，由于其与纽约外汇市场的交易时间衔接在一起，因此在每日的北京时间 21:00 至次日 1:00 是各主要币种波动最为活跃的阶段。

纽约外汇市场是重要的国际外汇市场之一，其日交易量仅次于伦敦。目前，占全球 90%以上的美元交易最后都通过纽约的银行间清算系统进行结算，因此纽约外汇市场成为美元的国际结算中心。除美元外，各主要货币的交易币种依次为欧元、英镑、瑞郎、加元、日元等。其交易时间约为北京时间 20:00 至次日 4:00。

全球各主要外汇市场运作时间见表 2-1。

表 2-1　各主要外汇市场运作时间表（格林尼治时间）

地区	城市	开市时间	收市时间	北京时间
大洋洲	悉尼	23:00	7:00	7:00—15:00
亚洲	东京	0:00	8:00	8:00—16:00
	香港	1:00	9:00	9:00—17:00
欧洲	法兰克福	8:00	16:00	16:00—次日 0:00
	巴黎	8:00	16:00	16:00—次日 0:00
	伦敦	9:00	17:00	17:00—次日 1:00
北美洲	纽约	12:00	20:00	20:00—次日 4:00
	芝加哥	14:00	21:00	22:00—次日 5:00
	旧金山	16:00	23:00	次日 0:00—次日 7:00

2. 有市无场

外汇交易是通过没有统一操作市场的行商网络进行的，它不像股票交易有集中统一的地点。但是，外汇交易的网络是全球性的，并且形成了没有组织的组织，市场是由大家认同的方式和先进的信息系统所联系，交易商也不具有任何组织的会员资格，但必须获得同行业的信任和认可。这种没有统一场地的外汇交易市场被称为有市无场。

3. 汇率波动剧烈

自 1973 年布雷顿森林体系瓦解，西方国家普遍开始实施浮动汇率制后，外汇市场上汇率的剧烈波动就成为一种难以避免的现象。特别是 20 世纪 80 年代以来，由于世界经济发展不平衡的加剧以及国际资本流动进一步趋于自由化，大量的国际游资游走在世界各国，不断冲击着各国货币的汇率，导致各国货币汇率更加涨跌不定，波动剧烈。

专题看板

国际炒家兴风作浪促使泰铢贬值

1997 年 5 月中旬，一些国际外汇投机商大量抛售泰铢，使泰铢兑美元比价跌到最低点。泰国中央银行不得不动用数十亿美元入市干预，泰铢汇率暂时得到稳定，但泰国付出的代价却相当沉重：外汇储备急剧下降，仅 5 月份就减少了 40 亿美元；利率大幅上扬，企业不堪重负，并导致物价猛涨；股市大跌。为了刺激出口，挽回经济颓势，同时也为了遏制国际外汇投机商的泰铢投机活动，7 月 2 日，泰国政府决定放弃实行了 13 年的与美元挂钩的汇率制度，宣布实行泰铢浮动汇率，当天泰铢就贬值了 18%，并一度贬值超过了 100%。

国际金融投机商的投机操纵是泰铢大幅度贬值的直接原因，但泰国金融危机的发生是有着深层次的经济和社会根源的。

第一，经济增长基础与国内经济结构不适应。截至1997年，泰国经济高速增长主要是靠出口推动的，但其出口产品较为单一，主要是电子产品，产业结构和东南亚国家相似。这种经济结构使泰国经济很容易受国际市场和国外竞争的制约。受1996年世界电子产品需求不振的影响，加之国内劳动力成本不断攀升导致出口产品成本提高，出口增长率从1995年的22.5%降至3%，经常项目逆差不断扩大，1996年达160亿美元，占国内生产总值的8%以上，严重动摇了泰铢稳定的基础，使国际外汇投机商得以兴风作浪。

第二，对外资开放国内市场与货币汇率制度不适应。1992年，泰国政府取消了对资本市场的管制，全面对外资开放国内市场，但同时仍然维持原来的将泰铢汇率钉住美元的联系汇率政策不变。为了维持泰铢兑美元汇率的稳定，泰国长期实行高利率政策。这种高利率政策虽然吸引了大量的外资，但同时也削弱了政府通过调整利率进行宏观调控的能力。尽管泰国经济增速放慢，但政府因要维持泰铢汇率稳定而实行高利率政策来刺激经济增长。由于泰铢利率高于美元，泰铢汇率又与美元挂钩，外国投资者投资于泰铢资产不仅可获取较高的利差，而且不用承担汇率风险。在泰国资本市场开放后，大量外资进入泰国市场以赚取利差，而这些外资中有相当一部分是短期游资，一有风吹草动，这部分资金就会迅速抽逃，这就为泰国金融市场动荡埋下了隐患。

第三，在大量引进外资的同时缺乏对外资投向的引导。由于泰铢实行对美元的联系汇率和高利率政策，大量外资流入泰国，泰国外债由1992年的200亿美元猛增到900亿美元。大量外资流入后，泰国政府未能及时对外资的投向进行引导，一开始外资就大量投向房地产市场，并吸引泰国银行资金大量投向房地产市场（约占银行贷款总额的30%），房地产商不断以房产为抵押大量举借外债，使得泰国房地产市场价格一再攀升。这样，外资的流入不仅未能促进国民经济的有效增长，反而增加了经济增长中的泡沫成分。由于经济基本条件发生变化，房地产价格急剧下跌，房地产商资不抵债，造成银行呆账、坏账急剧增加（据估计，1997年泰国银行呆账、坏账总额超过200亿美元），降低了银行业抵御金融风险的能力。

4. 零和博弈

跟赌博一样，零和博弈是指在游戏双方中，一方得益必然意味着另一方受损。在外汇市场上，汇价的波动所表示的价值量的变化和股票价值量的变化完全不一样，这是由于外汇交易是“货币对”的交易，汇率的变化表现为货币对其中一种货币价值的减少与另一种货币价值的增加。外汇市场有很强的投机性质。对某个具体交易的主体来说，其交易总是有亏有盈。不可能永远都是赢家，只是有的交易者知识丰富、信息灵通、富有经验，所以盈利机会较多，那些对外汇市场缺乏了解的人，则总是亏损多一些。从理论上来说，亏的钱流入赢家手中，盈的钱来自输家损失，市场上盈亏之和就为零，因此外汇交易是一种零和博弈。

5. 政府对外汇市场的联合干预日趋加强

自从浮动汇率制度推行以来，工业国家的中央银行从来没有对外汇市场采取彻底的放任自流的政策，相反，这些中央银行始终保留相当一部分的外汇储备，其主要目的就是对外汇市场进行直接干预。一般来说，中央银行在外汇市场的价格出现异常剧烈的或是朝同一方向连续几天的波动时，往往会直接介入市场，通过商业银行进行外汇买卖，以缓解外汇市场的剧烈波动。20 世纪 80 年代以来，由于全球外汇市场的一体化发展，一国外汇市场上货币汇率的变动往往波及全球，这样单靠某一个国家的中央银行干预外汇市场显得势单力薄。因此，各国中央银行联合干预外汇市场便成为浮动汇率制度下外汇市场的重要特征。例如，1985 年 9 月，美、日、德、法、英五国为遏制美元涨势，公布了一项联合干预的政策。在五个国家的中央银行的带动和影响下，外汇交易者纷纷抛出美元，迅速压低了美元汇价。1987 年 2 月，“七国集团”财政部部长和中央银行行长在卢浮宫会议上确定了美元兑西方主要货币的汇率目标区，之后，“七国集团”成功地进行了大规模的干预，支持美元。

6. 金融创新层出不穷

自 1973 年国际货币体系实行浮动汇率制度以后，如何有效地防范由于汇率频繁波动而产生的外汇风险成了一个十分重要的问题。为此，各种防范汇率风险的金融创新不断涌现，如货币互换交易、货币期权交易、货币期货交易等，并且这些外汇交易与资本市场交易日趋结合，使金融创新更加深入，从而使整个外汇市场的交易活动更加丰富多彩。

2.1.3 外汇市场的构成

外汇市场由主体和客体构成。外汇市场的客体，即外汇市场的交易对象，主要是各种可以自由交换的外国货币、外币有价证券及支付凭证等。外汇市场的主体，即外汇市场的参与者，主要包括外汇银行、外汇经纪人、顾客、中央银行及外汇交易商。

1. 外汇市场的参与者

（1）外汇银行（Foreign Exchange Bank）。外汇银行是指由各国中央银行或货币当局指定或授权经营外汇业务的商业银行或其他金融机构。外汇银行可以是专营或兼营外汇的本国商业银行，也可以是在本国的外国商业银行分行及本国与外国的合资银行，还可以是其他经营外汇买卖业务的本国金融机构，如信托投资公司、财务公司等。外汇银行是外汇市场上最重要的参加者，其外汇交易构成外汇市场活动的主要部分，一般在两个层次上从事外汇业务活动：第一个层次是零售业务，银行应客户的要求进行外汇买卖，并收兑不同国家的货币现钞；第二个层次是批发业务，这是银行为了平衡外汇头寸，防止外汇风险而在银行同业市场上进行的轧差买卖。外汇银行同业的外汇买卖差价一般要低于银行与客户之间的买卖差价。

（2）外汇经纪人（Foreign Exchange Broker）。外汇经纪人是指促成外汇交易的中介人。它介于外汇银行之间、外汇银行和外汇市场其他参加者之间，代洽外汇买卖业务。外汇经纪人并不买卖外汇，只是连接外汇买卖双方，促成交易，并从中收取佣金。外汇经纪人必须经过所在国的中央银行批准才能营业。外汇经纪人能有效集中外汇市场上外汇买卖双方的信息，从而能在较短的时间内替委托人找到相应的交易对象，并能以最好的价格成交，从而提高了外汇交易的效率。

（3）顾客。在外汇市场上，凡是与外汇银行有外汇交易关系的公司或个人，都是外汇银行的顾客，他们是外汇市场上的主要供求者，其在外汇市场上的作用和地位仅次于外汇银行。顾客参与外汇市场的目的各不相同，有的是为实施某项经济贸易而买卖外汇，如跨国公司和各国进出口公司等，它们对外汇市场的供求状况起着决定性的作用；有的是为了调整资产结构或利用国际金融市场的不均衡状况而进行外汇交易，如买卖外国证券的投资者，专门经营各种票据尤其是外国汇票的贴现和买卖，以从中获利的贴现公司和汇票交易商，在不同国家货币市场上赚取利差、汇差收益的套利者和套期保值者，以买空卖空或其他各种形式和手段进行外汇交易以牟取暴利的投机者等。除此之外，还有其他零星的外汇供求者，如国际旅游者、出国留学生、汇出或收入侨汇者、提供或接受外币捐赠的组织或个人等。

(4) 中央银行。中央银行也是外汇市场的主要参与者，但其参与外汇市场的主要目的是维持汇率稳定和合理调节国际储备量，它通过直接参与外汇市场买卖，调整外汇市场资金的供求关系，使汇率维持在一定水平上或限制在一定范围内。中央银行通常设立外汇平准基金，当市场外汇求过于供，汇率上涨时，就抛售外币，收回本币；当市场上供过于求，汇率下跌时，就买进外币，投放本币。因此，从某种意义上讲，中央银行不仅是外汇市场的参加者，而且是外汇市场的实际操纵者。

(5) 外汇交易商。外汇交易商是指买卖外国汇票的公司或个人。外汇交易商利用自己的资金买卖外汇票据，从中取得买卖价差。外汇交易商多数是信托公司、银行等兼营机构，也有专门经营这种业务的公司和个人。

2. 外汇市场交易的层次

根据上述外汇市场参与者的分类，外汇市场的交易可以分为三个层次，即外汇银行与顾客之间的外汇交易，外汇银行同业之间的外汇交易，外汇银行与中央银行之间的外汇交易。在这些交易中，外汇经纪人往往起着中介作用。

(1) 外汇银行与顾客之间的外汇交易。顾客出于各种各样的动机，需向外汇银行买卖外汇。非投机性外汇买卖常常是与国际结算联系在一起的，故这种交易主要是本币与外汇之间的相互买卖。外汇银行在与顾客的外汇交易中，一方面从顾客手中买入外汇，另一方面又将外汇卖给顾客。实际上是在外汇的终极供给者与终极需求者之间起中介作用，赚取外汇的买卖差价。这种交易的数额，相对于外汇银行同业之间的交易来说，数量比较小。

(2) 外汇银行同业之间的外汇交易。外汇银行在为顾客提供外汇买卖的中介服务时，难免会在营业日内出现各种外币头寸的“多头”(Long Position) 或“空头”(Short Position)，统称为“敞口头寸”(Open Position)，即一些币种的出售额低于购入额，另一些币种的出售额高于购入额。所谓外币头寸，是指在某个时点上以这种外币表示的债权（资产）和债务（负债）的差额。若该外币表示的债权大于债务，说明当事人持有“长余的外币头寸”；若该外币表示的债务大于债权，说明当事人持有“短缺的外币头寸”；若该外币表示的债权债务正好相等，说明当事人持有“轧平的外币头寸”。在出现“长余的”或“短缺的”外汇头寸时，外汇银行就将承受汇率变动造成的风险。为了避免该风险，外汇银行就需要借助同业间的交易及时进行外汇头寸调拨，轧平各币种的头寸，即将多头抛出，将空头补进。更重要的是，外汇银行还出于投机、套利、套汇等目的从事同业间的外汇交易。外汇银行同业间的外汇交易构成了绝大部分外汇交易，同业交易占外汇交易总额的 90%以上。

(3) 外汇银行与中央银行之间的外汇交易。中央银行干预外汇市场所进行的交易，可以使外汇市场自发供求关系所决定的汇率相对地稳定在某一期望的水平上。如果某种外币兑本币的汇率低于期望值，中央银行就会向外汇银行购入这种外币，增加市场对该种外币的需求量，促使外汇银行调高其汇率；反之，如果中央银行认为该种外币的汇率偏高，就向外汇银行出售该外汇的储备，促使其汇率下降。

2.2 传统的外汇交易方式

由于国际汇率制度从固定汇率制度向浮动汇率制度的发展演变，外汇交易也经历了传统的外汇交易和衍生的外汇交易两个发展阶段。传统的外汇交易主要包括即期外汇交易、远期外汇交易、掉期外汇交易、套汇交易和套利交易。

2.2.1 即期外汇交易

1. 即期外汇交易的定义

即期外汇交易（Spot Exchange Transaction）又称现汇买卖，是指外汇买卖双方以当时外汇市场的价格成交，并在当日或两个营业日内办理有关货币收付交割的外汇交易。它是外汇市场上最常见、最普遍的买卖形式。例如，2022 年 7 月 7 日（星期四）纽约花旗银行和中国银行达成一项外汇买卖业务，花旗银行愿意按 1 美元兑 6.701 9 人民币的汇率卖出 100 万美元，买入 670.19 万元人民币；而中国银行也愿意按同样的汇率卖出相同金额的人民币买入美元。7 月 8 日，花旗银行和中国银行分别按照对方的要求，将卖出的货币汇入对方指定的账户内，从而完成这笔交易。

2. 即期外汇交易的交易惯例

（1）采用美元报价。即期外汇交易的汇率是即期汇率，或称现汇汇率。通常采用以美元为中心的报价方式。因为美元是世界通用货币，几乎全部的外汇交易价格均采用以某种货币兑美元的买进价或卖出价的形式报出，除非有特殊说明，美元符号在报价时可以省略。为使交易迅速顺利地进行，交易各方使用统一的标价方法，即除英镑、澳大利亚元、新西兰元和欧元采用间接标价法以外，其他交易货币一律采用直接标价法。

（2）采用双报价方法。外汇指定银行发布的即期汇率由两个价格组成，即银行在报出价格时要同时报出买入价（Bid Price）和卖出价（Offer Price），即双价制。买入价是银行愿意以此价格买入标的货币的汇率，卖出价是银行愿意以此价格卖出标的货币的汇率，买入价与卖出价之间的价差为中介银行的盈利。在一般报价中，无论什么货币，银行一般均报出前小后大的一对价格。例如，中国银行 2022 年 7 月 8 日的汇价为：USD100＝RMB668.91（买入价）～663.47（卖出价）。报价的最小单位（基本点）是标价货币的最小价值单位的 1%。如人民币的最小币值为 1 分（0.01 元），那么美元兑人民币价中 1 个基本点为 0.000 1 元。因此，如果美元兑人民币从 6.654 3～6.655 3 下降到 6.644 3～6.645 3，市场称该汇率下降了一百个基本点或简称为一百个点。

（3）只报汇价的最后两位数。在外汇交易的实际操作中，外汇交易员为了节省时间，只报汇率的最后两位数，能让熟悉行情的对方明白就可以了。例如汇率为 6.654 3～6.655 3，交易员就报 43/53。

3. 即期外汇交易的交易程序

(1) 自报家门。询价者首先必须说明自己的单位名称，以便让报价者知道交易对方是谁，并决定交易对策。

(2) 询价。询价内容一般包括交易货币、起息日和交易金额。

(3) 报价。一般只报汇率的最后两位数，并同时报出买入价和卖出价。

(4) 成交。询价银行首先表示买入或卖出的金额，然后由报价银行承诺。

(5) 证实。交易双方互相证实买入或卖出的汇率、金额、交割日期以及资金结算。

专题看板

两个交易者之间的对话

A 银行："Hi，spot USD JPY，please?"

"请问即期美元兑日元报什么价?"

B 银行："70/72."

"报价是 70/72。"

A 银行："At 70 I sell USD 5."

"我以 70 的价格卖出 500 万美元。"

B 银行："OK，done. I buy USD 5 at 112.70 for 12 July and sell you 563,500,000 (112.70×500 万美元). My USD to Citi New York A/C NO. 654321，CHIPS UZD 03711. And you?"

"好，成交。我以 112.70 的汇率买入 500 万美元，交割日期是 7 月 12 日。我的美元请汇入我在纽约的花旗银行账户，账号是 654321，纽约清算所银行同业支付系统 UZD 03711，您呢?"

A 银行："My JPY to ABC BK Tokyo，A/D NO. 123456. Thank for deal."

"日元请汇入我在东京 ABC 银行的账户，账号是 123456，谢谢。"

4. 交叉汇率的计算

由于在国际外汇市场上，各种货币的汇率普遍以美元标价，非美元货币之间的买卖必须通过美元汇率进行套算。通过套算得出的汇率叫交叉汇率或套算汇率。交叉汇率计算的规则是：

(1) 若两个即期汇率都是以美元作为单位货币，则交叉汇率为交叉相除。

[例 2-1] 外汇市场上汇率标价为 USD1=EUR0.772 1～0.772 3，USD1=JPY95.95～95.96。求：EUR/JPY。

分析 要计算欧元兑日元的汇价，首先必须将欧元换成美元，然后以美元换取日元。0.772 3 为银行的美元卖出价，也就是说，要从银行取得 1 美元须支付 0.772 3 欧元。然后以美元去买日元，而银行的美元兑日元的买入价为 95.95，即客户卖 1 美元给银行可得到 95.95 日元，因此，EUR1=JPY1/0.772 3×95.95=JPY124.239。同理可求出卖日元买欧元的价格。具有计算如下：

EUR1=JPY(95.95/0.772 3)～(95.96/0.772 1)

=JPY124.239～124.284

（2）若两个即期汇率都是以美元作为计价货币，则交叉汇率为交叉相除。

［例 2-2］ 汇率市场上汇率标价为 GBP1=USD1.512 2～1.512 4，AUD1=USD1.037 3～1.037 9。求：GBP/AUD。

分析 要计算英镑兑澳元的汇价，首先必须将澳元换成美元，然后以美元换成英镑。也可以理解成要获得 1 英镑需按照银行的卖出价 1.512 4，即支付 1.512 4 美元可获得 1 英镑；而要获得 1.512 4 美元必须按银行的澳元买入价 1.037 3，即支付 1.458 0 澳元（1.512 4/1.037 3）可获得 1.512 4 美元。因此，客户卖澳元买英镑的汇价为 GBP1=AUD1.512 4/1.037 3=AUD1.458 0。同理可求出买澳元卖英镑的价格。具体计算如下：

GBP1=AUD(1.512 2/1.037 9)～(1.512 4/1.037 3)
=AUD1.457 0～1.458 0

（3）若一个即期汇率是以美元作为单位货币，另一个即期汇率是以美元作为计价货币，则交叉汇率为同边相乘。

［例 2-3］ 汇率市场上汇率标价为 GBP1=USD1.512 2～1.512 4，USD1=JPY95.95～95.96。求：GBP/JPY。

分析 要计算英镑兑日元的汇价，首先必须将英镑换成美元，然后以美元换取日元。即客户按银行英镑兑美元的买入价 1.512 2，卖出 1 英镑得 1.512 2 美元，然后按银行美元兑日元的买入价 95.95，卖出 1.512 2 美元，得 1.512 2×95.95=145.096 日元，因此，客户卖英镑买日元的汇价为 GBP1=JPY145.096。同理可求出买英镑卖日元的价格。具体计算如下：

GBP1=JPY(1.512 2×95.95)～(1.512 4×95.96)
=JPY145.096～145.13

2.2.2 远期外汇交易

1. 远期外汇交易的定义

远期外汇交易（Forward Exchange Transaction）又称期汇交易，是指外汇买卖成交时，交易双方并不立即办理交割，而是事先签订合同，约定买卖外汇的数量、汇率、交割时间等交易条件，到了规定的交割日期，买卖双方再按合同规定办理货币收付的外汇交易。在签订合同时，除交纳一定金额的保证金外，不发生任何资金的转移。

远期外汇交易与即期外汇交易的根本区别在于交割日不同。凡是交割日在成交两个营业日以后的外汇交易均属于远期外汇交易。远期外汇交易的期限通常为 1 个月、3 个月、6 个月和 1 年等几种，其中 3 个月最为普遍。

2. 远期外汇交易的目的

人们进行远期外汇交易的目的是多方面的，具体包括以下几个方面：

（1）进出口商预先买进或卖出期汇，以避免汇率变动风险。汇率变动是经常性的，在商品贸易往来中，时间越长，由汇率变动所带来的风险也就越大，而进出口商从签订买卖合同到交货、付款又往往需要相当长的时间（通常为 30 天～90 天，有的更长），因此，有可能因汇率变动而遭受损失。进出口商为避免汇率波动所带来的风险，可预先从银行买入或卖出远期外汇，到支付或收进货款时，就可按预先约定的汇率来办理交割，从而避免风险。

[例2-4] 某一日本出口商向美国进口商出口价值10万美元的商品，成本为1 200万日元，约定3个月后付款。双方签订买卖合同时的汇率为USD1=JPY130。按此汇率，出口该批商品可换得1 300万日元，扣除成本，出口商可获得100万日元。但3个月后，若美元汇价跌至USD1=JPY128，则出口商只可换得1 280万日元，比按原汇率计算少赚了20万日元；若美元汇价跌至USD1=JPY120以下，则出口商会亏损。可见，美元下跌或日元升值将对日本出口商造成压力。因此日本出口商在订立买卖合同时，就按USD1=JPY130的汇率，将3个月的10万美元远期合约卖出，即把双方约定远期交割的10万美元外汇售给日本的银行，届时就可收取1 300万日元的货款，从而避免了汇率变动的风险。

(2) 外汇银行为了平衡其远期外汇持有额而进行交易。远期外汇持有额就是外汇头寸(Foreign Exchange Position)。进出口商为避免外汇风险而进行远期交易，实质上就是把汇率变动的风险转嫁给外汇银行。外汇银行之所以承担风险，是因为它在与客户进行了多种交易以后，会产生一天的外汇综合持有额或总头寸（Overall Position)，在这当中难免会出现期汇和现汇的超买或超卖现象。这样，外汇银行就处于汇率变动的风险之中。为此，外汇银行就设法把它的外汇头寸予以平衡，即将不同期限、不同货币头寸的余缺进行抛售或补进，由此求得期汇头寸的平衡。

[例2-5] 香港某外汇银行发生超卖现象，表现为美元期汇头寸“缺”10万美元，为此银行就设法补进。假定即期汇率为USD1=HK7.70，3个月远期汇率为USD1=HK7.88，即美元3个月期汇汇率升水港币0.18元。3个月后，该外汇银行要付给客户10万美元，收入港币78.8万元。该银行为了平衡这笔超卖的美元期汇，必须到外汇市场上立即补进同期限（3个月）、相等金额（10万美元）的美元期汇。如果该外汇银行没有马上补进，而是延至当日收盘时才成交，这样就可能因汇率已发生变化而造成损失。假定当日收市时美元即期汇率已升至USD1=HK7.90，3个月期汇即美元3个月期汇仍为升水港币0.18元，这样，该外汇银行补进的美元期汇就按USD1=HK8.08（7.90+0.18）的汇率成交。10万美元合80.8万港元，结果银行因补进时间不及时而损失2万港元。所以，银行在发现超卖情况时，就应立即买入等额的某种即期外汇。

(3) 外汇投机者为谋取投机利润而进行期汇买卖。在浮动汇率制度下，汇率的频繁剧烈波动，会给外汇投机者进行外汇投机创造有利的条件。所谓外汇投机，是指投机者根据其对汇率变动的预期，有意保持某种外汇的多头或空头，希望从汇率变动中赚取利润的行为。其特点为：一是投机活动并非基于对外汇有实际需求，而是想通过汇率涨落赚取差额利润；二是投机者通过有意识地持有外汇多头或空头来承担外汇风险，以期从汇率变动中获利。

外汇投机有两种形式：一种是先卖后买，即卖空或空头。如当投机者预期美元兑人民币的汇率将下跌时，就在外汇市场上以较高的价格预先卖出美元的期汇，若到时美元的汇率果真下跌，投机者就可按下跌后的汇率低价补进美元，交割远期合约，赚取差价利润。另一种是先买后卖，即买空或多头。如当投机者预期美元兑人民币的汇率将上升时，就在外汇市场上以较低的价格预先买入美元的期汇，若到时美元的汇率果真上涨，投机者就可按上升后的汇率高价卖出美元的现汇来交割远期合约，赚取差价利润。

3. 远期外汇交易的报价

远期外汇交易的汇率也称为远期汇率（Forward Rate)，其标价方法有两种：一种是直接标出远期汇率的实际价格；另一种是标出远期汇率与即期汇率的差价，即远期差价，也称远期汇水。升水（Premium）是远期汇率高于即期汇率时的差额。如即期外汇交易市场上美元兑瑞士法郎的比价为1∶0.945 0，3个月期的美元兑瑞士法郎的比价是1∶0.951 0，此时美元升水；贴水（Discount）是远期汇价低于即期汇率时的差额。如即期外汇交易市场上美元兑瑞士法郎的比价为1∶0.951 0，3个月期的美元兑瑞士法郎的比价是1∶0.945 0，此时美元贴水。

在不同的汇率标价方法下，远期汇率的计算方法不同。在直接标价法下，远期汇率＝即期汇率＋升水，或远期汇率＝即期汇率－贴水；在间接标价法下，远期汇率＝即期汇率－升水，或远期汇率＝即期汇率＋贴水。

当标价中将买卖价格全部列出，并且远期汇水也有两个数值时，只要掌握下述规则即可求出正确的远期外汇买卖价格。

（1）若远期汇水前大后小，表示单位货币的远期汇率贴水，计算远期汇率时应用即期汇率减去远期汇水。

［例2-6］ 市场即期汇率为USD1＝CAD1.309 4～1.309 6，1个月远期汇水为49/44，则1个月的远期汇率为：USD1＝CAD（1.309 4－0.004 9）～（1.309 6－0.004 4），即USD1＝CAD1.304 5～1.305 2。

（2）若远期汇水前小后大，表示单位货币的远期汇率升水，计算远期汇率时应用即期汇率加上远期汇水。

［例2-7］ 市场即期汇率为GBP1＝USD1.310 2～1.310 3，1个月远期汇水为64/80，则1个月的远期汇率为：GBP1＝USD（1.310 2＋0.006 4）～（1.310 3＋0.008 0），即GBP1＝USD1.316 6～1.318 3。

4. 远期汇率的决定因素及计算

在远期外汇交易中，外汇报价较为复杂。因为远期汇率不是已经交割或正在交割的实际的汇率，它是人们在即期汇率的基础上对未来汇率变化的预测。升水或贴水的大小，主要取决于两种货币利率差异的大小和期限的长短。利率较高的货币在远期外汇市场上表现为贴水；利率较低的货币在远期外汇市场上表现为升水。这是由于外汇指定银行在为客户进行远期外汇交易时，有可能由于两种货币的利率差异遭受损失，因此银行必须将遭受的损失转嫁给远期外汇交易者，其做法是提高远期外汇汇率，使远期外汇升水；与此相反，如果外汇指定银行从利率差异中获利，则降低远期外汇汇率，使远期汇率贴水；如果两种货币的相同期限利率水平无差异，升水和贴水就等于零，此时远期汇率等于即期汇率，这种情况称为平价（At Par）。远期汇率的升水或贴水幅度可以用以下公式计算：

$$\text{升水(贴水)}=\text{即期汇率}\times\text{两种货币利率差异}\times(\text{月数}/12)$$

［例2-8］ 英镑年利率为9.8%，美元年利率为6%，伦敦外汇市场英镑即期汇率为GBP1＝USD 1.731 0。则3个月期的英镑远期贴水为：1.731 0×(9.8%－6%)×(3/12)≈0.016 4。

2.2.3 掉期外汇交易

1. 掉期外汇交易的定义

掉期外汇交易（Foreign Exchange Swap Transaction）是指外汇交易者同时买进和卖出相同金额的某种外汇，但买与卖的交割期限不同的一种外汇交易。即客户委托银行买入

A 货币、卖出 B 货币的同时，确定将来在另一工作日反向操作，卖出同等金额 A 货币、买入 B 货币的过程。进行掉期外汇交易的目的在于避免汇率变动的风险。

[例 2-9] 一家日本贸易公司向美国出口产品，收到货款 500 万美元。该公司需将货款兑换为日元用于国内支出。同时公司需从美国进口原材料，并将于 3 个月后支付 500 万美元的货款。此时，公司可以做一笔 3 个月美元兑日元掉期外汇买卖：即期卖出 500 万美元，买入相应的日元，买入 3 个月远期外汇 500 万美元，卖出相应的日元。通过上述交易，公司可以轧平其中的资金缺口，达到规避风险的目的。

2. 掉期外汇交易的形式

(1) 即期对远期（Spot Against Forward)。即在买进或卖出一笔现汇的同时，卖出或买进相同金额该种货币的期汇。这是掉期外汇交易中最常见的一种形式。

(2) 即期对即期（One-day Swap)，即同时做两笔金额相同、交割日相差一天、交易方向相反的即期外汇交易。可分为两种：

1) 今日对明日（Today Tomorrow Rollover)，即将第一笔即期交易的交割日安排在成交后的当天，将第二笔反向即期交易的交割日安排在成交日的第二天。

2) 明日对次日（Tomorrow Next or Rollover)，即将第一笔即期交易的交割日安排在成交后的第一个营业日，将第二笔反向即期交易的交割日安排在成交后的第二个营业日。这种掉期外汇交易形式主要用于银行同业间的隔夜资金拆借。

(3) 远期对远期（Forward to Forward)。即同时买进、卖出两笔相同金额、不同交割期限的同种货币远期外汇。这种掉期外汇交易形式多为转口贸易中的中间商所使用。

2.2.4　套汇交易

1. 套汇交易的定义

套汇（Arbitrage）是指外汇交易者利用不同外汇市场在同一时刻的汇率差异，在汇率低的市场上买进，同时在汇率高的市场上卖出，赚取不同市场汇差收益的外汇交易。

由于空间的分割，不同的外汇市场对影响汇率诸因素的反应速度和反应程度不完全一样，因而在不同的外汇市场上，同种货币的汇率有时可能出现较大差异，这就为异地套汇提供了条件。但套汇活动发生后，在汇率低的外汇市场上，由于套汇者在该市场上大量购买该货币，使得该货币的需求大大增加，从而使货币汇率上升；在汇率高的外汇市场上，货币的供给大大增加，从而使货币汇率下降。因此，套汇活动能够使各个外汇市场上的汇率差异很快消失。

2. 套汇交易的种类

(1) 两点套汇。两点套汇（Two-point Arbitrage）又称直接套汇（Direct Arbitrage)，是指套汇者利用两个外汇市场之间某种货币汇率的差异，在一个外汇市场上以低价买入一种货币，同时在另一个外汇市场上以高价卖出该种货币，以赚取利润的一种套汇交易。

[例 2-10] 在伦敦外汇市场上，英镑兑美元的即期汇率为 GBP1=USD1.98；在纽约外汇市场上，英镑兑美元的即期汇率为 GBP1=USD2.00。如果某一套汇者在伦敦花 1 980 美元买入 1 000 英镑，同时在纽约卖出 1 000 英镑获得 2 000 美元，这简单的一买一卖使套汇者赚得 20 美元的套汇利润。

(2) 三点套汇。三点套汇（Three-point Arbitrage）又称间接套汇（Indirect Arbitrage),

是指套汇者利用三个外汇市场上外汇的差价，在三个外汇市场同时进行低买高卖，从中赚取汇差收益的一种套汇交易。

判断三个外汇市场是否有机会进行套汇的方法是连乘法，即将三地外汇市场的汇率均以直接标价法（或间接标价法）表示，然后相乘，如果乘积等于1或接近1，说明没有套汇机会，如果不等于1且与1的偏差较大，说明有套汇机会。

［例2-11］ 在纽约外汇市场上，USD1＝HKD7.080 0～7.081 5；在香港外汇市场上，GBP1＝HKD9.653 0～9.654 0；在伦敦外汇市场上，GBP1＝USD1.432 5～1.433 5。判断是否有套汇机会：首先，将香港外汇市场的汇率换成采用间接标价法表示的汇率，即HKD1＝GBP（1/9.653 0）～(1/9.654 0)；然后，将三个市场的汇率相乘7.08×1.432 5×(1/9.653 0)＝1.05＞1，所以存在套汇机会。

因此，在这种情况下，如果不考虑买卖外汇的手续费，某套汇者可以在纽约市场以1美元7.080 0港币卖出10万美元，买进708 000港币；同时在香港市场上以1英镑9.654 0港币卖出708 000港币，买进73 337.48英镑（708 000÷9.654 0）；同时在伦敦市场上以1英镑1.432 5美元卖出73 337.48英镑，买进105 056美元（73 337.48×1.432 5）。交易结束，套汇者可获得5 056美元的套汇利润。

2.2.5 套利交易

1. 套利交易的定义

套利（Interest Arbitrage）是指投资者或借贷者同时利用不同国家或地区的短期投资利率的差价，将资金由利率较低的国家或地区转移到利率较高的国家或地区，以赚取利率差额的一种外汇交易。

在一般情况下，西方各个国家的利率是不相同的，有的国家利率较高，有的国家利率较低。利率高低是国际资本活动的一个重要的函数，在没有资金管制的情况下，资本就会越出国界，从利率低的国家流到利率高的国家。资本若要在国际上流动，首先就要涉及国际汇兑，资本流出要把本币换成外币，资本流入要把外币换成本币。这样，汇率也就成为影响资本流动的函数。这就是套利的基本过程。

2. 套利交易的分类

按在套利时是否还要做反方向交易轧平头寸，套利交易可分为非抵补套利和抵补套利两种形式。

(1) 非抵补套利。非抵补套利（Uncovered Interest Arbitrage）是指套利者仅仅利用两种不同货币所带有的不同利息的差价，将利率较低的货币转换成利率较高的货币以赚取利润，在买入或卖出某种即期通货时，没有同时卖出或买入该种远期通货，承担了汇率变动的风险。

［例2-12］ 设英国的年利率为10%，美国的年利率为4%，英镑年初的即期汇率与年末的即期汇率相等，在1年当中英镑汇率没有发生任何变化，即GBP1＝USD2.80。美国套利者的本金为1 000美元，这个套利者在年初把美元兑换成英镑存在英国银行：1 000÷2.80＝357英镑。1年后所得利息为：357×10%＝35.7英镑，接近100美元（35.7×2.80），这是套利者所得到的毛利润。

如果该套利者不进行套利，而把1 000美元存在美国银行，他得到的利息为：1 000×

4%=40 美元，这 40 美元是套利的机会成本。所以，套利者的净利润为 60 美元。

实际上，在 1 年中，英镑的即期汇率不会停留在 GBP1=USD2.80 的水平上不变。如果年末时英镑的即期汇率为 GBP1=USD2.40，由于英镑贬值，35.7 英镑只能兑换 85 美元，净利润由 60 美元减到 45 美元，这说明套利者在年初买入即期英镑的同时没有按一定汇率卖 1 年期的远期英镑，甘愿冒汇率变动的风险，结果使其损失了 15 美元的净利息。从这个例子可以看出，英镑贬值越大，套利者的损失越大。

（2）抵补套利。抵补套利（Covered Arbitrage）是指套利者把资金调往高利率货币国家或地区的同时，在外汇市场上卖出远期高利率货币，即在进行套利的同时做掉期交易，以避免汇率风险。实际上这就是套期保值，一般的套期保值交易多为抵补套利。

［例 2-13］　套利者的本金为 1 000 美元，英国的年利率为 10%，美国的年利率为 4%，英镑即期汇率为 GBP1=USD2.80，英镑远期汇率为 GBP1=USD2.73。套利者年初把美元换成英镑存在英国银行：1 000÷2.8=357 英镑；1 年后所得利息为：357×10%=35.7 英镑。根据当时签订的远期汇率，相当于 97 美元（35.7×2.73），这是套利者的毛利润，从中减去套利的机会成本 40 美元（1 000×4%），套利者所得的净利润为 57 美元（97-40）。

这个例子说明，套利者在买入即期英镑的同时，以较高远期英镑汇率卖出英镑，避免英镑汇率大幅下降产生的损失。如果在 1 年之后，即期英镑汇率变为 GBP1=USD2.40，套利者仍可以按 GBP1=USD2.73 卖出英镑。

2.3　衍生的外汇交易方式

衍生的外汇交易方式主要包括外汇期货交易、外汇期权交易和货币互换交易。

2.3.1　外汇期货交易

1. 外汇期货交易的定义

外汇期货交易（Foreign Exchange Futures）是指在固定的货币交易场所，买卖双方通过公开竞价的方式买进或卖出具有标准合同金额和标准交割日期的外汇合约的交易。

外汇期货交易始于 1972 年，是金融期货中最早出现的品种。随着布雷顿森林体系的崩溃，以美元为中心的固定汇率制度被浮动汇率制度所取代，使汇率风险问题愈加突出，国际经济交易中急需一种能有效转移和规避汇率风险的金融手段。因此，1972 年 5 月，芝加哥商业交易所的国际货币市场分部推出了第一张外汇期货合约。随着国际贸易的发展和世界经济一体化进程的加快，外汇期货交易一直保持着旺盛的发展势头。它不仅为广大投资者和金融机构等经济主体提供了有效的套期保值工具，而且为套利者和投机者提供了新的获利手段。目前，全世界的期货交易所主要有芝加哥期货交易所、纽约商品交易所、悉尼期货交易所、新加坡期货交易所、伦敦期货交易所。

2. 外汇期货交易与远期外汇交易的区别

外汇期货交易与远期外汇交易不同，其区别主要表现在以下几方面：

（1）市场组织形式不同。外汇期货交易是在有组织的外汇期货交易所进行的交易，按照规定的管理制度和章程办法，采取公开叫价的方式，竞争性地进行交易。远期外汇交易是在银行、外汇经纪人和客户之间进行的场内交易，没有专门的管理规定。

（2）交易的合同内容不同。外汇期货交易合同除了期货的价格是交易时才确定的之外，其余内容如货币的币种、单位合同金额、结算交割的日期等，都要符合标准化的规定，因此是一种标准化的合约。远期外汇交易合同内容因时、因地、因对象而异，由双方协定。

（3）市场价格形成机制不同。外汇期货交易是在期货交易所以公开喊价的方式进行的。交易双方互不接触，由结算中间人承担信用风险。期货合约对交易货币品种、交割期、交易单位及价位变动均有限制，货币局限在少数几个主要币种。而远期外汇交易是在场外进行的，交易以电话或传真方式，由买卖双方互为对手进行的，而且无币种限制，对于交易金额和到期日，均由买卖双方自由决定。在经济不景气时，对方违约风险增大，在交易时间、交易地点、价位及行情揭示方面均无特别的限制。

（4）交易的保证金不同。外汇期货交易双方均须缴纳保证金，并通过期货交易所逐日清算，逐日计算盈亏，补交或退回多余的保证金。而远期外汇交易是否缴纳保证金，视银行与客户的关系而定，通常不需要，远期外汇交易盈亏要到合约到期日才结清。

（5）交割日期和方式不同。外汇期货交易由于以清算所为交易中介，对金额、期限均有规定，故不实施现货交割，对未结算的金额逐日计算，并通过保证金的增减进行结算。期货合约上虽标明了交割日，但在此交割日前可以转让，实行套期保值，减少和分散汇率风险。当然，实际存在的差额部分应进行现货交割，而且这部分所占比例很小。而远期外汇交易要在交割日进行结算或履约。

（6）价格变化不同。外汇期货交易由清算所逐日盯市进行清算。成交后，在没有交割或了结之前，期货市场根据每天价格的变动及每天收市前最后半分钟或一分钟的价格平均数计算盈亏，盈亏记入客户的保证金账户。远期外汇交易的损益发生在到期日，在到期日以前，不论外汇市场有多大变动，远期外汇合同都不会发生损益。

专题看板

典型的外汇期货交易合约

典型的外汇期货交易合约见表 2-2、表 2-3。

表 2-2　英镑期货交易

标准合约	
交易单位	62 500 英镑
最小变动价位	0.000 2 英镑（每张合约 12.50 英镑）
每日价格最大波动限制	开市（上午 7:20—7:35）限价为 150 点，7:35 以后无限价
合约月份	1 月、3 月、4 月、6 月、7 月、9 月、10 月、12 月和现货月份
交易时间	上午 7:20—下午 2:00（芝加哥时间），到期合约最后交易日交易截止时间为上午 9:16，市场在假日或假日之前将提前收盘，具体细节与交易所联系确认
最后交易日	从合约月份第三个星期三往回数的第二个工作日上午
交割日期	合约月份的第三个星期三
交易场所	芝加哥商业交易所（CME）

表 2-3　日元期货交易

标准合约	
交易单位	12 500 000 日元
最小变动价位	0.000 001 日元（每张合约 12.50 日元）
每日价格最大波动限制	开市（上午 7:20—7:35）限价为 150 点，7:35 以后无限价
合约月份	1 月、3 月、4 月、6 月、7 月、9 月、10 月、12 月和现货月份
交易时间	上午 7:20—下午 2:00（芝加哥时间），到期合约最后交易日交易截止时间为上午 9:16，市场在假日或假日之前将提前收盘，具体细节与交易所联系确认
最后交易日	从合约月份第三个星期三往回数的第二个工作日上午
交割日期	合约月份的第三个星期三
交易场所	芝加哥商业交易所（CME）

3. 外汇期货交易的分类

根据交易者进行外汇期货交易的动机不同，外汇期货交易可分为套期保值性外汇期货交易和投机性外汇期货交易两种类型。

（1）套期保值性外汇期货交易。汇率和利率的大幅波动使得外汇期货持有者、银行、企业等均需要采用套期保值，将风险降至最低限度。外汇期货套期保值是指在现汇市场上买进或卖出外汇的同时，在期货市场上卖出或买进金额大致相当的期货合约。合约到期时，因汇率变动造成的现汇损失可由外汇期货交易上的盈余弥补。

外汇期货套期保值可分为买入套期保值和卖出套期保值。

买入套期保值（Buying Hedge）也叫多头套期保值（Long Hedge），是指在现货市场处于空头地位的人，在期货市场上通过买进期货合约来转移或降低汇率上升带来的风险。它适用于国际贸易中的进口商和短期负债者。

［例 2-14］　某进口商有现金 60 亿日元，按 3 月 28 日美元兑日元汇率 USD1＝JPY120 计算，合计 5 000 万美元。该进口商欲在当年 6 月底从美国进口 5 000 万美元钢材海运至日本，考虑到美国的经济形势及日本政府干预政策等因素，该进口商预计 3 个月后美元兑日元的汇率将出现上浮，为规避 3 个月后美元升值的风险，降低进口成本，操作见表 2-4。

表 2-4　买入套期保值

现货市场	期货市场
3 月 28 日，预定 3 个月后将支付 5 000 万美元 USD1＝JPY120 6 月 30 日，用日元买进 5 000 万美元 USD1＝JPY140 亏损：5 000 万×(140－120)＝10 亿日元	3 月 28 日，买进 20 份美元期货合约（价值 5 000 万美元） USD1＝JPY125 6 月 30 日，卖出 20 份美元期货合约 USD1＝JPY145 盈利：5 000 万×(145－125)＝10 亿日元

卖出套期保值（Selling Hedge）也叫空头套期保值（Short Hedge），是指在现货市场上处于多头地位的人，为规避汇率下跌的风险，在期货市场上卖出期货合约。它适用于出口商、应收款货币市场存款交易等。

［例 2-15］ 美国某出口商 8 月 2 日签订 100 万英镑的合同，于 9 月 1 日结算。该出口商担心英镑到期汇率会下跌，操作见表 2-5。

表 2-5 卖出套期保值

现货市场	期货市场
8 月 2 日，预定 1 个月后收取 100 万英镑 GBP1＝USD1.490 0 9 月 1 日，收入英镑现汇并折算成美元 GBP1＝USD1.460 0 亏损：100 万×(1.49－1.46)＝3 万美元	8 月 2 日，卖出 40 份英镑期货合约（价值 100 万英镑） GBP1＝USD1.484 0 9 月 1 日，买入 40 份英镑期货合约 GBP1＝USD1.454 0 盈利：100 万×(1.484 0－1.454 0)＝3 万美元

（2）投机性外汇期货交易。投机性外汇期货交易是指那些没有现货交易基础的期货交易者，根据自己对价格变动趋势的预测而进行的以牟取期货价格差额为目的、承担风险的期货交易。投机者和套期保值者参与期货交易的动机是不同的。投机者通过承担价格风险，力图获取投机收益。套期保值者进行期货交易是为了避免价格风险。因此，存在一定数量的投机者是期货市场发育的必要条件。它分为简单的外汇期货投机性交易和复杂的外汇期货投机性交易两类。

简单的外汇期货投机性交易是指多头投机和空头投机。当投机者预测将来某种外汇期货合约的价格会上涨时，便先购买该合约，即做多头（Buy Long），待汇率上涨至预期目标时再将其卖出，以获得低价买、高价卖的好处；当投机者预测将来某种外汇期货合约的价格会下跌时，便卖出该合约，即做空头（Sell Long），待汇率下跌至预期目标时，再将其卖出以获得高价卖、低价买的好处。

［例 2-16］ 9 月 7 日，12 月期英镑的期货价格为 USD1.821 8，某投机商预测英镑期货将进入牛市，便买进 5 份 12 月期英镑期货合约（英镑期货合约的交易单位为 25 000 英镑）。10 月中旬以后，12 月期英镑期货价格果真上扬，到 11 月中旬，已经上涨至 USD1.947 4，该投机商认为此价位已是最高价位，便通过对冲了结交易，净赚：5×25 000×(1.947 4－1.821 8)＝15 700（美元）。

复杂的外汇期货投机性交易是指投机者同时卖出或买进两种相关的外汇期货合约，经过一段时间后，择机分别予以对冲，进而从两种合约的相对价格变动中获利。复杂的外汇期货投机性交易又可分为跨市场套利、跨币种套利和跨月份套利三种。

2.3.2 外汇期权交易

1. 外汇期权交易的定义

外汇期权交易（Foreign Exchange Option）是指交易双方在规定的期间按商定的条件和一定的汇率，就将来是否购买或出售某种外汇的选择权进行买卖的交易。外汇期权交易是 20 世纪 80 年代初、中期的一种金融创新，是外汇风险管理的一种新方法。

1982 年 12 月，外汇期权交易在美国费城股票交易所首先进行，其后芝加哥商业交易所、阿姆斯特丹欧洲期权交易所、加拿大的蒙特利尔交易所和伦敦国际金融期货交易所等都开办了外汇期权交易。目前，美国费城股票交易所和芝加哥商业交易所是世界上具有代表性的外汇期权市场，经营的外汇期权种类包括英镑、瑞士法郎、加拿大元等。

外汇期权交易是客户对未来外汇资金进行保值的有效手段。在到期日或之前，期权的买方有权决定是否按照合同约定价格买入或卖出一定数量的外汇。为了获得这一权利，期权的买方需要在交易之初付出一笔费用，称为期权费，如果合同期满期权的买方不行使权利，则权利失效，费用并不退还。

[例 2-17]　某客户三个月后要归还日元债务，但其经常性收入只有美元。为规避在三个月后用美元兑换日元时日元升值所带来的汇率风险，客户可以购买三个月期限的日元期权。期权的执行价格与费用相挂钩，客户可以根据资金成本预算和风险承受能力来确定执行价格。如果在到期日或之前，对客户来说市场价格比执行价格好，客户可以不执行合同，而是在现货市场上以更好的价格买入日元；如果对客户来说市场价格比执行价格差，则客户可以执行合同，这样客户的总成本最多是在执行价格以外加上一笔期权费用，但可以有效降低成本。

2. 外汇期权交易的种类

(1) 按到期日划分，外汇期权交易可分为美式期权和欧式期权。

美式期权（American Option）是指可在到期日前任何一个营业日行使权利的外汇期权。

欧式期权（European Option）是指只能在到期日当天才能行使权利的外汇期权。

(2) 按交易方式划分，外汇期权交易可分为场内交易期权和场外交易期权。

场内交易期权是指有组织地在交易所内进行交易的期权，它们都是标准化的，到期日、名义本金、交割地点、交割代理人、协定价格、保证金制度、合约参与各方、头寸限额、交易时间以及执行期权的规定都是由交易所来确定的。交易参与者只需同意交易中的合约价格和数量。

场外交易期权是指在交易所之外的柜台交易市场交易的期权，它能满足个别客户的需要，不像场内交易期权那样标准化，它可以通过协商，根据客户的需要对期权合约进行定制。

(3) 按期权合约赋予期权购买者的权利不同，外汇期权交易可分为看涨期权和看跌期权。

看涨期权（Call Option）是指外汇期权的购买者在预测某种货币的汇率将要上涨时，购买在合同的有效期内，有权按事先约定的协定价格向期权的出售者买入一定数量该种货币的权利。如果将来的外汇汇率果真上升，且高于合同中的协定价格，期权买方就可按照协定汇价买进一定数量的外汇；如果将来的外汇汇率低于合同的协定汇率，客户则可要求放弃合同。

看跌期权（Put Option）是指外汇期权的购买者在预测某种货币的汇率将要下跌时，购买在合同的有效期内，有权按事先约定的协定价格向期权的出售者卖出一定数量该种货币的权利。如果将来的外汇汇率果真下跌，且低于合同中的协定价格，期权买方就可按照协定汇价卖出一定数量的外汇；如果将来的外汇汇率高于合同的协定汇率，客户则可要求放弃合同。

［例 2-18］ 美国某进口商需在 6 个月后支付一笔外汇（瑞士法郎），但又担心瑞士法郎 6 个月后升值导致外汇损失。于是，该进口商以 2.56%的期权价支付了一笔期权费，其合约情况如下：

现货价格：USD1=CHF1.410 0；有效期：6 个月

买入瑞士法郎欧式看涨期权或买入美元欧式看跌期权

执行价格：USD1=CHF1.390 0

期权价：2.56%（瑞士法郎价值）

期权费支出：CHF1 亿×2.56%=CHF256 万

由于 USD1=CHF1.410 0，所以期权费为 CHF2 560 000÷1.41=USD1 815 603

第一种情况：汇率下跌到 USD1=CHF1.370 0

进口商必定会行使期权，因为行使期权时 1 美元可换回 1.39 瑞士法郎，较现货市场多换回 0.02 瑞士法郎。

整个交易过程的成本包括在现货市场上购买瑞士法郎的成本和期权费两部分：CHF100 000 000÷1.390 0+USD1 815 603=USD73 758 049。

第二种情况：汇率上涨到 USD1=CHF1.420 0

进口商无须行使期权，因为它在现货市场上付出 1 美元可换回 1.42 瑞士法郎，较行使期权多换回 0.03 瑞士法郎。

整个交易过程的成本包括在现货市场上购买瑞士法郎的成本和期权费两部分：CHF100 000 000÷1.420 0+USD1 815 603=USD72 238 138。

第三种情况：汇率上涨到 USD1=CHF1.450 0

进口商无须行使期权，其整个交易过程的成本包括在现货市场上购买瑞士法郎的成本和期权费两部分：CHF100 000 000÷1.450 0+USD1 815 603=USD70 781 120。

由上述分析可以看出，用期权规避汇率风险是比较好的，因为：当美元汇率跌至 CHF1.390 0 以下时，进口商交易的成本被固定于 USD73 758 049，为进口商提供了最大成本保证；当美元汇率升至 CHF1.390 0 以上时，进口商可以获得成本下降的收益。

2.3.3 货币互换交易

1. 货币互换交易的定义

货币互换交易（Currency Swap）是指交易双方互相交换不同币种、相同期限、等值资金债务或资产的货币及利率的一种预约业务。具体而言，就是双方按固定汇率在期初交换两种不同货币的本金，然后按预先规定的日期进行利息和本金的分期互换，在某些情况下，可以期初不交换本金，也可以到期日不交换本金。通过货币互换，可以使客户负债的货币形态和利率形态得到转换，从而达到规避负债的汇率风险和利率风险的目的。货币互换交易适用于较长期限负债，且资金来源和资金运用在币种上存在错配的客户。

专题看板

世界银行与国际商业机器公司之间的货币互换交易

最为著名的一笔货币互换交易是 1981 年 8 月在世界银行与国际商业机器公司之间进

行的，在这次交易中，世界银行将 2.9 亿美元的固定利率负债与国际商业机器公司已有的瑞士法郎和德国马克的债务互换，互换双方的主要目的是：世界银行希望筹集固定利率的德国马克（DM）和瑞士法郎（CHF），但世界银行无法通过直接发行债券来筹集 DM 和 CHF，而世界银行具有 3A 级的信誉，能够从市场上筹措到最优惠利率的美元借款。正好相反，国际商业机器公司需要筹集一笔美元资金，由于数额较大，集中筹集于任何一个资本市场都不妥，而该公司在筹集 DM 和 CHF 方面具有较大的优势，为此，它希望利用自己的优势筹集 DM 和 CHF 以后，通过互换从世界银行那里换得优惠利率的美元。

2. 货币互换交易的具体操作

货币互换交易的具体操作包括三个步骤：

第一，本金的初期互换，其主要目的是确定交易双方各自本金的金额，以便将来计算应支付的利息和再换回的本金。

第二，利息的互换，即交易双方按议定的利率，以未偿还的本金为基础，进行利息支付。

第三，本金的再次互换，即在合约到期日，双方换回交易开始时互换的本金。

[例 2-19] 有一家美国公司（A）需要筹集一笔日元资金，但该公司筹集美元的能力比筹集日元的能力强，因此采用先发行欧洲美元债券，然后向某家银行调换获得日元资金的方法进行筹集。假设 A 公司发行欧洲美元债券的条件如表 2-6 所示。

表 2-6　A 公司发行欧洲美元债券的条件

期限	5 年
金额	1 亿美元
票息率	9.5%（每年）

该银行为了规避外汇风险，同时安排一笔与 A 公司所处情况正好相反的 B 公司的货币互换交易，即以从 A 公司互换而来的美元资产交换 B 公司的日元资产。假定此时货币互换的汇价为 USD1=JPY100，日元利率为 7.5%，互换开始日为 2022 年 1 月，每年支付一次利息，为期 5 年，具体流程如下：

第一步，期初相互交换本金，如图 2-1 所示。

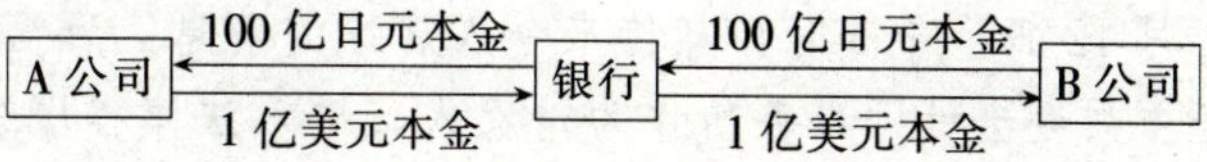

图 2-1　货币互换第一步

第二步，其间每年年初各方进行利息互换，如图 2-2 所示。

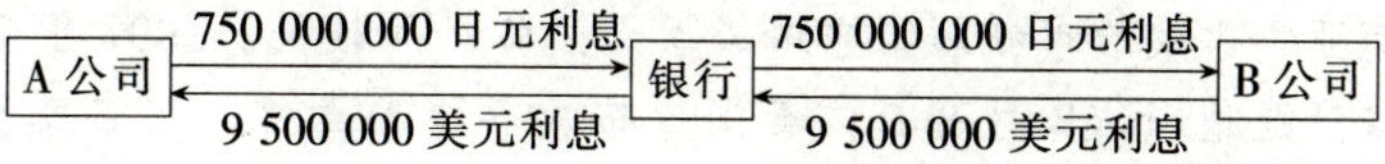

图 2-2　货币互换第二步

第三步，期末各方进行利息和本金互换，如图 2-3 所示。

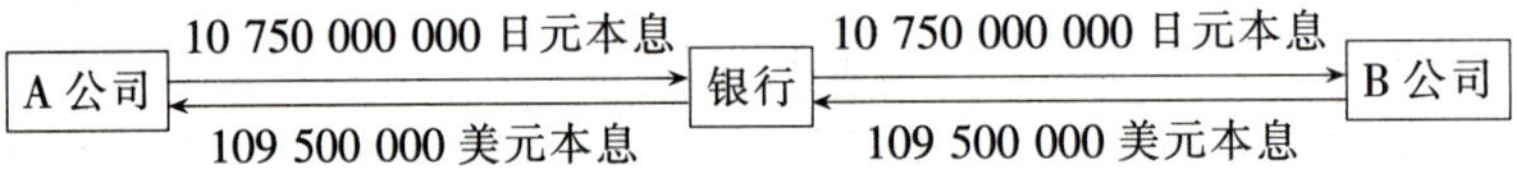

图 2-3　货币互换第三步

这样，A 公司通过货币互换以较低的筹资成本（7.5%）筹集到 100 亿日元资金；而 B 公司把日元债务调换成了美元债务，避免了日元升值而导致的债务负担加重的风险。

2.4　外汇风险及其防范

自从 20 世纪 70 年代初，世界主要发达国家普遍放弃固定汇率制度，转而实行浮动汇率制度。自此之后，汇率波动频繁，变化无常，外汇风险日趋严重，特别是 20 世纪 90 年代后期发生的亚洲金融危机，东南亚地区许多国家的货币相继大幅贬值，蒙受了巨额的损失。因此加强外汇风险的管理，是一国政府及外汇交易各方都必须面对并加以解决的重要问题。

2.4.1　外汇风险的概念

外汇风险是指国际金融市场上汇率和利率的变化对经济主体持有的以外币计值的资产和负债带来损失的可能性。外汇风险包括汇率风险（Exchange Risk）和利率风险（Interest Risk）。汇率风险是指经济主体在持有或运用外汇的经济活动中，因汇率变动而蒙受损失的一种可能性。利率风险是指经济主体在持有或运用外汇的经济活动中，因利率变动造成其资产或负债遭受损失的可能性。

专题看板

外汇风险导致百富勤破产

百富勤投资集团有限公司成立于 1988 年年底，由集团主席杜辉廉和董事兼总经理梁伯韬在香港创办。百富勤不但精于协调本区域跨国性的合并与收购计划，而且在证券投资、直接投资、委托管理、项目融资、分销等业务中功力不凡。凭借它精到的企业融资顾问服务和非凡的业务拓展能力，百富勤日益受到亚欧及北美投资者的青睐。

然而 1998 年 1 月 12 日下午 5 时，却传来令人震惊的消息：百富勤投资集团发出公告："百富勤已委托罗兵逊会计师事务所作为清盘人，进入法律程序进行清盘。"这意味着亚洲（除日本外）最大的独立上市投资银行——百富勤宣告破产。

这是源于 1997 年下半年的一场在泰国爆发并迅速波及东南亚乃至全球的金融危机。此次风暴使东南亚投资银行界受到相当大的冲击和损失。由于百富勤大量投资于东南亚市场，此番东南亚货币及股市狂泻给它造成了无法弥补的损失。1997 年 7 月，当东南亚国家货币接二连三贬值时（7 月 2 日，泰国宣布放弃捍卫泰铢，当日泰铢贬值 20%；7 月 11 日，菲律宾让比索自由浮动；三天后马来西亚放弃保卫林吉特；8 月 14 日，印度尼西亚让卢比自由浮动，卢比狂泻不止，这一天泰国390亿外汇储备只剩下11亿，被迫向IMF求救)，由于百富勤是区内最大的亚洲货币债券商，货币突然贬值，一些由百富勤安排发行债券的东南亚公司可能无法如期履行还款责任，百富勤因此在8月及10月共拨出6 000万美元作为呆账准备。另外，欠百富勤庞大款项的印度尼西亚计程车公司SS原计划以配股筹集资金，偿还百富勤的巨额债务，但由于卢比连创新低，汇率从1美元兑换2 400卢比跌至1美元兑换3 900卢比，SS决定延迟配股计划，这一决定使百富勤能否收回SS公司债项成为悬念。尽管百富勤一直未曾透露其与SS之间的债务关系，但实际上百富勤手上持有一笔多达2.65亿美元的SS短期票据，而此笔票据将在1998年2月至4月到期，以当时印度尼西亚在金融危机中的局势，这笔贷款是否能够顺利收回成为疑问，机会甚为渺茫。而百富勤在东南亚其他国家的业务也在这场危机中遭受不同程度的损失，其中在泰国的业务受损最为严重。这些都成为百富勤最终被迫申请破产清盘的导火索。

2.4.2 外汇风险的防范措施

外汇风险属于系统性风险，具有很大的不确定性。但是我们在对外活动中只要树立外汇风险意识，建立外汇风险管理机制，对外汇风险进行科学的预测和分析，设计和选择防止或减少损失的处理方案，就有可能以最小的成本达到风险处理的最佳效能。目前，国际上常见的防范外汇风险的措施主要有下述几种。

1. 货币选择法

选择好计价结算货币是企业避免外汇风险的一种最普遍、最基本的方法。在国际金融市场上，既有本币与外币之分，又有硬货币与软货币之分。企业在交易过程中，选择合适的计价货币是防范外汇风险的重要方法。选择计价货币应遵循以下原则：

(1) 遵循“收硬付软”的原则。在出口贸易中，力争选择硬货币来计价结算；在进口贸易中，力争选择软货币计价结算。但是在实际业务中，货币选择并不是一厢情愿的事，因为交易双方都希望选择对自己有利的货币，从而将汇率风险转嫁给对方。因此交易双方在计价货币的选择上往往产生争论，甚至出现僵局。为打开僵局，促成交易，使用“收硬付软”原则时要灵活。比如，通过调整商品价格，把汇率变动的风险计入商品价格中，同时还可采取软硬对半策略等，使买卖双方都不吃亏，平等互利。

(2) 选择可自由兑换的货币。在国际金融市场上，可自由兑换的货币可以无限制地兑换成其他种类的货币。选用这种货币计价结算，对于交易双方都是有利的，既便于资金的调拨和运用，也便于转移汇率风险。

(3) 以本币作计价货币的原则。在国际经济交易中，如果用本币计价结算，进出口商不需要买卖外汇，也就不承担汇率变动的风险。但这种方法给贸易谈判带来一定困难，因为这实际上是将汇率风险转嫁给了对方，所以只能在价格或期限上做让步，作为给对方的风险补偿，交易才能做成。由于人民币还未成为自由兑换货币，因而在国际贸易中使用有限。我国很多进出口企业在对外贸易和引进技术设备时不得不采用其他外汇。用外汇计价时应注意借、用、还一致和进口、出口货币一致的原则，以减少货币兑换风险。另外还必须注意，对于世界性交易商品，如石油、森林产品和某些原材料，一律用美元计价结算，没有货币选择余地。

(4) 综合考虑汇率和利率变动趋势。企业在国际市场上筹集资金时要特别注意，低利率的债务不一定就是低成本的债务，高利率的债务也不一定就是高成本的债务，必须把利率和汇率变动趋势综合起来考虑。一般来讲，硬货币利率低，软货币利率高。例如有 A 和 B 两笔债务，A 债务以美元计价，年利率为 10%；B 债务以日元计价，年利率为 6%。这时，美元将贬值 3%，日元将升值 3%。这样，A 债务的实际利率是 7%，B 债务的实际利率是 9%，实际上 A 债务的成本比 B 债务的成本低。在企业对汇率预测把握不大的情况下，从稳妥着眼，在市场允许的情况下，借入多种货币共同构成一笔借款比较合适，这样可以分散风险。

2. 签订货币保值条款

在国际经济合同签订过程中，双方可以协商订立适当的保值条款，以防止汇率变动的风险。保值条款主要有以下几种：

(1) 用“一篮子货币”保值。“一篮子货币”是多种货币的组合，它实际上是利用多种货币之间的负相关效应来综合抵消或降低风险。在签订贸易、信贷或投资等协定时，若确定以某种货币作为计价支付手段，则按当时的市场汇率将该货币折算成相应的“一篮子货币”额，到结汇时再按市场汇价将“一篮子货币”额折算成相应数额的计价货币进行偿付。

(2) 利用黄金保值条款。在订立期限较长、金额较大的合同时，按当时的黄金市场价格将支付货币的金额折合为若干盎司的黄金，到实际支付日时，如果黄金市场价格上涨，则支付货币的金额相应增加；反之，则相应减少。这曾是国际经济合同常用的一种保值方式，但由于目前各国货币已与黄金脱钩，加之黄金本身价格不稳定，因而利用黄金保值条款已不多见。

(3) 硬货币保值。双方在合同中规定以硬货币计价，用软货币支付，阐明两种货币当时的汇率。在执行合同过程中，如果支付货币汇率下跌，则对合同中金额进行等比例的调整，按照支付日的支付货币汇率计算，这样实收的计价货币金额与签订合同时相同，支付货币下浮的损失则可以得到补偿。

3. 利用衍生金融工具

从目前情况看，外汇风险管理所运用的创新金融工具主要有外汇远期合同、外汇期货、外汇期权和货币互换等。

(1) 外汇远期合同避险。这是交易双方通过签订外汇交易合同，事先约定交割时的币种、数量和汇率，到期按预定条件进行实际交割的方法。当企业预定在未来一定日期会收到或支付一笔外币款项时，先在远期外汇市场上卖出或买进该种外币，将未实现的汇率予以固定，而不管契约期间的汇率如何变动，企业都可以确定将来能够收到或付出一定数额的本国货币。外汇远期合同是不可撤销的，应否采用这种避险工具的关键是对未来汇率的预测，若汇率预测失误，虽锁定了风险，但也失去了本应得到的收益。因而，这种避险工具常用于保守型管理策略之中。

(2) 外汇期货避险。这是在未来特定的时间里，在期货交易所内买进（卖出）与现货市场数量相当、但交易方向相反的期货合约，以期在未来某一时间通过卖出（买进）

期货合约而补偿因现货市场价格变动所带来的实际价格风险的方法。根据套期保值交易的方向，外汇期货分为卖出对冲与买进对冲。卖出对冲又称空头，是指预期未来将在现货市场售出某种外币，而先于现货市场出售与该外币相同或相当的外币期货契约，到时，在现货市场出售该外币的同时，再将原先已售出的期货契约在期货市场结清。买进对冲又称多头，是指预期未来将在现货市场购入某外币，而先于此买入与该外币相同或相关的外币期货合约，到期时在现货市场上买入该外币的同时，再将原先买入的期货契约在期货市场结清。通过对冲，可将未来外币交易汇率事先固定下来，从而可避免汇率波动的风险。外汇期货交易的选择，同样也取决于汇率预测的可靠程度及信用风险，但期货有其独特的保证金制度，它是利得与损失的杠杆，它既不限制风险，又不限制收益，即到期不履行时，支付保证金。可见，该避险工具可满足持中庸型或保守型风险管理策略的需要。

(3) 外汇期权避险。这是在金融市场上签订合同，获得在一定期限内以约定价格买进或卖出一定数额的某种外汇的权利，同时支付一定的期权费的方法。当形势有利时，可买进或卖出该种外币资产；如形势不利，也可不行使期权，放弃买卖该种外币资产的权利。而期权的卖方则有义务在买方要求履约时，卖出或买进期权买方买进或卖出的该种外币资产。从避免外汇风险的角度看，外汇期权是外汇远期合同和外汇期货的延伸，但外汇远期合同是不可更改的，即使合同到期前，出现汇率朝有利于自己的方向变动，也必须按约定履行，从而不得不坐失本可得到的汇兑收益。外汇期货契约签订后，虽可在汇率朝有利方向变动时，于契约到期前以反向交易冲销原契约，而不坐失汇率有利变动的好处，但期货契约必须交纳保证金，并每日按清算价计算盈亏，必要时还需追加保证金，否则已进行的期货契约会被拍卖掉。期权则不同，它有选择余地，买方可放弃履约，从而随市场行情的变化获得无限大的利益，它无须每日清算，而只需支付权利金（又称期权费或保险费），于约定时间由买方支付给卖方，以取得履约选择权。因此，这种避险工具可满足持积极进取型风险管理策略的需要。

(4) 货币互换避险。这是在交易之初，双方以议定的汇率互换本金，根据互换的金额计算利息，在互换交易期间，双方按约定的付息期和金额进行利息互换；在交易到期日，双方进行本金的再次互换的方法。在货币互换交易中，由于汇率是预先确定的，交易者不必承担汇率变动的风险，因而起到避险的作用。货币互换是以目前现汇汇率为基础，或以事先约定的远期汇率为准，汇率多少由交易双方商定，且互换交易的期限往往较长，因而它比运用期货、远期合同等方式避免长期外汇风险要简捷得多。另外，它在企业筹资中具有筹资成本低、筹资灵活性大等优点，故被企业广泛采用。

4. 其他外汇风险规避方法

(1) 提前收付法或拖延收付法。在国际交往中，如果当事人对预测汇率变化有较大把握，就可以通过更改外汇资金的收付日期来抵补或转嫁外汇风险。具体做法是：

第一，在出口贸易中，如果预期计价货币汇率将下浮，本币升值，外币贬值，则出口企业应与外商尽早签订出口合同，提前收汇。相反，如果预期计价货币汇率将上升，则可设法拖延出口商品，延长出口汇票期限或鼓励进口商延期付款。

第二，在进口交易中，若进口企业预测计价结算货币汇率将上升，则进口企业应设法提前购买所需进口商品，或采取预付货款方式。相反，若预测计价结算货币汇率将下浮，则进口企业可推迟向国外购货，或要求延期付款。提前或延期收付汇，除考虑汇率走势外，还应考虑商品的储存和利息因素。

（2）调整价格法。在国际贸易中，通过调整进出口商品的价格将外汇风险分摊到价格中去，以转嫁外汇风险，这就是调整价格法。具体做法主要有两种：

第一，加价保值法。出口商接受软货币计价成交时，将汇价损失摊入出口商品的价格中，以转嫁汇率风险。

第二，压价保值法。进口商接受硬货币计价成交时，将汇价损失从进口商品价格中剔除，以转嫁汇率风险。

（3）福费廷交易法。福费廷（Forfeiting）交易是指出口商将期限长、金额大、经进口商承兑的远期汇票无追索权地卖给办理福费廷业务的银行或大型金融公司进行贴现，提前取得外汇现款，从而将汇率风险转嫁给承办福费廷业务的银行或金融公司。采用这种方法避险非常有效，但费用较高。

本章小结

1. 外汇市场是由各国中央银行、外汇银行、外汇经纪人和客户组成的进行外汇买卖的交易场所，它是金融市场的重要组成部分，由于它的存在，资金才能实现国际上的调拨和划转，国际上的债务才能得以清偿，国际资本才能得以流动，跨国界的资金借贷融通才得以实现。它具有 24 小时全天候运作、有市无场、汇率波动剧烈、零和博弈、政府对外汇市场的联合干预日趋加强及金融创新层出不穷等特点。

2. 由于国际汇率制度从固定汇率制度向浮动汇率制度的发展演变，外汇交易也经历了传统的外汇交易和衍生的外汇交易两个发展阶段。传统的外汇交易主要包括即期外汇交易、远期外汇交易、掉期外汇交易、套汇交易和套利交易。衍生的外汇交易方式主要包括外汇期货交易、外汇期权交易和货币互换交易。

3. 外汇风险是指国际金融市场上汇率和利率的变化对经济主体持有的以外币计值的资产和负债带来损失的可能性，主要包括汇率风险和利率风险。具体的外汇风险的防范措施有货币选择法、签订货币保值条款、利用衍生金融工具等。

重点概念

外汇市场	套期保值	即期外汇交易	远期外汇交易
套汇交易	套利交易	外汇期货交易	外汇期权交易
货币互换	外汇风险		

复习思考题

1. 名词解释

外汇市场	套期保值	远期外汇交易	即期外汇交易
交叉汇率	升水	贴水	套汇交易

抵补套利　非抵补套利　欧式期权　美式期权
看涨期权　看跌期权　货币互换　外汇风险

2. 思考题

(1) 国际外汇市场的特征主要表现在哪些方面?

(2) 试述外汇远期交易、外汇期权交易与外汇期货交易的区别。

(3) 试述货币互换的流程。

(4) 从我国国情出发，我国的涉外企业应采用哪些方法防范或规避外汇风险?

3. 案例分析

(1) 假设你是一个出口商，产品出口到英国。你坚信今天英镑的远期汇率对未来的即期汇率被远远低估，需要对未来的英镑收入做套期保值。你认为远期套期保值和卖出期权哪种方式更合适?

(2) 中国的一家跨国公司获得了 5 亿欧元的德国政府采购合同，合同将持续 3 年，德国政府以欧元付款。德国政府的采购约占该家公司销售量的 60%，公司经营费用的 10% 是欧元，其他是人民币。请分析：

1) 公司在未来 3 年中会出现多大的经济风险?

2) 公司应该采取哪些措施来降低欧元汇率波动所产生的经济风险?

3) 公司可以获得哪些外部资源来实现外汇风险管理?

4. 计算题

(1) 假定某时期，美国金融市场上 6 个月定期存款利率为 5%，而英国同期存款利率为 3%，外汇行市如下：即期汇率为 GBP1＝USD1.425 0～1.426 0，6 个月远期汇率为 GBP1＝USD1.427 0～1.430 0，试用 10 万英镑套利并计算结果。

(2) 美国某公司在 3 个月后应向外支付 100 万英镑，同时，在 1 个月后将收到另一笔 100 万英镑收入，此时，市场的汇率为：GBP1＝USD1.427 0～1.430 0，1 个月远期汇率为：GBP1＝USD1.425 0～1.427 0，3 个月远期汇率为：GBP1＝USD1.424 0～1.422 0，该公司如何进行掉期交易? 试计算结果。

(3) 假定某时期的外汇市场行市如下：

纽约　USD1＝CHF1.534 9～1.538 9

伦敦　GBP1＝USD1.634 0～1.637 0

苏黎世　GBP1＝CHF2.502 8～2.504 8

若不考虑其他费用，用 100 万瑞士法郎套汇并计算收益。

(4) 假定某时期伦敦市场上的汇率为 GBP1＝USD1.528 0，同时纽约市场上的汇率为 GBP1＝USD1.528 3，请进行套汇并计算收益。

第3章

国际收支

导入案例

在美国，从廉价的“一元店”到门类齐全的百货公司，从厂家直销店到品牌专卖店，“中国制造”已经无处不在。一名叫萨拉·班吉奥尔尼的家庭主妇在家里发起了为期一年的“抵制中国货运动”，想看看没有“中国制造”的日子到底会是个什么样，一个普通美国家庭与中国经济的关系到底有多紧密。结果在一年的试验中，运气好的时候，她可以给儿子买到一双意大利产的网球鞋，不过价格却比中国产的童鞋整整贵出了五倍；而运气不好的时候，就算找遍了整座城市，甚至打电话给各大经销商，她都买不到自己需要的商品。女儿需要一条芭蕾裙，她自己动手缝；为了给孩子们弄个睡袋，丈夫凯文也开始操起了针线做“女红”；咖啡机坏了，萨拉只能每天烧开水，磨咖啡豆，用原始方法冲咖啡；家里跑进了老鼠，只得自制捕鼠器，结果却无济于事……这一年下来，萨拉一家焦头烂额，以至于萨拉感叹“未来10年内都不敢再尝试这种日子了”。

由于我国企业多是劳动密集型产业，并以初级产品为主要生产对象，出口价格相对较低，才使得世界对我国产品的依赖程度不断地提高，从而推动了我国的对外出口，并在此基础上促使我国的国际收支顺差不断扩大。

本章学习目标

1. 掌握国际收支与国际收支平衡表的含义及内容；
2. 掌握国际收支平衡表编制的原理；
3. 掌握国际收支失衡的含义、原因及调节措施；
4. 了解我国国际收支的发展历程及现状。

素养目标

党的二十大报告强调了坚持中国特色社会主义道路。提高我国在国际经济治理体系中的影响力，是坚定不移地走中国特色社会主义道路的必然要求和重要体现。通过对我国及主要西方国家国际收支状况、中美贸易关系等内容的学习，我们可以正确认识和把握当前国际政治经济形势，增强对外交开放的信心和能力。

党的二十大报告还强调了增强文化自信，广泛践行社会主义核心价值观。我国改革开放进程中的巨大成就和发展经验，是中国特色社会主义道路的生动实践和有力证明。通过我国改革开放进程中的巨大成就和发展经验的学习，我们可以增强对中国特色社会主义道路的主观认同，激发全民族文化创新创造活力，增强实现中华民族伟大复兴的精神力量。

3.1 国际收支与国际收支平衡表

3.1.1 国际收支

国际收支是由一个国家对外经济、政治、文化等各方面往来活动而引起的。生产社会化与国际分工的发展，使得各国之间的贸易日益增多，国际交往日益密切，从而在国际上产生了货币债权债务关系，这种关系必须在一定日期内进行结算，由此产生了国际货币收支。同时，为了对这些货币收支的来龙去脉有清晰的了解，以便做到收支相抵，或略有盈余，避免入不敷出，这就出现了国际收支。

1. 国际收支的概念

国际收支（Balance of Payments）是一种统计报表，指在一定时期内（通常为一年）一国的居民与非居民所进行的全部经济交易的货币价值的总和。

2. 对国际收支概念的理解

理解国际收支的概念时应注意以下几个方面：

（1）居民与非居民的划分。国际收支对居民与非居民的划分并非根据国籍，而是取决于经济利益中心。经济利益中心是指长期（通常为一年以上）在一国从事生产、消费及其他经济活动。因此，居民是指在本地居住一年以上的个人、政府、企业和机构（外国公司的分支机构），否则为非居民。一个企业的国外子公司是其所在国的居民，而不是其母公司所在国的居民。例如，中国石油在新加坡的子公司是新加坡的居民、中国的非居民，子公司与母公司的业务往来是新加坡和中国的国际收支内容。不过，政府机构（包括中央与地方政府及政府驻外机构）虽然在另一国家居住一年以上，但仍是派出国的居民，而非居住国的居民。国际组织，如联合国、国际货币基金组织、世界银行等都不属于任何一国的居民。统计主体是“经济体”，而非政治意义上的“国家”的概念。鉴于此，我国香港、澳门与内地之间的各种交易都应列入国际收支范畴。国际收支之所以要强调居民与非居民的概念，目的是准确反映国际收支情况。国际收支的内容是各种国际经济交易，只有居民与非居民之间的各种经济交易才是国际经济交易。居民之间的各种经济交易则是国内交易，不属于国际收支范畴。

（2）全部经济交易的内容。全部经济交易包括国际商品和劳务交易，以及单方面转移和国际资本流动等。《国际收支手册》对全部经济交易做出了统一规定：一国与他国之间商品、劳务和收益等的交易行为；该国所持有的货币黄金、特别提款权的变化以及与他国债权债务关系的变化；凡不需要偿还的单方面转移的项目和相对应的项目，会计上必须用来平衡的尚未抵消的交易，以及不易互相抵消的交易。

(3) 国际借贷与国际收支的关系。国际借贷是指一个国家在一定日期对外债权债务的综合情况，是一个存量概念。而国际收支是表示一个国家在一定时期内对外货币收支的综合情况，是一个流量概念。两者所涉及的范围不一样，国际经济交易中的赠予、侨民汇款与战争赔偿等“无偿交易”都属于不发生国际借贷关系的交易，因而不包括在国际借贷中，但包括在国际收支中。因此，这两个概念是有区别的，但它们之间又是密切相关的，因为有了国际借贷，才会产生国际收支，国际借贷是国际收支的原因，国际收支是国际借贷的结果。

3.1.2 国际收支平衡表

国际收支平衡表（Balance of Payments Statement）也称国际收支差额表，它是系统记录一个国家或地区在一定时期内（一般为一年）以货币形式表示的所有国际经济活动收入与支出的统计报表，它集中反映了一个国家一定时期内国际收支的状况。各国都十分重视国际收支问题，把它作为宏观经济的重要组成部分，国际收支平衡表是国际收支的综合反映，它是各国制定政策的依据。

1. 国际收支平衡表的编制原理

国际收支平衡表是按照国际会计的通行准则——复式记账法来编制的。复式记账法的基本原理是：任何一笔交易的发生必然涉及借方（Debit）和贷方（Credit）两个方面，即有借必有贷，借贷必相等。因此运用复式记账法记录国际收支时，每笔交易都要以同一数额记录两次，一次记在借方，另一次记在贷方。

按照复式记账的惯例，不论是对于实际资源还是金融资产，借方表示经济体资产（资源）持有量的增加，贷方表示资产（资源）持有量的减少。因此，凡是引起外汇收入或外汇供给的交易，即资产减少、负债增加，都列入贷方，记为“+”；凡是引起外汇支出或外汇需求的交易，即资产增加、负债减少，都列入借方，记为“−”。

具体地说，凡属于下列情况均应记入贷方：

(1) 货物和服务的出口。

(2) 收益收入。

(3) 接受的货物和资金的无偿援助。

(4) 金融负债的增加和金融资产的减少。

凡属于下列情况均应记入借方：

(1) 货物和服务的进口。

(2) 收益支出。

(3) 对外提供的货物和资金无偿援助。

(4) 金融资产的增加和金融负债的减少。

我们以甲国为例，列举六笔交易来说明国际收支的记账方法。

[例 3-1] 乙国商人从甲国购买价值为 50 万美元的设备，付款方式是乙国银行提出美元存款支付货款。

分析 这笔交易包含两项内容：一是甲国商品出口，意味着本国拥有的资源减少，应记录在贷方；二是乙国商人的美元存款减少，也就是甲国在外的资产增加，应记入借方。

借：本国在国外银行的存款 50万美元

贷：商品出口 50万美元

[例3-2] 甲国公司从丙国购买100万美元的纺织品，用甲国银行的美元支票付款。

分析 这笔交易是反映甲国从外国获得商品，应该记入借方，同时丙国在甲国银行的美元存款增加，也意味着甲国私人对外短期负债增加，应记入贷方。

借：商品进口 100万美元

贷：本国在国外银行的存款 100万美元

[例3-3] 某外国人在甲国旅游，支付了40万美元的费用，该旅游者所需的美元是在该旅游者国家的甲国银行兑换的。

分析 这项国际交易所涉及的内容有两项：其一，甲国为外国居民提供了服务，为服务输出，应记入贷方；其二，海外的甲国银行存款增加，应记入借方。

借：在国外银行的存款 40万美元

贷：旅游收汇 40万美元

[例3-4] 甲国某企业在海外投资所得利润250万美元。其中75万美元用于当地的再投资，50万元购买当地商品运回国内，125万元调回国内结售给政府以换取本国货币。

分析 这笔交易所涉及的内容是：其一，甲国在海外的直接投资收入，应记入贷方；其二，这笔钱一部分以再投资形式留在海外，一部分以商品的形式流入甲国，对甲国来说是进口，剩下以结售方式流入甲国，甲国的官方储备增加，这些都应记入借方。

借：对外长期投资 75万美元

商品进口 50万美元

官方储备 125万美元

贷：海外投资利润收入 250万美元

[例3-5] 甲国政府向丁国提供了100万美元的援助。

分析 这笔交易涉及两方面内容：其一，甲国政府的对外单方面转移，应在借方的经常转移项目下记录；其二，甲国官方对外资产减少，应在贷方的储备资产项目下记录。

借：政府捐赠 100万美元

贷：官方储备 100万美元

[例3-6] 甲国公民购买加拿大某公司发行的加元债券，折合300万美元。

分析 这笔交易所涉及的两项内容是：其一，甲国的资本输出，即国外长期资产增加，应在借方的证券投资项目下记录；其二，甲国公民支取加拿大银行的加元存款购买债券，甲国私人对外短期资产减少，应在贷方的金融项目的其他投资项目中记录。

借：证券投资 300万美元

贷：其他投资 300万美元

经济交易记录日期以所有权变更日期为标准。在国际经济交易中，如签订买卖合同、货物装运、结算、交货、付款等一般都是在不同日期进行的，为了统一各国的记录口径，IMF做出明确规定，必须采用所有权变更原则。

2. 国际收支平衡表的主要内容

IMF出版的《国际收支手册》第六版规定，国际收支平衡表的内容包括经常项目、资本和金融项目、储备资产项目和错误与遗漏项目。

（1）经常项目（Current Account）。该项目是指本国与外国进行经济交易而经常发生的内容，是国际收支平衡表中最基本也是最重要的往来项目，它反映一国在一定时期内真实的外汇收支状况，包括货物和服务、收益和经常转移子项目。

货物（Goods）是指通过海关的进出口货物，包括一般商品、用于加工的货物、货物修理、各种运输工具在港口购买的货物和非货币黄金。根据国际收支统计口径要求，货物按边境的离岸价格（FOB）计价，即海关统计的到岸价进口额减去运输和保险费用，出口沿用海关的统计。此项目中还包括一些未经海关的转口贸易等，对商品退货也在此项目中进行了调整。出口记在贷方，进口记在借方。

服务（Service）又称劳务收支，或无形贸易收支，它记录了一个国家对外提供劳务或接受劳务所发生的收支。它包括运输、旅游、通信、建筑、保险、金融服务、计算机和信息服务、专有权使用费和特许费、各种商业服务、个人文化娱乐服务以及政府服务。该项目的贷方表示收入，借方表示支出。

收益（Income）记录居民与非居民之间的职工报酬和投资收益两大类交易收入。即企业支付给非居民的工资和奖金，及由直接投资、证券投资及其他投资而产生的收入和支出以及储备资产的收入，最常见的投资收益是股票红利和债务利息。本国人在国外获得的工资、奖金、股票红利、债券利息等记入收益项目贷方，外国人在本国获得的工资、奖金、红利、利息等记入收益项目借方。

经常转移（Current Transfer）又称无偿转移或单项转移，是指发生在居民与非居民间无等值交换物的实际资源或金融项目所有权的变更。在《国际收支手册》第五版中，将转移区分为经常转移和资本转移。这一处理方法的变化，使经常转移仍包括在经常账户中，而使资本转移包括在资本和金融账户内。经常转移排除了下面三项所有权转移（即资本转移）：固定资产所有权的资产转移；同固定资产收买/放弃相联系的或以其为条件的资产转移；债权人不索取任何回报而取消的债务。经常转移既包括官方的援助、捐赠和战争赔款等，也包括私人的侨汇、赠予，以及对国际组织的认缴款等。该项目的贷方反映外国对本国的经常转移，借方反映本国对外国的经常转移。

（2）资本和金融项目（Capital and Financial Account）。该项目是指对资产所有权在国际上流动的行为进行记录的账户，它包括资本项目和金融项目两大部分。

资本项目（Capital Account）包括资本转移和非生产、非金融资产的收买或放弃。资本转移的含义已在经常转移部分中进行了说明。非生产、非金融资产的收买或放弃是指各种无形资产如专利、版权、商标、经销权以及租赁和其他可转让合同的交易。

金融项目（Financial Account）反映的是居民与非居民之间投资与借贷的增减变化，它由直接投资、证券投资、其他投资三部分构成。直接投资（Direct Investment）是指一个经济体系的投资者在另一经济体系的企业所做的投资，而该投资令该投资者能长期有效地影响有关企业的管理经营决策。在统计上，若投资者持有某一企业10%或以上的股权，则被视为能长期有效地影响有关企业的管理经营决策。直接投资包括股本资本、再投资收益及其他资本。股本资本包括所持有分行的股本和附属及联营公司的股票。再投资收益是指投资者从其附属或联营公司应得但未以股息形式分发的利润。其他资本主要涉及公司之间长期或短期的债务交易，包括母公司与其附属公司、联营公司及分行之间的借贷。证券投资又称间接投资，是证券投资者购进并保有某种证券，以期获取长期稳定收益的活动。

其主要对象包括股票、债券、商业票据、可转让定期存单和其他衍生金融工具，其中最主要的是股票和债券。其他投资是一个剩余项目，它包括所有直接投资、证券投资或储备资产未包括的金融交易。与经常项目不同，金融项目的各个项目并不按借贷方总额来记录，而是按净值记入相应的贷方和借方。

(3) 储备资产项目（Reserve Assets Account）。储备资产项目又称官方储备项目，是指一个国家的金融当局（如中央银行或其他官方机构）持有的储备资产及对外债权。它可以分为货币黄金、特别提款权、外汇和在国际货币基金组织的储备头寸等。当一国国际收支出现差额时，该国政府就要动用储备资产进行调节。因此，它是一个记录储备变化而不是流量状况的项目。当经常项目与资本和金融项目出现顺差时，储备资产增加，记在国际收支平衡表的借方，用“—”号表示；当经常项目与资本和金融项目出现逆差时，储备资产减少，记在国际收支平衡表的贷方，用“+”号表示。

(4) 错误与遗漏项目（Errors and Omissions Account）。该项目是一个人为的平衡项目，用于轧平国际收支平衡表的借贷方总额。从理论上讲，国际收支平衡表按复式记账原理编制，其结果总是平衡的，即所有账户的借方总额和贷方总额应相等。但由于错误与遗漏的存在，如资料来源渠道复杂、统计口径不一、资料不全、计算错误或统计不及时，以及其他一些原因，使得国际收支平衡表借贷双方总额难以平衡，因而设立了错误与遗漏项目来人为地加以平衡。

专题看板

中国国际收支平衡表

中国 2018—2022 年的国际收支平衡表见表 3-1。

表 3-1 中国国际收支平衡表 单位：亿美元

项目	2018年	2019年	2020年	2021年	2022年
1. 经常账户	241	1 029	2 488	5 627	6 686
贷方	29 473	29 304	30 204	32 158	33 469
借方	−29 231	−28 275	−27 716	−26 531	−26 782
1. A 货物和服务	879	1 318	3 586	−1 012	−923
贷方	26 510	26 310	27 389	3 394	3 690
借方	−25 631	−24 992	−23 803	−4 406	−4 613
1. A. a 货物	3 801	3 930	5 111	−1 245	−1 936
贷方	24 174	23 866	25 100	3 273	1 902
借方	−20 374	−19 936	−19 989	−4 518	−3 839
1. A. b 服务	−2 922	−2 611	−1 525	159	191
贷方	2 336	2 444	2 289	488	447

续表

项目	2018 年	2019 年	2020 年	2021 年	2022 年
借方	−5 257	−5 055	−3 814	5 627	6 686
1. B 初次收入	−614	−392	−1 182	32 158	33 469
贷方	2 685	2 735	2 455	−26 531	−26 782
借方	−3 299	−3 127	−3 637	−1 012	−923
1. C 二次收入	−24	103	85	3 394	3 690
贷方	278	259	360	−4 406	−4 613
借方	−302	−157	−276	−329	−256
2. 资本和金融账户	1 532	263	−901	−2 184	−3 113
2.1　资本账户	−6	−3	−1	1	−3
贷方	3	2	2	3	2
借方	−9	−5	−2	−2	−5
2.2　金融账户	1 538	266	−900	−2 185	−3 110
资产	−3 620	−2 605	−6 752	−8 949	−2 815
负债	5 158	2 871	5 852	6 764	−294
2.2.1　非储备性质的金融账户	1 727	73	−611	−303	−2 110
资产	−3 432	−2 798	−6 463	−7 067	−1 816
负债	5 158	2 871	5 852	6 764	−294
2.2.1.1　直接投资	923	503	994	1 653	305
2.2.1.2　证券投资	1 069	579	955	514	−2 811
2.2.1.3　金融衍生工具	−62	−24	−108	102	−58
2.2.1.4　其他投资	−204	−985	−2 452	−2 572	454
2.2.2　储备资产	−189	193	−289	−1 882	−1 000
2.2.2.1　货币黄金	0	0	0	0	−35
2.2.2.2　特别提款权	0	−5	−4	−416	19
2.2.2.3　在国际货币基金组织的储备头寸	−7	0	−23	1	−2
2.2.2.4　外汇储备	−182	198	−262	−1 467	−982
2.2.2.5　其他储备资产	0	0	0	0	0
3. 净误差与遗漏	−1 774	−1 292	−1 588	−1 345	−906

资料来源：国家外汇管理局网站 .

3.1.3　国际收支平衡表的分析

1. 国际收支平衡表分析的重要意义

国际收支平衡表不仅综合记载了一国在一定时期内与世界各国的经济往来情况和在世界经济中的地位及其消长对比情况，而且集中反映了该国的经济类型和经济结构，因此，国际收支平衡表是经济分析的重要工具。对国际收支平衡表进行分析，对编表国家或非编表国家都具有重要的意义。

对于编表国家来说，通过对国际收支平衡表的分析，能够全面掌握本国对外经济交易的综合情况，找出造成国际收支顺差、逆差的原因，以便采取相应措施，达到国际收支的基本平衡。它能使本国政府充分掌握其外汇资金来源和运用方面的资料，特别是官方储备的变动情况，以便于编制切实可行的外汇预算，合理节约使用外汇资金；同时，它能使一国全面地了解本国的国际经济地位，制定出与本国国情相适应的对外贸易政策和正确的国家收支调整政策。

对于非编表国家来说，可以通过对经济交往密切国家的国际收支平衡表进行分析研究得出有价值的信息。这是因为，随着世界经济一体化的不断发展，各国在经济、政治等各方面的联系日益密切，一个国家不仅要了解自己，而且要了解外国的经济实力与对外经济政策的动向，以及世界经济发展的趋势。而通过对别国国际收支平衡表的分析，有助于预测编表国家的国际收支、货币汇率及对外经济政策动向，也有助于了解该国的经济实力和预测世界经济与世界贸易的发展趋势。

2. 国际收支平衡表的几个差额

若要分析国际收支平衡表，必须首先了解国际收支平衡表的结构，即弄清国际收支平衡表的项目构成及其相互关系。由于国际收支平衡表是采用复式记账法编制，因此，借贷双方总额总是相等的，但其中的某些项目或账户可能出现盈余或赤字，需由其他项目或账户的赤字或盈余来抵消，这就形成了不同的项目差额。按照人们的传统习惯和国际货币基金组织的做法，项目差额主要有以下四种：

（1）贸易收支差额。贸易收支差额是指包括货物与服务在内的进出口之间的差额。如果这一差额为正，代表该国存在贸易顺差；如果这一差额为负，代表该国存在贸易逆差；如果这一差额为零，代表该国贸易收支平衡。尽管贸易项目仅仅是国际收支的一个组成部分，不能代表国际收支的整体，但是，对于某些国家来说，贸易收支在全部国际收支中所占比重相当大，同时，贸易收支的数字尤其是货物贸易收支的数字易于通过海关的途径及时收集，以至于经常把贸易收支作为国际收支的近似代表。贸易收支差额在国际收支中具有特殊重要性的原因还在于，它表现了一个国家（或地区）自我创汇的能力，反映了一国（或地区）的产业结构和产品在国际上的竞争力及在国际中的地位，是一国对外经济交往的基础，影响和制约着其他账户的变化。因此，即使像美国这样资本账户所占比重相当大的国家，仍然十分重视贸易收支差额。

（2）经常项目差额。经常项目差额是一定时期内一国货物、服务、收入和经常转移项目贷方总额与借方总额的差额。当贷方总额大于借方总额时，经常项目为顺差；当贷方总额小于借方总额时，经常项目为逆差；当贷方总额等于借方总额时，经常项目收支平衡。经常项目差额与贸易收支差额的主要区别在于收入项目余额的大小。由于收入项目主要反映的是资本通过直接投资或证券投资所取得的收入，因此，一国净国外资产数额越大，从外国得到的收益也就越多，该国经常项目就越容易出现顺差。相反，一国净国外负债越大，向国外付出的收益也就越多，该国经常项目就越容易出现逆差。虽然经常项目的收支不能代表全部国际收支，但它综合反映了一个国家的进出口状况（包括服务贸易），因而被各国广为使用，并将其作为制定国际收支政策和产业政策的重要依据。同时，国际经济协调组织也经常采用这一指标对成员方经济进行衡量，例如国际货币基金组织就特别重视各国经常项目的收支状况。

（3）资本和金融项目差额。资本和金融项目差额是国际收支账户中资本账户与直接投资、证券投资以及其他投资项目的净差额。分析资本和金融项目具有两个方面的作用：第一，通过资本和金融项目规模可以看出一个国家资本市场的开放程度和金融市场的发达程度，一般而言，资本市场越开放，金融市场越发达，资本与金融项目的流量总额就越大。第二，资本和金融项目与经常项目之间具有融资关系，所以，资本和金融项目的余额可以折射出一国经常项目的状况。根据复式记账原则，在国际收支中一笔贸易流量通常对应一笔金融流量，因此，经常项目中实际资源的流动与资本和金融项目中资产所有权的流动是一个活动的两个方面。如果不考虑错误与遗漏，经常项目的余额与资本和金融项目的余额必然数量相等、符号相反。也就是说，经常项目的余额与资本和金融项目的余额之和等于零。

（4）综合项目差额或总差额。综合项目差额是指经常项目与资本和金融账户中的资本转移、直接投资、证券投资、其他投资账户所构成的余额，也就是将国际收支账户中官方储蓄账户剔除后的余额。由于综合项目差额必然导致官方储备的反方向变动，因此，可用它来衡量国际收支对一国储备带来的压力。

当一国实行固定汇率制度时，综合项目差额的分析意义更为重要。因为，国际收支的各种行为将导致外国货币与本国货币在外汇市场上的供求变动，从而影响两个币种比价的稳定性。为了保持外汇市场汇率的稳定，政府必须利用官方储备介入市场以实现供求平衡。所以，综合项目差额在政府有义务维护固定汇率制度时是极其重要的。而在浮动汇率制度下，政府原则上可以不动用官方储备而听任汇率变动，或者说动用官方储备调节市场的任务是弹性的，相应的，这一差额的分析意义略有弱化。但综合项目差额比较综合地反映了自主性国际收支的状况，是全面衡量和分析国际收支状况的指标，具有重大意义。

［例 3-7］ 某国某年第一季度的国际收支状况是：贸易账户差额为顺差 453 亿美元，劳务账户差额为逆差 192 亿美元，单方转移账户差额为顺差 76 亿美元，长期资本账户差额为逆差 96 亿美元，短期资本账户差额为顺差 63 亿美元。请计算该国国际收支的经常项目差额、综合项目账户差额，说明该国国际收支状况，并分析该国外汇市场将出现何种变化。

分析 经常项目账户差额：453－192＋76＝337（亿美元），为顺差 337 亿美元。

综合项目账户差额：337－96＋63＝304（亿美元），为顺差 304 亿美元。

该国国际收支总体状况是顺差，且主要是由经常项目顺差引起的。在该国外汇市场上，外汇供大于求，外汇贬值，本币升值。

3. 国际收支平衡表的分析方法

国际收支平衡表的分析方法有静态分析法、动态分析法和比较分析法三种。在对一国国际收支进行分析时，一定要把这三种分析方法结合起来一起使用，才能对一国经济进行全面、正确、深入的分析。

静态分析法是分析某国在某一时期（一年、一个季度或一个月）各个项目及其差额形成的原因，以及这些差额对国际收支总差额的影响的方法。具体来说，就是计算和分析国际收支平衡表中各个项目及其差额，分析各个项目差额形成的原因与对国际收支总差额的影响。由于各个项目差额的形成原因是多方面的，在用静态分析法时，应注意结合其他有关资料进行综合研究。譬如，影响贸易收支变化的因素有：经济周期的更替、财政与货币政策变化所决定的总供给与总需求的对比关系；气候与自然条件的变化；国际市场的供求关系；本国产品的国际竞争力；本国货币的汇率水平等。因此，结合这些方面的资料进行分析，有助于找出编表国家贸易收支差额形成的原因。

动态分析法是通过分析某国若干连续时期的国际收支状态，以判明未来一定时期国际收支的发展趋势和变化规律的方法。国际收支平衡表虽只反映某一特定时期的情况，但应看到，它绝不是孤立存在的，而是与以前或以后的发展过程紧密相连的。可以说，它既是前一时期演变的结果，又是后一时期状况的原因。因此，要研究一国的国际经济地位、国际金融状况，必须遵循动态性原则，连续分析不同时期的国际收支平衡表，掌握其长期变化情况。只有这样，才能得出比较正确的结论。

采用比较分析法，既要对一国若干连续时期的国际收支平衡表进行比较分析，也要对不同国家在相同时期的国际收支平衡表进行比较分析。比较分析的目的在于揭示本国在对外经济关系中所存在的问题和矛盾，了解和掌握世界贸易、金融及资本流动的发展状况和趋势，从而促进本国经济与世界经济的合作与交流。但各国的国际收支平衡表在项目的分类与局部差额的统计上不尽相同，利用联合国或国际货币基金组织的资料有助于克服这一困难，因为这两个机构公布的若干重要资料都是经过重新整理后编制的，可以互相比较。

专题看板

国际收支平衡表分析

国家外汇局公布的《2022 年中国国际收支报告》显示，2022 年，我国国际收支延续基本平衡。经常账户顺差较 2021 年增长 14%，与国内生产总值（GDP）之比为 2.2%，继续保持在合理均衡区间。

经常账户顺差稳步增长，并保持在合理均衡水平。2022 年，经常账户顺差 4 019 亿美元，较 2021 年增长 14%，与历史峰值基本持平，与同期 GDP 之比为 2.2%，继续处于合理均衡区间。我国经常账户运行稳健主要得益于两方面因素。一是货物贸易方面，国内产业链供应链仍具备较强优势和韧性，制造业持续转型升级，跨境电商等贸易新业态蓬勃发展，新的贸易增长点不断涌现，同时，我国贸易伙伴日趋多元化，货物贸易增长有力。二是服务贸易方面，计算机信息服务、知识产权、商业服务等生产性服务贸易收入增长较快，留学等旅行支出有所增加，但仍明显低于新冠疫情前水平。

非储备性质的金融账户逆差与经常账户顺差形成自主平衡格局。近年来，随着央行退出常态化外汇干预，我国国际收支逐步形成自主平衡格局，主要表现为经常账户保持稳定顺差，非储备性质的金融账户小幅逆差，储备资产变动更趋平稳。2022 年，非储备性质的金融账户逆差 2 110 亿美元，从主要项目看，一是直接投资顺差 305 亿美元，其中来华直接投资 1 802 亿美元，较 2021 年有所下降但与 2019 年水平相当；对外直接投资总体延续平稳发展态势。二是我国金融市场开放坚持渐进可控原则，近年来境外投资者不断增持人民币资产，而且大部分资金的稳定性较高，因此，2022 年相关资金受国际环境变化影响的波动幅度相对不高，年底以来随着外部流动性改善已回归基本稳定；同时，境内主体海外投资热情较高，对外证券投资增长 38%。三是存贷款等其他投资对外负债减少，主要反映了国际金融环境的变化和影响；跨境存贷款等对外资产有所回流，对冲部分渠道的资金流出，起到了自主调节作用。

跨境贸易投资顺差主要转换为境内市场主体对外投资。《国际收支平衡表》显示，2022 年我国对外资金来源合计 3 809 亿美元，主要是经常账户保持较高规模顺差以及来华直接投资的资金净流入，我国资金来源仍以实体经济相关的跨境贸易投资顺差为主，而不是依赖外部融资，具有较高的稳定性。上述资金来源大部分转换为境内市场主体的对外投资，其中，对外直接投资 1 497 亿美元，对外证券投资 1 732 亿美元，合计相当于对外资金来源的八成多，是“藏汇于民”的重要表现；此外，储备资产增加 1 000 亿美元。总的来看，在市场调节机制下，我国企业、银行等市场主体配置资源的效率提高，对外资金来源与运用基本匹配，跨境贸易高顺差以及直接投资等外资流入不再对应官方储备高增长，而是主要体现为境内主体对外各类投资。这使得我国对外资产持有主体和投资类型更加多元化，有助于优化对外资产负债的结构和匹配度，提高风险和收益的协调性，进一步增强市场主体抗风险能力。

资料来源：国家外汇管理局. 2022 年中国国际收支报告. 中国政府网，2023－03－31.

3.2 国际收支的失衡与调节

3.2.1 国际收支的平衡与失衡

国际收支平衡表是按照复式记账法编制的，因而借贷双方的总额总是相等的，即国际收支最后总是平衡的，但这种平衡只是会计意义上的平衡。从经济意义上，国际收支经常存在不平衡，即出现不同程度的顺差或逆差。

20 世纪 50 年代初期，詹姆斯·米德在其所著的《国际收支》一书中，主张将国际收支平衡表上的各种经济交易区分为自主性交易和调节性交易，用来判断国际收支的平衡与不平衡。

自主性交易（Autonomous Transaction）又称事前交易，是指那些基于交易者自身的利益或其他的考虑而主动发生的交易，主要包括经常项目与资本和金融项目中的交易。如货物和劳务的输出输入、直接投资、长期资本流出流入、侨民汇款、赠予等。通常判断一国国际收支是否均衡，主要看其自主性交易是否平衡。如果以上属于自主性交易的各个项目之和等于零，则国际收支处于均衡状态；否则，国际收支处于非均衡状态。

调节性交易（Accommodating Transactions）又称事后交易，是指为了弥补自主性交易各项目所发生的差额而进行的交易。如资本项目中的短期资本项目、金融账户中的各个项目和错误与遗漏项目。具体有以下情况：入超国动用官方储备偿还外债；入超国获得外国出口商或外国银行的信用，得以延期付款；入超国获得外国或国际金融机构的短期融资等。

调节性交易实际上是对国际收支不平衡所采取的平衡措施。国际收支不平衡的事后交易有自动性调节和政策性调节两种。自动性调节是指在国际金本位制下，一国的国际收支通过物价-现金流量机制的作用，依靠价格和汇率变动，引起黄金输出输入的增减而自动达到平衡。政策性调节是指一国政府采取各项财政、金融、外贸、外汇等政策来平衡本国的国际收支。

总之，如果一国在国际经济交易中自主性交易能够大体相等，不需要依靠调节性交易来弥补，则说明该国的国际收支是真正平衡的；如果一国国际收支中自主性交易收支不能相抵，而必须以调节性交易来弥补，则这种平衡只是形式上的平衡，是暂时的，缺乏牢固的基础，所以不能长久维持下去。在实际应用中，因为现有统计资料不太容易将自主性交易及调节性交易分开，故上述失衡概念虽有其理论的用途，却无法用于讨论实际收支状况。因此，实际分析所用的失衡概念，是在国际收支平衡表中画一条线，然后观察线上项目之合计数是否为零。如为零，即表示均衡；如为正数，即表示国际收支顺差；如为负数，则表示国际收支逆差。

3.2.2 国际收支失衡的原因

国际收支失衡是经常的、绝对的，而平衡则是相对的、偶然的。引起国际收支失衡的原因多种多样，具体而言有下述几个方面。

1. 结构性失衡

结构性失衡（Structural Disequilibrium）是指由于国际市场的变化，一国国内生产结构及相应要素配置未能及时调整或更新换代，导致经济结构失去生命力，即该国的出口产品失去竞争力，继而失去国际市场，因此导致的国际收支失衡。世界各国由于地理环境、资源分布、技术水平、劳动生产率差异等经济条件和历史条件不同，形成了各自的经济布局和产业结构，从而形成了各自的进出口商品和地区结构及国际分工结构。若在原有的国际分工结构下，一国的进出口尚能平衡，但在某一时期，若世界市场对该国的出口需求或对该国进口的供给发生变化，则该国势必要改变其经济结构以适应这种国际变化，即原有的相对平衡和经济秩序受到了冲击。若该国经济结构不能灵活调整以适应国际分工结构的变化，则会产生国际收支的结构性失衡。譬如，美国从 20 世纪 70 年代以来发生了持续性国际收支逆差，原因之一是美国传统的出口产品以机械制造产品占主导地位，其中出口比重较大的是耗油量较大的汽车，由于 20 世纪 70 年代石油价格猛涨，各国的消费者不愿意购买耗油量大的汽车，因此，美国生产的汽车就无法与日本、意大利等国生产的汽车竞争，从而贸易赤字越来越大，使美国国际收支出现持续性逆差。对于处于经济转轨时期的发展中国家来说，这种现象更加普遍，因为发展中国家进出口商品具有以下两个特点：其一，产品出口需求的收入弹性低，而产品进口需求的收入弹性大，所以出口难以大幅增加，而进口则能大幅增加；其二，产品出口需求的价格弹性大，而产品进口需求的价格弹性小，于是进口价格上涨快于出口价格上涨，贸易条件恶化。

2. 周期性失衡

周期性失衡（Cyclical Disequilibrium）是因一国经济周期波动引起该国国民收入、价格水平、生产和就业发生变化而导致的国际收支失衡。周期性失衡是世界各国国际收支失衡常见的原因。经济发展具有一定的周期性，典型的经济周期包括危机、萧条、复苏和高涨四个阶段。这四个不同的阶段使一国的总需求、进出口贸易和收入受到影响，从而引发了国际收支失衡。例如，危机阶段的典型特征是生产过剩、国民收入下降、失业增加、物价下降等，这些因素一般有助于增加出口和减少进口，从而缓解一国的国际收支逆差。由于当今经济全球化进程的加速，因此，只要一国的国际收支受到影响，就会波及一系列国家。

3. 收入性失衡

收入性失衡（Income Disequilibrium）是指由各国收入平均增长速度差异所引起的国际收支失衡。在其他条件不变的前提下，一国收入平均增长速度越快，该国进口也会增长得越快。因为收入增加会使企业增加对进口生产资料的需求，使居民增加对进口消费资料的需求。因此，收入增长较快的国家容易出现国际收支逆差；相反，则易出现国际收支顺差。但如果一国在收入增长过程中，通过规模经济效益和技术进步引起生产成本下降，则收入增长不仅使进口增长，还会使出口增长。因此，收入性失衡以其他条件不变为前提。

4. 货币性失衡

货币性失衡（Monetary Disequilibrium）是指因一国货币增长速度、商品成本和物价水平与其他国家相比发生较大变化而引起的国际收支失衡。这种失衡主要是由国内通货膨胀或通货紧缩引起的，一般直观地表现为价格水平的不一致，故又称价格性失衡（Price Disequilibrium）。例如，一国发生通货膨胀，其出口商品成本必然上升，使用外国货币计价的本国出口商品的价格就会上涨，就会削弱本国商品在国际市场上的竞争力，客观上起着抑制出口的作用；相反，一国商品物价普遍上升，相比较而言，进口商品就显得便宜，鼓励了外国商品的进口，从而出现贸易收支的逆差。不过在这里需注意的是，通货膨胀还会引起该国货币汇率一定程度的贬值，但一般来说此时汇率贬值的幅度要比物价上涨的幅度小得多，因而其影响也小得多，它只能缓和但不会改变通货膨胀对国际收支的影响。货币性失衡可以是短期的，也可以是中期或长期的。因一国币值发生变动而引发的国际收支不平衡表现为：当一国物价普遍上升或通胀严重时，产品出口成本提高，产品的国际竞争力下降，在其他条件不变的情况下，出口减少，与此同时，进口成本降低，进口增加，国际收支发生逆差；反之，就会出现顺差。

5. 政策性失衡

政策性失衡（Policy Disequilibrium）是指由于一国政策性因素引发的国际收支失衡，货币政策、财政政策和外汇政策的变化均可引发国际收支失衡。当一国货币过度发行或财政严重超支时，均可能造成国内经济升温、需求过度膨胀，导致进口需求增加。如果不对汇率政策做出相应调整，则会同时导致本币高估，出口下降，从而使一国国际收支状况严重恶化。

6. 资本性失衡

资本性失衡（Capital Disequilibrium）是指由短期投机性资本大量流动或短期内资本大量外逃而造成的国际收支失衡。投机性资本流动是指利用利率差别和预期的汇率变动来牟利的资本流动。稳定性投机与市场力量相反，当某种货币的需求下降时，投机者就买进该货币，从而有助于稳定汇率。而不稳定的投机会使汇率累进恶化，投机造成贬值，贬值又进一步刺激了投机，从而使外汇市场变得混乱。资本外逃与投机偏好不同，它不是希望获利，而是害怕损失。不稳定的投机和资本外逃具有突发性、数量大的特点。在国际资本流动迅速的今天，投机性短期资本流动和资本外逃往往互为因果，引发金融危机，更是一国国际收支失衡的一个重要原因。1997 年亚洲金融危机中，东南亚国家国际收支严重失衡，其直接原因就是投机性资本流动和资本外逃。

7. 其他原因

除了上面的原因外，一些随机因素也可能导致一国的国际收支失衡。例如，局部性战争、自然灾害和政治动乱等突发性因素，往往使一国正常的经济秩序遭到破坏，国际贸易的外部环境恶化，必然导致一国国际收支暂时失衡，这种失衡称为偶发性失衡。

3.2.3　国际收支失衡对经济的影响

国际收支对于现代开放经济的国家至关重要，一国的国际收支状况不仅反映了这个国家的对外经济交往情况，还反映出该国经济的稳定程度。当一国的国际收支处于失衡状态时，无论是逆差还是顺差，都必然对该国国内经济形成冲击，影响其就业水平、价格水平及经济增长。

1. 国际收支持续逆差对国内经济的影响

一国的国际收支出现逆差，会导致外汇储备大量流失。储备的流失意味着该国金融实力甚至整个国力的下降，损害该国在国际上的声誉；会导致该国外汇短缺，造成外汇汇率上升，本币汇率下跌。一旦本币汇率过度下跌，一方面会削弱本币在国际上的地位；另一方面会导致该国货币信用的下降，国际资本大量外逃，从而引发货币危机。同时，还使该国获取外汇的能力减弱，影响该国发展所需的生产资料的进口，使国民经济增长受到抑制，进而影响一国的国内财政以及国内的充分就业。持续性逆差还可能使该国陷入债务危机。

2. 国际收支持续顺差对国内经济的影响

一国的国际收支出现持续顺差，可以增大其外汇储备，加强其对外支付能力，但也会产生如下不利影响：

（1）破坏国内总需求与总供给的均衡，使总需求迅速大于总供给，冲击经济的正常增长。

（2）在外汇市场上表现为有大量的外汇供应，这就增加了外汇对本国货币的需求，使得外汇汇率下跌，本币汇率上升，提高了以外币表示的出口产品的价格，降低了以本币表示的进口产品的价格，进而导致在竞争激烈的国际市场上，其国内商品和劳务市场被占领。

（3）如果该国有义务维持固定汇率，那么，顺差将使本国货币供应量增长，从而加重通货膨胀。

（4）会使该国丧失获取国际金融组织优惠贷款的权利。

（5）影响其他国家经济发展，导致国际贸易摩擦。

（6）一些资源型国家如果发生过度顺差，意味着国内资源的持续性开发，会给这些国家今后的经济发展带来隐患。

专题看板

跨境资本流动的变动趋势分析

国家外汇管理局发布的《2021 年中国国际收支报告》（以下简称《报告》）显示，2021 年，跨境双向投融资保持活跃，非储备性质的金融账户顺差达 382 亿美元。

具体来看，2021 年，直接投资顺差处于高位，主要是外资继续看好中国市场和经济良好发展潜力；证券投资双向交易活跃并延续顺差，说明我国金融市场对外开放逐步加深，人民币资产对外资吸引力增强；其他投资为逆差，主要是境内主体增加对外存款、贷款等。2021 年末，我国对外金融资产和负债较 2020 年末分别增长 5%和 11%，对外净资产达 2.0 万亿美元。

跨境资本流动平稳有序是经济金融运行稳健的重要指征。近日，美联储加息“靴子”落地，有不少观点担忧其对新兴市场带来的外溢效应，特别是对新兴市场国家而言，美元走强将导致新兴市场面临外债成本高企和资本外流压力加大的风险。美联储加息将对我国带来什么样的影响?

“讨论因发达经济体货币政策转向引发资金大进大出这个问题，要具体情况具体分析，要区分基本面好的新兴市场和坏的新兴市场。”中银证券全球首席经济学家管涛认为，有的新兴市场，基本面比较脆弱，存在诸如经济衰退、高通胀等问题，若发达经济体的货币紧缩，全球流动性收紧，则可能导致其更多暴露在紧缩恐慌之下。另一类新兴市场，基本面较为强劲，经济复苏较快，通胀较低，财政和货币政策空间较大，特别是贸易顺差，对资本流入的依赖较小，此时如果其汇率弹性增加，反而有助于摆脱美元陷阱，避免被“剪羊毛”。

“这些经济体的货币在发达经济体货币紧缩、资本回流发达市场时也会出现贬值压力，但影响有限，也不会对当地的货币政策形成掣肘。”管涛表示。

外债方面，国家外汇管理局公布数据显示，2021 年末，我国外债负债率（外债余额与国内生产总值之比）为 15.5%，债务率（外债余额与贸易出口收入之比）为 77.3%，偿债率（外债还本付息额与贸易出口收入之比）为 5.9%，短期外债与外汇储备的比例为 44.5%。上述指标均在国际公认的安全线（分别为 20%、100%、20%和 100%）以内，我国外债风险总体可控。

近年来，我国外汇市场成熟度不断提升，人民币汇率双向波动、弹性增强，调节宏观经济和国际收支自动稳定器作用增强。从根本上看，我国经济基本面稳中向好的长期趋势不会改变，将继续支持跨境资本流动基本稳定。

《报告》认为，外资在华投资兴业和配置人民币资产趋势不会改变。我国市场主体对外投资需求逐步释放，对外投资渠道有序拓宽，相关跨境资本流动将保持平稳发展态势。

资料来源：姚进．《2021 年中国国际收支报告》显示：跨境资本流动保持平稳有序．经济日报，2022-03-29.

3.2.4　国际收支失衡的调节措施

国际收支失衡的调节主要有两种方式：一是自动调节；二是人为的政策调节。

1. 自动调节

自动调节是指国际收支在失衡后一定时期内可自动恢复均衡。在不同的货币制度下，自动调节机制也有所差异。

（1）金本位制度下的自动调节机制。在国际上普遍实行金本位制度的条件下，一个国家的国际收支可通过物价的涨落和现金（即黄金）的输出输入自动恢复平衡。这一自动调节规律称为“物价-铸币流动机制”。

“物价-铸币流动机制”自动调节国际收支的具体过程如下：在金本位制度下，一国国际收支出现赤字，就意味着本国黄金的净输出，由于黄金外流，国内黄金存量下降，货币供给就会减少，从而引起国内物价水平下跌。物价水平下跌后，本国商品在国外市场上的竞争能力就会提高，外国商品在本国市场的竞争能力就会下降，于是出口增加，进口减少，使国际收支赤字减少或消除。同样，国际收支盈余也是不能持久的，因为黄金内流会扩大国内的货币供给，造成物价水平上涨。物价水平上涨不利于出口但有利于进口，从而使盈余趋于消失。这一机制的基本思想是：各国只要遵循游戏规则，一国国际收支失衡，可以通过黄金的自由输出输入和物价的涨跌而自动取得平衡。具体流程如图 3-1 所示。

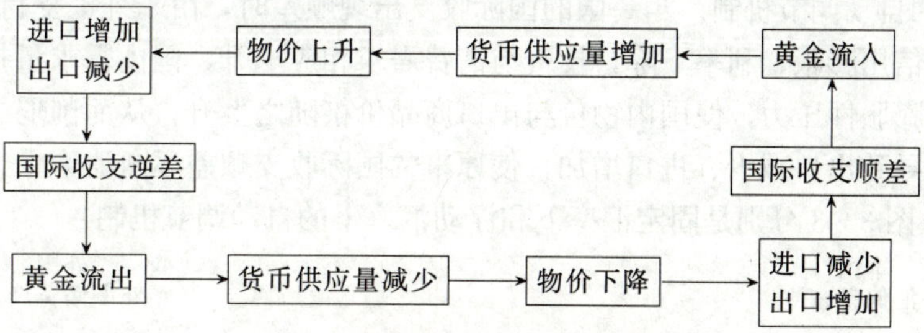

图 3-1　金本位制度下的自动调节机制

（2）纸币流通制度下的自动调节机制。在纸币流通条件下，黄金流动虽已不复存在，然而汇率、利率、国民收入、价格等经济变量对于国际收支自动恢复平衡仍发挥着一定作用，且在固定汇率和浮动汇率下自动调节的过程有所差别。

1）汇率的自动调节机制。汇率调节国际收支是通过货币的升值或贬值来消除顺差或逆差，从而恢复国际收支平衡的。当一国国际收支出现顺差时，外汇供给大于外汇需求，本币汇率上升，进口商品以本币计算的价格下跌，而出口商品以外币计算的价格上涨，因此，出口减少，进口增加，贸易顺差减少，国际收支失衡得到缓和。当一国国际收支出现逆差时，外汇需求大于外汇供给，本币汇率下降，以外币计算的出口商品价格下跌，而以本币计算的进口商品的价格上升，从而刺激出口，抑制进口，贸易收支逆差将逐渐减少，国际收支失衡得到缓和。

2）利率的自动调节机制。利率的自动调节机制是指一国国际收支失衡会影响利率的水平，而利率水平的变动反过来又会对国际收支失衡起到一定的调节作用。当一国的国际收支出现顺差时，表明该国银行所持有的外国货币存款或其他外国资产增多，因此产生了银行信用膨胀，使国内金融市场的银根趋于松动，利率水平逐渐下降。而利率水平的下降表明本国金融资产的收益率下降，从而对本国金融资产的需求相对减少，对外国金融资产的需求随之上升，资本外流增加，内流减少，资本账户顺差逐渐减少，甚至出现逆差。利率下降也会使国内投资成本下降，消费机会成本下降，因而国内总需求上升，国外商品的进口需求也随之增加，出口减少，这样，贸易顺差也会减少，整个国际收支趋于平衡。反之，当一国国际收支出现逆差时，表明该国银行所持有的外国货币或其他外国资产减少，于是就会发生信用紧缩，银根相应地趋紧，利率随市场供求关系的变化而上升，利率上升必然导致本国资本不再外流，同时外国资本纷纷流入本国以谋求高利。因此，国际收支中的资本项目逆差就可以减少而向顺差方面转化。另外，利率提高会减少社会的总需求，进口减少，出口增加，贸易逆差也逐渐改善，国际收支逆差减小。

3）国民收入的自动调节机制。国民收入的自动调节机制是指在一国国际收支失衡时，该国的国民收入、社会总需求发生变动，而这些变动反过来又会减弱国际收支的失衡。当一国国际收支出现顺差时，会使其外汇收入增加，从而产生信用膨胀、利率下降、总需求上升，国民收入也随之增加，因而导致进口需求上升，贸易顺差减少，国际收支恢复平衡。当一国国际收支出现逆差时，会使其外汇支出增加，引起国内信用紧缩、利率上升、总需求下降，国民收入也随之减少，国民收入的减少必然使进口需求下降，贸易逆差逐渐缩小，国际收支失衡逐渐缓和。

4）价格的自动调节机制。当一国的国际收支出现顺差时，由于外汇支付手段的增多，容易导致国内信用膨胀，利率下降，投资与消费需求相应上升，国内需求量扩大，从而对货币形成一种膨胀性压力，使国内物价与出口商品价格随之上升，从而削弱了出口商品的国际竞争力，导致出口减少、进口增加，使原来的国际收支顺差逐渐消除。

图 3-2、图 3-3 分别是固定汇率下和浮动汇率下的自动调节机制。

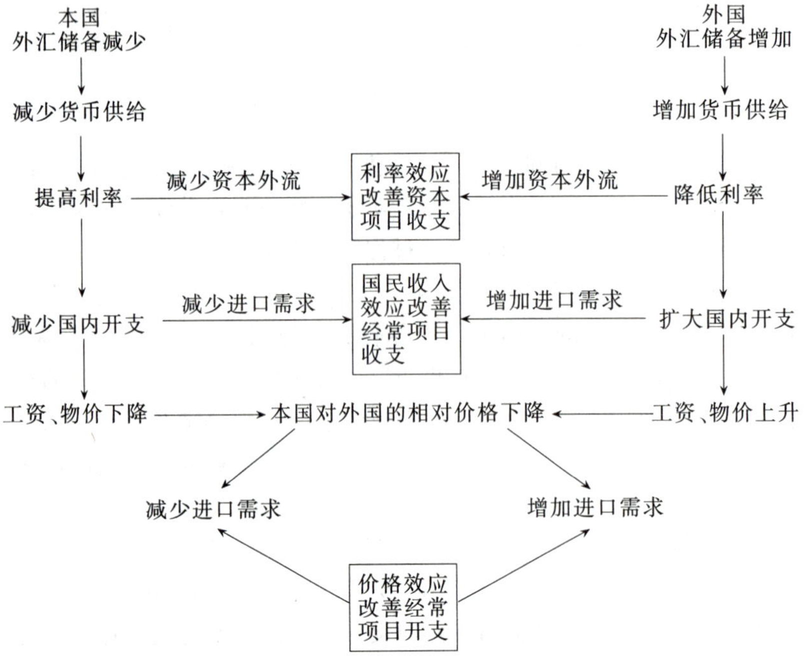

图 3-2 固定汇率下的自动调节机制

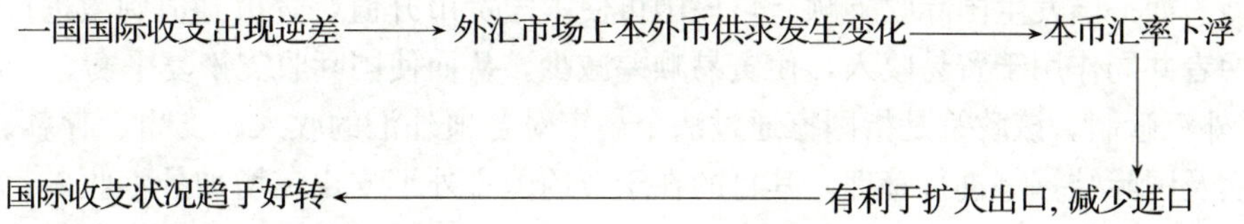

图 3-3　浮动汇率下的自动调节机制

2. 人为的政策调节

在纸币流通制度下，国际收支自动调节机制因为要受到诸多因素的影响和制约，如必须在纯粹的自由经济下、进出口商品的供给和需求弹性较大、要求国内总需求和资本流动对利率升降有较敏感的反应等，因此其正常运作具有很大的局限性，其效应往往难以正常体现。当国际收支失衡时，各国政府往往根据各自的利益采取不同的经济政策，使国际收支恢复平衡。

当一国国际收支出现逆差时，政府在动用官方储备的同时，还可通过各种渠道从国际市场筹措资金。这样一方面可以弥补逆差，另一方面可以缓解由于采取其他调整政策给国内经济发展带来的较大压力。以上政策大致可划分为支出变动型政策和支出转换型政策两类。

（1）支出变动型政策。支出变动型政策是指通过改变社会总需求或经济中支出的总水平，进而改变对外国商品、劳务和金融资产的需求，以此来调节国际收支失衡的一种政策。它主要包括财政政策和货币政策两种。

1）财政政策。财政政策是指一国政府通过增加或减少财政开支和提高或降低税率的办法来平衡国内收支。当一国出现国际收支逆差时，政府可采取紧缩的财政政策，即削减政府开支，或提高税收，迫使投资和消费减少，物价相对下降，从而有利于出口，压缩进口，改善贸易收支及国际收支。在国际收支出现大量顺差时，政府则可实行扩张的财政政策，即扩大政府开支，减少税收，以扩大总需求，增加进口及非贸易支出，从而减少贸易收支和国际收支的顺差。

2）货币政策。货币政策也称金融政策，是指一国货币当局通过增加或减少货币供应量的办法来平衡国际收支，包括变动再贴现率、调整法定存款准备金率和公开市场业务。就调节国际收支而言，主要采用改变再贴现率借以影响市场利率的政策。中央银行提高再贴现率后，市场利率随之上升，投资和消费受到抑制，物价开始下跌，从而可以扩大出口，减少进口，贸易收支得到改善。

（2）支出转换型政策。支出转换型政策是指不改变社会总需求和总支出而改变需求和支出方向的政策。如以经济手段实现转换的产业结构调整和发展调整政策、汇率政策，以法律手段实现转换的外汇管制、外贸管制等政策。

1）产业结构调整和发展调整政策。该政策是指一国可通过调整国内的产业结构及鼓励利用高科技的政策措施来改善国内的经济结构和产业结构，提高劳动生产率和产品质量，从而增强出口商品的竞争能力，以适应世界市场需求的变化，实现国际收支平衡。

2）汇率政策。该政策是指一国可通过提高或降低本国对外国货币的汇率来消除国际收支的失衡。如一国发生国际收支的逆差，该国可使本国货币贬值，以增强本国商品在国外的竞争力，扩大出口；同时，由于国外商品的本币价格上升，进口减少，国际收支逐步恢复平衡。如一国发生国际收支顺差，该国可使本国货币升值，货币升值刺激进口，减少出口，两者共同作用于贸易收入，使贸易顺差减少，从而使国际收支恢复平衡。

3）外汇管制。该政策是指国家通过法令规定对各项外汇的收入、支出、存款、兑换、外汇买卖及国际结算等进行管理，其目的在于节约国家外汇支出，增加外汇收入，以改善国际收支。

4）外贸管制。该政策是为改善国际收支，很多国家都实行“奖出限入”的保护性贸易政策，如为出口商提供直接补贴或间接补贴，以鼓励出口。同时，采用高关税、进口配额制、进口许可证等措施限制进口。

总之，调节国际收支失衡的政策是多样化的，每一种政策都有其各自的特色与调节功效，一国可根据具体情况予以取舍。取舍的基本原则是：第一，根据国际收支失衡的具体原因选择调节政策；第二，通过政策搭配方式来调节国际收支；第三，选择调节国际收支失衡的政策，应尽量不与国内经济发生冲突或尽量减少来自他国的压力，以免影响国际上正常的经济关系。

3.3 我国的国际收支发展历程

3.3.1 我国国际收支统计方法的演变

国际收支统计是国家中央银行的一项基本职能，其产品的表现形式——国际收支平衡表，已被世人公认为反映一国国际收支状况的权威指标，成为一国政府制定正确对外经济政策的基础。新中国成立 70 余年来，我国国际收支统计取得了光辉的成就：统计制度建设取得长足发展，统计理念与时俱进，统计制度建设与时代同步，统计手段实现电子化，统计数据质量不断提高，尤其是在亚洲金融危机、拉美金融危机和美国次贷危机等国外金融危机的冲击中，我国国际收支统计有效地发挥了监测和预警的重要作用。我国国际收支的统计方式经历了以下几个阶段：

第一阶段：1980 年以前，国际收支统计产生的萌芽阶段。在这一时期，尽管闭关锁国导致外汇收支规模小，但长达 30 年的外汇收支统计，为 80 年代国际收支统计工作的开展奠定了方法论基础。20 世纪 50 年代，我国就开始编制外汇收支统计报表。当时，由于国家实行高度集中的计划经济体制，国家对外经济活动比较单一，主要集中于商品进出口贸易和华侨汇款业务，相应构成外汇收支的主要项目只有进出口贸易及以侨汇为主的非贸易等项下的收支；此外，对外交流的不发达和对外援助的无偿性使得转移支付规模不大，国内市场的严重封闭性使得外商投资、外国政府和国际金融机构来华投资呈现空白，资本项目外汇收支未发生，因而进出口贸易收付汇的现汇统计和海外华侨的侨汇统计则成为我国国际收支资金流方面统计的重点内容，为 80 年代开展国际收支统计积累了历史经验。

第二阶段：1980—1995 年，国际收支统计制度初步建立。在这一时期，有两个原因促使国家宏观决策当局开始重视国际收支问题：

（1）我国恢复了在国际货币基金组织和世界银行的合法地位，根据国际货币基金组织和世界银行有关条款的规定，其成员有义务向国际货币基金组织报送数据；同时，提供资料是从国际金融组织取得优惠贷款的必要前提。

(2) 1979 年以后，大量引进技术设备造成外汇收支逆差，给宏观经济平衡带来了困难。1980 年，当时的国家进出口管理委员会提出应着手制订国际收支编制计划，以国家统计局为主草拟了我国国际收支制度，并会同有关部门对该制度进行修改和完善。1980 年，国家外汇管理局和中国银行总行试编制了国际收支平衡表。1981 年，由上述四家单位在国家外汇收支报表的基础上制定了国际收支统计制度。1984 年 11 月，国家统计局与国家外汇管理局对原有的国际收支统计制度进行了修改。所采用的标准为国际货币基金组织编制的《国际收支手册》第四版。1985 年 9 月，我国正式对外公布了《中国国际收支概览表》，并自 1988 年开始，每年公布上一年的国际收支平衡表。

第三阶段：1996—2000 年，国际收支统计的发展阶段。在这一时期，随着国际收支统计申报制度的实施，国际收支统计监测系统的开发运行全面上线，我国国际收支统计数据采集方法逐步走向规范化，采集手段逐渐实现电子化。1995 年 8 月 30 日，我国发布《国际收支统计申报办法》，规定自 1996 年 1 月 1 日起，中国居民与非居民进行的交易，都必须及时、准确、全面地进行国际收支申报。当年，我国开始按照国际货币基金组织编制的《国际收支手册》第五版的原则编制和公布国际收支平衡表。1997 年在金融机构进行国际收支申报基础上，又增加了直接投资、证券投资、金融机构对外资产及损益、汇兑统计四项申报内容，使得我国国际收支申报体系更加完善。随后，我国相继发布一系列有关实施细则和业务操作规程以及配套政策措施，使得从 20 世纪 90 年代中期以来我国国际收支统计数据采集逐渐步入规范化的轨道。1998 年，国家外汇管理局开发并向全国推广国际收支统计监测系统，初步扭转国际收支统计手工操作的落后局面。1999 年后，国家外汇管理局先后多次对统计监测系统进行维护和升级，不仅大大提高了国际收支统计效率，减少了成本，而且初步实现统计数据集成电子化。

第四阶段：2001 年至今，国际收支统计的完善阶段。这一阶段，尽管跨境资金大量流入，人民币汇率升值压力加大，美国次贷危机对我国经济产生影响，但由于国际收支统计与分析产品的不断推出，贸易信贷调查、企业出口换汇监测、边境贸易汇率监测和外汇金宏系统等多系统的开发与推广，国际收支统计信息不断发挥监测预警功能，服务宏观决策功能也不断增强。早在 1998 年，我国开始按季度编制国际收支平衡表，随着我国加入世界贸易组织，融入全球化经济客观上要求我国加快国际收支统计产品利用与开发步伐，为较好地履行成员国职责，从 2001 年起，国家外汇管理局试编了 1999 年以来历年国际投资头寸表，并按半年公布国际收支平衡表。2002 年，我国加入国际货币基金组织数据公布通用系统（GDDS），4 月 15 日，在国际货币基金组织网站上正式发布我国数据公布通用系统的“数据诠释模板”英文稿，并将国际收支数据诠释模板在国家外汇管理局国际互联网站公布。2003 年，国家外汇管理局正式开始运行国际收支风险预警系统，按季度对我国国际收支风险状况进行评估，从而有效监测我国国际收支状况，及时发出预警信号，为宏观经济调控提供决策依据。2004 年，我国建立贸易信贷抽样调查制度，通过对 4 000 多家中外资贸易企业的调查，测算出了我国贸易信贷存量，从而为分析判断国际收支形势奠定了基础。2005 年，我国首次公布中国国际收支报告，并实施出口换汇成本监测制度，开展边贸地区人民币汇兑、清算、支付及流通等情况监测，由此建立了点面结合的统计监测制度。2006 年 5 月，我国首次向社会发布 2004 年和 2005 年末中国国际投资头寸表，标志着我国对外部门统计信息的完整发布。2006 年 12 月，国家外汇管理局推出新版国际收支统计监测系统。国际货币基金组织于 2008 年 12 月发布了《国际收支手册》第六版，较第五版有多处修订。其中，对我国影响较大的主要有加工贸易和转口贸易统计、直接投资统计等方面。2009 年，我国全面推广外汇金宏系统，对有效监测跨境资金异常流动极为有效，大大提高了国际收支统计工作效率。

3.3.2 我国国际收支状况的发展历程

我国的国际收支状况主要经历了下述几个阶段。

1. 1982—1984 年：国际收支顺差阶段

这一时期的经常项目出现较大数额的顺差，资本项目的净额为：1982 年净流入 3.38 亿美元，1983 年和 1984 年分别为净流出 2.26 亿美元和 10.03 亿美元。但这一时期资本项目的规模在整个国际收支中所占比重较小，因此，1983 年和 1984 年经常项目的顺差弥补了资本项目的逆差，从而使 1982—1984 年的整个国际收支为顺差，国家外汇储备连年增加，但增加的绝对金额逐年减少。

2. 1985—1989 年：国际收支顺差与逆差互现阶段

这一时期的国际收支变动情况，我们以国家外汇储备的变化来判断，1985 年、1986 年、1989 年外汇储备减少，1987 年和 1988 年外汇储备增加。之所以出现这种国际收支顺差和逆差互现状态，是由于这一时期，除 1987 年经常项目为顺差外，其余年份均为逆差：1985 年为－114.17 亿美元、1986 年为－70.34 亿美元、1988 年为－38.02 亿美元、1989 年为－43.17 亿美元。引起经常项目逆差的重要因素是外贸的逆差。这里值得指出的是，1987 年经常项目的顺差得益于劳务项目的净收入和无偿转让的净收入，若从进出口角度来说仍然为逆差。但从资本项目看，五年都为资本净流入：1985 年为 89.72 亿美元、1986 年为 59.43 亿美元、1987 年为 60.02 亿美元、1988 年为 71.32 亿美元、1989 年为 37.2 亿美元。资本项目的净流入在弥补了 1988 年的经常项目逆差后仍有盈余，因而当年外汇储备增加。但 1985 年、1986 年和 1989 年的资本项目顺差却未能弥补这三年的经常项目逆差，因而这三年的外汇储备减少。

3. 1990 年至今：国际收支顺差阶段

在这几十年内，以外汇储备的增减来判断国际收支的顺逆差，除 1992 年外汇储备减少外，其余年份外汇储备均为增加，且增加的绝对金额都高于 1990 年以前的年份。这充分反映了我国国际收支明显好转，国际经济地位显著提高。从这几十年来看，除 1993 年经常项目为逆差外，其余年份均为顺差；同期资本项目除 1992 年及 1998 年为净流出外，其余年份均为净流入。

但这里应该对 1992 年外汇储备的减少加以说明。第一，我国从 1977 年对外公布国家外汇储备开始，直至 1992 年 8 月，我国的外汇储备都是由两部分构成的：一部分是官方（中央银行）持有的外汇储备，另一部分是中国银行的外汇结余。很显然，这从理论上是说不通的，从实践上也是与国际惯例相悖的。从理论上说，外汇储备应该是各国政府能够无条件获得和使用的货币，而商业银行的外汇余额是银行的外汇营运的结存。从性质上说，这部分余额是商业银行的对外负债。因此，国际上的通行做法是：在计算一国的外汇储备时，各国一般都不包括各商业银行外汇买卖相抵的余额。我国从 1992 年 8 月起改变了原来的做法是一个进步。应该说，1992 年以后我国的外汇储备才是官方真正持有的、可以自由动用的货币资产。第二，如果就 1992 年的经常项目和资本项目的关系来说，两者之和即国际收支应该是顺差；经常项目顺差 64.02 亿美元减资本项目逆差 2.50 亿美元，国际收支顺差应为 61.52 亿美元。但之所以 1992 年国际收支为逆差，外汇储备减少 21.22 亿美元，是由当年的错误与遗漏为 82.74 亿美元所致。

从以上三个阶段可以看出，1982 年至今我国国际收支的发展经历了小额顺差—顺逆互现—更大顺差这样一个从低到高的发展过程。在这一进程中，我国国际收支规模不断扩大，国际收支态势向良好方向发展。

近年来，我国对外经济持续平稳发展，呈现稳中有进的态势。但我国国际收支模式非常特殊，自 20 世纪 90 年代以来，除个别年份外，总体上，经常项目、资本和金融项目呈现出“双顺差”，促进了国际储备保持快速增长，其中以货物贸易顺差增长最明显。21 世纪以来，“双顺差”规模出现迅速扩大的趋势。2015 年上半年，我国国际收支总差额 230 亿美元，同比下降 85%。其中，经常账户顺差 1 486 亿美元，增长 85%；资本和金融账户（不含储备资产）逆差 1 256 亿美元，2014 年同期为顺差 778 亿美元。自 2015 年至 2021 年第三季度，除去贸易摩擦剧烈的 2018 年和 2019 年，其余年份收支顺差基本在 1 500 亿～3 000 亿美元浮动，稳定的经常收支顺差成为新常态。在这段时期里，经常收支顺差最显著的变化发生于 2018 年和 2020 年。前者是 2018 年中美贸易摩擦发生时，出口的不畅使得经常收支顺差骤降至 241 亿美元，而 2019 年也仅回升至 1 029 亿美元，离这一时期的收支区间差距明显。

自 2020 年以来，新冠疫情反复扰动全球经济复苏，国际经济金融形势复杂多变。我国统筹疫情防控和经济社会发展，国内经济稳步恢复，高质量发展取得新成效，经济运行保持在合理区间，金融市场改革开放稳步推进，外汇市场成熟度不断提升，有助于我国国际收支保持基本平衡，预计经常账户维持合理顺差格局，跨境资本流动保持平稳有序发展态势。

本章小结

1. 国际收支是指一个国家或地区所有国际经济活动的收入和支出。随着世界经济的发展，国际经济活动在内容和形式上不断得到拓展，相应地，国际收支的内涵也在不断丰富。国际收支是一个流量的概念，而与之相关联的国际借贷却是一个存量的概念。

2. 各国国际收支平衡表的内容有所差异，但主要项目基本一致，包括经常项目、资本和金融项目、储备资产项目和错误与遗漏项目四大类。国际收支平衡表是各国经济分析的重要工具。分析国际收支平衡表一般可采用静态分析法、动态分析法和比较分析法三种方法。

3. 国际收支经常存在不平衡，即出现不同程度的顺差或逆差，这就是国际收支失衡。出现国际收支失衡的原因主要包括结构性、周期性、收入性、货币性、政策性、资本性等方面。一国的国际收支失衡将会影响国内经济的发展，因此要对其进行调整。调整的方式主要有自动调节和人为的政策性调节。自动调节包括金本位制度下的自动调节和纸币流通制度下的自动调节。人为的政策性调节主要包括支出变动型政策调节和支出转换型政策调节两大类。

重点概念

国际收支	国际借贷	国际收支平衡表	国际收支平衡
贸易收支	经常项目	资本和金融项目	错误与遗漏项目

复习思考题

1. 名词解释

国际收支	国际借贷	国际收支平衡表	国际收支平衡
贸易收支	经常项目	资本和金融项目	错误与遗漏项目
自主性交易	调节性交易	支出变动型政策	支出转换型政策

2. 思考题

（1）如何编制国际收支平衡表？其编制原理是什么？

（2）国际收支平衡表的项目如何分布？如何分析国际收支平衡表？

（3）国际收支失衡的原因及对经济的影响有哪些？

（4）如何调节国际收支失衡？

3. 案例分析

请结合中国国际收支平衡表（见表 3－1），分析以下问题：

（1）各年度国际收支主要项目及整体情况如何？

（2）近些年中国国际收支有何变化？其原因是什么？

（3）2022 年度，我国国际收支状况中值得关注的是哪几方面？我国未来将如何调整国际收支以促进国民经济的发展？

第4章 国际储备

导入案例

根据国际与国内的经验来看，国家一旦产生经济波动，家庭肯定面临一定的风险。普通家庭，储备10两黄金已经可以应对一般性的金融风险和通货膨胀。中等富裕的家庭，储备50两以上的黄金，可以轻松应对大规模的世界级金融风险和通货膨胀。对于拥有千万元以上资产的少数富裕家庭，家里若储备200两黄金，任何规模的金融危机和通货膨胀都已经无法影响其生活水平，这就是所谓的“家家藏黄金计划”。对于一个家庭而言，资产储备尚且如此重要，更何况一个国家？因此，每个国家都有一定数量的国际储备，它以黄金、外国货币、特别提款权等各种形式而存在，并受到相关因素的影响。

本章学习目标

1. 掌握国际储备的概念、构成及作用；
2. 了解国际储备的总量控制和结构管理；
3. 掌握我国的国际储备管理。

素养目标

党的二十大报告指出要坚持对外开放的基本国策，坚定奉行互利共赢的开放战略。通过正确认识国际储备变动对央行货币政策操作和金融市场的影响，可以增强对我国金融稳定和金融开放的理解和支持。

党的二十大报告还强调了增强文化自信，广泛践行社会主义核心价值观。我国是如何从本国国情出发进行国际储备的管理，是中国特色社会主义道路、理论、制度、文化的具体体现。通过介绍我国从国情出发进行国际储备的管理，可以培养学生实事求是、严谨求实的科学作风，并达到加强国情教育的目的。

4.1 国际储备概述

4.1.1 国际储备的内涵

国际储备是国际货币体系的核心，也是国际金融领域的重要问题。它不仅关系到各国调节国际收支和稳定货币汇率的能力，而且会影响世界物价水平和国际贸易的发展。因此，自第二次世界大战以来，它一直受到国际金融机构、各国政府以及经济学家的普遍重视。

1. 国际储备的含义

国际储备（International Reserve）是指一国在对外收支发生逆差时，金融当局可直接利用或有保证地通过其他资产的兑换，以弥补国际收支逆差、保持汇率稳定，以及满足其他紧急支付的需要而持有的国际上普遍接受的所有流动资产的总称。

2. 国际储备的特点

作为国际储备的资产，必须同时具有四个条件：第一，官方持有性。即作为国际储备的资产必须是掌握在该国货币当局手中的资产，而不是非官方金融机构或经济实体所持有的黄金和外汇等资产。第二，流动性。即作为国际储备的资产必须是能随时进行转移或兑付的资产，如存放在国外银行的活期存款，随时可以变现的有价证券和黄金等。第三，普遍接受性。即必须能够为世界各国普遍认同和接受，否则就不能作为国际支付手段用于弥补国际收支赤字。第四，自由兑换性。即作为国际储备的资产必须可以自由地与其他金融资产相交换，充分体现储备资产的国际性。

3. 国际储备与国际清偿力的关系

与国际储备密切相关而又不同的另一个概念是国际清偿力（International Liquidity）。国际清偿力又称国际流动性，简言之，是指一国的对外支付能力，具体说，是指一国直接掌握或在必要时可以动用的作为调节国际收支、清偿国际债务及支持本币汇率稳定的一切国际流动资金和资产。它实际上是一国的自有储备与诱导储备的总和。

国际储备与国际清偿力的关系表述如下：

第一，国际清偿力是自有国际储备、借入国际储备及诱导储备资产的总和。其中，自有国际储备是国际清偿力的主体，因此，国内学术界亦把国际储备看作是狭义的国际清偿力。

第二，外汇储备是自有国际储备的主体，因而也是国际清偿力的主体。

第三，可自由兑换资产可作为国际清偿力的一部分，或者说包含在广义国际清偿力的范畴内，但不一定能成为国际储备货币。只有那些币值相对稳定，在经济贸易往来以及市场干预方面被广泛使用，并在世界经济与货币体系中地位特殊的可兑换货币，才能成为国际储备货币。

4.1.2 国际储备的构成与来源

国际储备关系到各个国家调节国际收支和稳定汇率的能力，也影响世界物价水平和国际贸易的发展。选用何种资产作为国际储备资产是国际货币体系的一个核心问题。

1. 国际储备的构成

国际储备的构成随着世界经济和金融关系的发展而不断发生变化。目前，根据国际货币基金组织的统计口径，一国国际储备由以下四部分构成：黄金储备、外汇储备、在国际货币基金组织中的储备头寸、特别提款权。

（1）黄金储备。黄金储备是指一国货币当局作为金融资产持有的货币性黄金（Monetary Gold）。但是，并不是一国货币当局所持有的全部黄金都可以充当国际储备资产，因为某些国家往往规定以黄金作为国内货币发行的准备，所以，充当国际储备资产的黄金储备只是货币当局持有的全部黄金储备中扣除充当国内货币发行准备后的剩余部分。除此之外还需注意非货币性黄金，即用于工业、艺术品的黄金也不属于黄金储备。

黄金是在金本位制度下的主要储备形式，但黄金开采有限，不能满足国际贸易和投资的需要，加之工业用金扩大，自1976年起，IMF废除了黄金与货币的联系，黄金退出了流通领域，黄金储备在国际储备中的地位、比重开始下降。但黄金仍是国际储备的重要组成部分，主要因其具有实际价值，是可靠的保值手段，储备完全属于国家主权范围，可自行控制，不受任何国家的干预。

专题看板

历史上黄金货币角色的演变过程

黄金作为交易的媒介已有3 000多年的历史。经过一段漫长的时期，金本位制度逐渐确立，在1717年成为英国货币制度的基础，至19世纪末期，欧洲国家已广泛实行金本位制度。在国际方面，黄金自由进出口，以结算国际收支差额，黄金由收支出现逆差的国家流入收支出现顺差的国家。

第一次世界大战爆发后，英国正式在1919年停止采用金本位制度，但于1926年恢复使用金砖本位制度，在这个制度下，纸币只能兑换400盎司国际认可金条。20世纪30年代初，世界经济处于动荡时期，迫使大部分国家放弃以黄金兑换货币的制度（英国在1931年放弃、美国在1933年放弃），只允许中央银行及各国政府之间进行黄金交易活动。在这种情况下，便形成了美元兑换制度，美元可以在联邦储备局兑换黄金。在1934年签署的布雷顿森林协议确认了这个制度，并一直实行至1971年。

1972年英镑区解体后，欧洲共同体财长达成宰斯特协议，各国中央银行可按市场价互相买卖黄金。如中央银行从自由市场购入黄金，其不得用作增加中央银行的净持金量。十国外长同意中央银行可用其黄金储备，按市场计算作为外债的担保。时任美国总统福特及法国总统狄斯唐同意中央银行可按市价重估其黄金储备。

1975年，美国开放黄金市场，美国财政部拍卖250万盎司黄金。英国暂停输入于1837年后发行的金币，包括富格林金币。十国组织同意国际结算银行可参与国际货币基金组织的拍卖。国际货币基金组织成员达成协议，取消黄金官价制度，并以每盎司42.222 2美元的价格，将一半黄金划归各成员，同时达成中央银行可在自由市场买卖黄金的协议，而国际货币基金组织将其1/6的黄金储备拍卖，所得收入用来援助经济欠发达国家。

1976年，十国组织同意在国际货币基金组织修订组织章程前，不会在自由市场购入黄金，但同意国际结算银行可代其购入黄金。德国及瑞士批出2.50亿美元的信贷予以意大利，以黄金作抵押。南非宣布500万盎司黄金作担保，获得外国贷款。国际货币基金组织开始每月拍卖黄金，为期4年，共拍卖黄金2 500万盎司，另外又把2 500万盎司归还给成员。

1980年，金价创历史新高，升至每盎司850美元，到1985年则跌至每盎司284美元低位。20世纪80年代，黄金买卖活动大幅减少，但实金购买量持续增长，尤其以亚洲地区为甚。各国央行及政府当局在20世纪80年代及90年代均曾购买或沽售黄金。

1994年至1996年间，黄金价格没有大的波动。而1996—1999年，黄金价格开始出现了下滑，截至1999年8月26日，每盎司金价跌至251.9美元，创下了20年来的低位。在低位横盘两年后，2001年4月2日，金价见底。此后黄金价格开始上扬。2008年3月13日，纽约商品交易所黄金期货价格突破1 000美元的历史大关，而后市场经过了1年多的整理。2009年10月，黄金价格突破2008年的高点1 032.30美元/盎司，继续节节攀升，并于2009年11月创出1 225.80美元/盎司的新高。2010年12月，经过全面的震荡整理上扬，金价继续创出新高，达1 430.90美元/盎司。进入2011年以来，黄金更是铆足了劲，价格屡创新高。9月6日更创出了历史新高1 920.80美元/盎司，离2 000美元/盎司大关仅一步之遥。

总结2001年至2011年的这一轮牛市行情，其原因主要有：首先，美国经济低于预期的增长，贸易逆差的扩大，美国次贷危机的发生，美联储不断降息，降低了美元的吸引力，美元不断贬值刺激了黄金价格上涨。其次，全球金融体系正在经历演变，亚洲、中东乃至欧洲的经济体都放宽了汇率的波动幅度，并钉住了“一篮子货币”，而不再仅仅钉住美元。

（2）外汇储备（Foreign Exchange Reserve）。又称外汇存底，是指一国货币当局所持有的可兑换货币和以其表示的支付手段和流动性资产。外汇储备的具体形式是：政府在国外的短期存款或其他可以在国外兑现的支付手段，如外国有价证券，外国银行的支票、期票、外币汇票等。主要用于清偿国际收支逆差，以及干预外汇市场以维持本国货币的汇率。

一般来讲，作为外汇储备应具备以下条件：第一，在国际货币体系中占有重要地位，结算时使用较多；第二，能自由兑换成其他储备资产；第三，价值相对稳定，人们对其购买力的稳定性具有信心。

在国际金本位制度下，英镑成为最早的国际储备货币。20世纪30年代，由于美国经济实力的崛起，英镑和美元共同成为国际储备货币。第二次世界大战后，由于美国的力量空前膨胀，而英国的力量则大大减弱，美元就取代英镑成为最重要的国际储备货币。20世纪70年代以后，随着固定汇率制度的崩溃，外汇储备逐渐走向多元化，又增加了德国马克、日元、瑞士法郎、法国法郎等。在国际储备资产总额中，外汇储备比例不断增高。就币种来说，从某种货币的统治向多种货币搭配方向发展，这是由世界经济格局的变化而造成的。外汇储备的多少，从一定程度上反映了一国应付国际收支的能力，关系到该国货币汇率的维持和稳定。它是显示一个国家经济、货币和国际收支等实力的重要指标。

专题看板

外汇储备货币的发展历程

外汇储备货币的产生是各国政治、经济实力较量的结果。

1929—1933 年经济大危机之前，英国凭借其“日不落帝国”的强大实力，英镑在国际贸易和国际资本流动中被普遍作为结算工具，英镑成为与黄金并行的外汇储备。第二次世界大战后，美国在战争中聚敛了全球 3/4 的黄金，创造了全球近 1/3 的产值，成为世界商品供应基地，由于全球对美国商品与资本持续的旺盛需求，美元成为最抢手的外汇。布雷顿森林体系规定的双挂钩汇率制度，确定了美元的国际储备货币地位，在布雷顿森林体系存在的长达 28 年的时间里，95%左右的国际贸易与资本流动通过美元计价结算，石油、航空等重要产业的标价货币是美元，美元成为当之无愧的货币霸主。

进入 20 世纪 70 年代，日本、西德以及西欧国家的经济迅速崛起，欧洲经济区域化的影响日益突出，美国巨额的贸易收支逆差与美元币值高估相互影响，恶性循环，导致布雷顿森林体系崩溃，美元的地位日渐衰落，美元垄断外汇储备的局面不复存在。在浮动汇率制度下，各主要货币的汇率经常波动，需要加强对储备资产的风险管理，其中最重要的方式之一是通过资产组合来分散风险，在国际贸易以及金融市场深化的共同推动下，一些具有较强实力的货币迈出了国际化的步伐，开始登上国际储备货币的舞台，外汇储备出现了多元化的局面。当时，充当外汇储备的主要货币包括美元、日元、英镑等。在多元化的国际储备体系中，由于美国的产值、贸易额分别占全球总额的 20%左右，仍然高踞世界经济的塔尖，即使是联合的欧盟也无法与之匹敌，再加上历史的原因，美元市场无论是在深度、广度还是在弹性上仍然保持着优势，全球超过 50%的国际储备仍然是以美元计价的资产。

1999 年 1 月 1 日，欧洲货币联盟的单一货币——欧元问世，凭借欧元区十一国的经济实力以及它们在国际贸易中的地位，欧元具有与美元在外汇储备中平分秋色的实力，虽然欧元诞生后曾一路疲软，但现在欧元已成为主要的外汇储备货币，从而形成美元、欧元、日元的外汇储备格局。

综观外汇储备演变史，可以看到有的货币气数已尽，正在被淘汰出局；有的货币如午后太阳，正在下落；有的货币却如旭日初升，朝气蓬勃。无论哪一个阶段，充当外汇储备的货币都不多，而且是综合经济实力排名世界前几位国家的货币。

（3）在国际货币基金组织中的储备头寸。在 IMF 中的储备头寸是指成员在国际货币基金组织普通账户中可以自由提取和使用的资产。它是国际货币基金组织最基本的一项贷款，主要用于解决成员的国际收支不平衡问题，但不能用于成员贸易和非贸易的经常项目支付。

一国在 IMF 中的储备头寸包括：成员向 IMF 认缴份额中 25%的黄金或可兑换货币部分，成员无须经过批准，可自由提用这部分资金，因此成为一国的国际储备资产；IMF 为满足成员借款需要而使用的本国货币。按 IMF 的规定，成员认缴份额的 75%可用本币缴纳，IMF 向其他成员提供本国货币贷款，则形成该货币所属国家对 IMF 的债权。对这部分债权，该成员可从 IMF 无条件提取用于国际支付。IMF 向该成员借款的净额，也构成该成员对 IMF 的债权，可无条件提取，用于国际支付。

（4）特别提款权。特别提款权（Special Drawing Rights，SDRs）是 IMF 创设的分配给各成员用以补充现有储备资产的一种国际储备资产。IMF 创设特别提款权是为了补充国际储备资产的不足，收缩国际流通和减少关键货币的发行量以限制美元的作用。成员可动用分配的 SDRs 兑换成所需外汇用于弥补国际收支逆差，也可以直接用其偿还基金组织的贷款。作为取得 SDRs 的条件，成员必须承担两项义务：支付利息和在需要时按照 IMF 指定的原则接受 SDRs 并兑换所需的货币。

特别提款权作为各国国际储备资产的补充，与其他储备资产相比具有以下几个特点：第一，它是一种以黄金保值的记账单位，不能直接用于国际贸易支付和结算，也不能直接兑换成黄金；第二，它属于国有资产，只能由成员货币当局持有，并且只能在成员货币当局和 IMF、国际清算银行之间使用，非官方金融机构不得持有和使用；第三，它与普通提款权不同，是无附带条件的流动资金，是根据各成员在 IMF 中的份额比例进行分配的。

特别提款权与普通提款权的区别：其一，普通提款权是 IMF 用成员缴纳的份额向国际收支困难的成员提供的资金，SDRs 无须另缴份额；其二，普通提款权由借款成员向 IMF 提出申请用本币购买外汇，规定期限偿还，属于信用性质，SDRs 由自己支配，向其他国兑换所需外汇，不必再收回本币，不属于信用性质。

专题看板

特别提款权的发展历程

1970 年首次发行的 SDRs 是一种有黄金保证的记账单位，每单位含 0.888 671 克纯金（根据黄金官价 35 美元 1 盎司黄金定出），与 1971 年贬值前的美元相等。美国停止美元兑换黄金后，1974 年 1 月 1 日，IMF 宣布 SDRs 与黄金脱钩，改用美元等 16 种货币的加权平均值来决定特别提款权的价值。由于这种定值方法在技术上比较复杂，IMF 决定从 1981 年 1 月 1 日开始，SDRs 定值由 16 种货币简化到 5 种货币，由德国、法国、日本、英国、美国的货币构成。5 国货币的权重由各国的出口和劳务在世界总额中的比重来确定，每 5 年调整一次。国际货币基金组织于 2009 年 8 月 28 日依据其 186 个成员所占份额分配 2 500 亿美元特别提款权，以向全球金融系统注资。此次特别提款权发行是自 1981 年来的首次，也是 IMF 迄今为止发行规模最大的一次，向每个成员分配的特别提款权将占其份额的 74%左右。同年 9 月 9 日还进行了 330 亿美元特别提款权的特别分配，在 1981 年后加入的 42 个成员将获得更多份额。特别提款权分配完成后，累计发行的特别提款权总额将达到 3 160 亿美元。各成员通过两次分配获得的特别提款权数额分别为：美国约为 500 亿美元，日本与德国分别约为 160 亿美元，新兴市场国家与发展中国家约为 1 000 亿美元，其中，低收入国家为 180 亿美元。部分发达国家正在考虑利用其不需要的特别提款权来支持 IMF 向低收入国家贷款。

人民币正式纳入特别提款权SDRs货币篮子

2016年9月30日（华盛顿时间），国际货币基金组织宣布纳入人民币的特别提款权新货币篮子于10月1日正式生效，拉加德总裁发表声明称，这反映了人民币在国际货币体系中不断上升的地位，有利于建立一个更强劲的国际货币金融体系。中国人民银行对人民币正式纳入SDRs以及拉加德总裁的声明表示欢迎。

新的SDRs货币篮子包含美元、欧元、人民币、日元和英镑5种货币，权重分别为41.73%、30.93%、10.92%、8.33%和8.09%，对应的货币数量分别为0.582 52、0.386 71、1.017 4、11.900、0.085 946。IMF每周计算SDRs利率，并于10月7日公布首次使用人民币代表性利率，即3个月国债收益率计算的新SDRs利率。

人民币纳入SDRs是人民币国际化的里程碑，是对中国经济发展成就和金融业改革开放成果的肯定，有助于增强SDRs的代表性、稳定性和吸引力，也有利于国际货币体系改革向前推进。中国将以人民币入篮为契机，进一步深化金融改革，扩大金融开放，为促进全球经济增长、维护全球金融稳定和完善全球经济治理做出积极贡献。

2. 国际储备的来源

（1）收购黄金。官方黄金储备的增加主要是通过从国内收购黄金并集中至中央银行手中和中央银行在国际金融市场上购买黄金。不过，因黄金在各国日常经济交易中使用价值不大，加上黄金产量也有限，因此，黄金在国际储备中的比重一般不会增加。

（2）国际收支顺差。国际收支顺差包括国际收支中经常项目的顺差和国际收支中资本项目的顺差。国际收支中经常项目的顺差是国际储备的主要来源，而国际收支中资本项目的顺差是国际储备的重要补充来源。

（3）中央银行干预外汇市场取得的外汇。中央银行干预外汇市场也可取得一定的外汇，从而增加国际储备。一方面，当一国的货币汇率受供求的影响而有上升的趋势或已上升时，该国的中央银行往往就会在外汇市场上进行公开市场业务，抛售本币，购进外汇，从而增加本国的国际储备。另一方面，当一国的货币汇率有下浮趋势或已下浮时，该国就会购进本币，抛售其他硬货币，从而减少本国的国际储备。

（4）国际货币基金组织分配给成员的特别提款权。国际货币基金组织分配给成员的特别提款权是该国国际储备的一部分。它在一定程度上适应了成员对国际储备日益增加的需求，但对各国来说这种国际储备来源较为被动。

（5）储备资产管理增值。由于国际市场上外汇的汇率和黄金的价格处于不断变化的过程中，一国的储备资产价值也随之不断变动。通过对储备资产的科学管理，在保证储备资产的流动性和安全性的基础上获得一定收益，也可以增加一国的国际储备。

（6）政府对外借款。一国政府通过向外国政府借款也是增加国际储备的渠道之一。这种借款主要发生在储备货币发行国政府之间，一般是通过签订“货币互换协议”来相互提供外汇储备，一旦协议的一方国际收支困难，那么协议的另一方则须自动以本国货币向对方提供贷款，由此便可增加对方的外汇储备。虽然对外借款对一国来说带有借入储备的性质，但由于这种“货币互换协议”通常是事先签订的，一国政府在遇到国际收支困难时可自动获得协议对方提供的贷款，故可将这种借款视为一国政府增加国际储备的来源。

4.1.3 国际储备的作用

为保持一国经济的稳定发展，维持一国金融体系良好运转，每个国家都毫无例外地要保持一定数量的国际储备，它成为一国的国际金融实力，以及该国在国际经济中的地位和参与国际经济活动能力的标志。国际储备的作用是广泛的，而且是多层面的，概括起来有下述几个方面。

1. 维持国际支付能力，弥补国际收支逆差

一国在国际经济交往中，不可避免地会发生国际收支不平衡。如果国际收支逆差是由于出口减少或因特大自然灾害以及战争等突发情况而造成的临时性逆差，人们首要的选择就是动用国际储备来弥补此逆差。这样，既可维护本国国际信誉，又可避免事后被迫采取诸如限制进口、紧缩财政等“削足适履”的措施来平衡逆差而影响本国经济的正常发展。如果国际收支不平衡是长期的、巨额的或根本性的，动用国际储备可以起到一定的缓冲作用，它使政府有时间渐进地推进其财政货币调节政策，避免因猛烈的调节而引起国内社会震荡，但并不能彻底解决问题。

2. 干预外汇市场，稳定本国货币汇率

一国货币当局可以用国际储备来干预外汇市场，影响外汇供求，将货币汇率维持在一国政府所希望的水平或有利于本国经济发展的水平上。当外汇汇率上升，本币汇率下跌，超出政府的目标界限时，货币当局将抛售外汇储备，购入本国货币，抑制本国货币的下跌，或使本国货币汇率上升；相反，当本币汇率上升时，就增加本币的供应，购买外汇，抑制外币汇率的下降。因此，国际储备是一国维持其货币汇率稳定的干预资产。不过，国际储备作为干预资产的职能，要以充分发达的外汇市场和本国货币的完全自由兑换为前提条件，而且外汇干预只能对汇率产生短期影响，无法从根本上改变决定汇率的基本因素。

3. 增强国际上对本国货币的信心，提高本币地位

一般来说，一国包括外汇储备在内的国际储备充足，表明该国弥补国际收支逆差、维持汇率稳定的能力强，国际社会对该国货币的币值与购买力也就充满信心，因此，在国际外汇市场上人们愿意持有该国货币，该国货币会走向坚挺成为硬货币，该国货币的地位和信誉也会因此而提高。例如，2006 年 11 月中国外汇储备一举突破 1 万亿美元，储备数额超过日本成为世界第一，世界各国更多的人愿意使用人民币。研究表明，在越南流通的人民币达 60 亿元，在泰国流通的人民币有 50 亿元，在新加坡和印度尼西亚流通的人民币达 10 亿元。当然，这里必须注意，国际储备是否充足仅仅是影响一个国家货币地位的一个因素，而不是唯一的因素。

4. 增强国际清偿力，提高向外借款的信用保证

一国所拥有的国际储备数量的多少，是一个国家国际清偿力强弱的一个重要体现，也是国际金融机构和国际银行提供贷款时评估该国风险的重要指标之一。国际储备多，就意味着国际清偿力高；国际清偿力高，该国向外借款的保证得到加强，同时也表明该国金融实力和国际地位的提高。尽管从理论上讲，一国国际清偿力高就无须向外借款，但由于各种资金用途的不同以及借款者的不同看法，一个国家不管持有的国际清偿力是高还是低，都会或多或少向外借款。

5. 获取国际竞争优势

国际储备是国家财产，是国际清偿力的象征，因此一国持有比较充裕的国际储备，就意味着有力量左右其货币的对外价值，即有力量使其货币汇率升高或下降，由此获取国际竞争优势。

专题看板

美国大水漫灌式政策恶化全球经济金融环境

根据美国劳工部数据，2022 年 3 月美国消费者价格指数（CPI）同比上涨 8.5%，创下 1981 年 12 月以来新高。面对 40 多年来最严重的通货膨胀，美国政府多次“甩锅”，试图将物价飞涨的原因归咎于俄乌冲突。事实上，其自身的不当政策才是真正的“罪魁祸首”。美国自新冠疫情以来实行不负责任的大水漫灌式政策，一方面导致资产价格虚高，金融风险累积；另一方面又导致供需缺口持续扩大，通胀压力陡增。与此同时，美国这一政策向世界输出了通胀压力，增大了金融风险，拖累全球经济复苏，让全世界为其共同“埋单”，再一次印证了“美元是美国的货币，却是全世界的问题”的美元霸权本质。

本轮美国通胀虽是多种因素叠加的结果，但美联储货币超发应是最根本原因。2020 年 3 月以来，为了应对疫情导致的经济困境，美联储推出了一系列超常规量化宽松政策。一方面，连续两次降息将基准利率降至 0 至 0.25%，接近于零；另一方面，推出“无上限”量化宽松政策，通过直接购买国债“扩表”，大量释放美元。美联储的资产负债表显示，2020 年 3 月底其持有的证券项（包括国债等）为 4.37 万亿美元，到 2021 年年底就达 8.27 万亿美元，2022 年 4 月 20 日是 8.5 万亿美元。在“无上限”量化宽松政策支持下，美国巨额财政补贴导致居民收入大幅上涨，国内消费需求大幅提升，同时也使美国政府债台高筑。截至 2022 年 4 月 22 日，美国政府债务余额高达 30.4 万亿美元，债务率高达 132%。这种规模和力度史无前例的经济刺激，带来了巨大的通胀压力和金融风险。早在 2021 年上半年，美国通胀即已抬头，5 月份 CPI 同比已上升 5%，但这并未阻止美联储继续量化宽松的步伐。结果是通胀持续走高，日趋恶化，到 12 月份 CPI 同比上升达 7%，2022 年前 3 个月更分别高达 7.5%、7.9%和 8.5%。

除了货币超发这一基础性因素，推动美国物价持续上涨的直接原因还是供需严重失衡，缺口持续扩大。2008 年次贷危机后，美国虽也实施了多轮量化宽松政策，但并未引发严重通胀，主要原因是资金进入了股市、房地产和全球市场，推动金融资产价格上涨，美国股市和房地产步入连续十多年的大牛市，但美国个人支出不足导致对商品和服务的长期需求不足，同期全球实体经济也未受到来自供应链和供给侧的所谓“供给扰动”。而此次量化宽松所处的背景却截然不同：一方面，大水漫灌式政策大大刺激了美国消费需求，使总需求处于扩张状态；另一方面新冠疫情、俄乌冲突、美国加征关税以及劳动力供给严重不足等因素叠加，又使供给侧再也难以维持其大水漫灌式政策安全着陆，通货膨胀自成必然结果。

资料来源：竺彩华．美国大水漫灌式政策恶化全球经济金融环境．光明日报，2022-04-28.

4.2 国际储备的管理

国际储备管理是指一国政府及货币当局根据一定时期内本国国际收支状况及经济发展的要求，对国际储备规模的适度化、结构的最优化及储备资产运用的高效化等方面所进行的调节与控制。因此，国际储备的管理主要涉及规模管理，即一国应保持多少储备才算合理，以及结构管理，即怎样搭配不同种类的储备货币，才能使风险最小或收益最大。

4.2.1 国际储备的总量管理

国际储备的总量管理就是对国际储备规模进行有效的选择与确定，故也称国际储备的规模管理。这个总量的确定，既要满足国际支付、干预市场等方面的需要，又不至于过多而造成储备资产浪费或低效运行。也就是说，国际储备总量控制的核心，是确定一国一定时期最适度的国际储备量。一国国际储备过多或过少，均会带来不良后果，必须果断采取措施予以调整。

对国际储备资产的总量进行控制，具体操作因国而异，但一般来说，确定适度量应考虑的因素主要有下述几点。

1. 经济的发展规模和速度

经济的发展规模可用国民生产总值（GNP）来体现。从理论上讲，一国的经济发展规模越大，或者发展速度越快，其投资规模也就越大，进口需求就越多，所需的国际储备也就越多，这是决定一国适度储备量最基本的因素。

2. 国际收支差额

国际储备的主要作用之一是弥补国际收支逆差，因此，一国的国际收支状况对该国的储备需求具有决定性的影响。一般来说，一国国际储备需求与其国际收支逆差呈正方向变化，逆差出现的频率越高，数额越大，对国际储备的需求量也就越大；一国国际储备需求与其国际收支顺差呈反方向变化，一国若出现持续性顺差，对国际储备的需求就相应地减少。如果一国国际收支平衡，则国际储备维持正常状况即可。多数发展中国家因受经济结构不平衡、经济政策失当以及不合理的国际经济秩序的影响，国际收支出现逆差，迫使它们提高国际储备需求水平。

3. 外汇管制与汇率制度的安排

如果一国经济开放度低，对外实行严格的外汇管制，一切外汇收支都按计划或须经过批准，则用汇量必然受到限制。在这种情况下，对外汇储备的需求一般会小些；反之，对外汇储备的需求会大些。与外汇管制相关的一个措施，便是一国对汇率制度的安排。

外汇储备的一个很重要的作用就是用来干预汇率，如果一国采取的是固定汇率制度，并且政府不愿意经常性地改变汇率水平，那么，相应地，它就需要持有较多的储备，以应付国际收支可能产生的突发性巨额逆差或外汇市场上突然的大规模投机，维持汇率波动的范围。如果一国实行管理浮动汇率制度，则政府的灵活性较大，其储备的保有量相对较低。但若此制度下汇率波动次数过多、幅度过大，一国货币当局为了不因汇率变动伤及本国的经济，也会进行干预，因此，即使在较为灵活的汇率制度下，保持适度的外汇储备也是必需的。

4. 对外资信与融资能力

一般来说，一国有良好的对外信誉和形象，可以在必要时较容易或迅速地筹措到各种外汇资金，那么，该国对储备的需求就会小些；反之，对储备的需求就会大些。与此相关，一国在国际金融市场上的融资能力的高低与储备需求也存在密切关系。如果一国有能力通过各种方式（借款、发行债券、设立基金、争取国际金融组织优惠贷款等）获得所需的资金，就可补充其国际清偿力抵消可能出现的资金缺口，则对储备的需求减少；反之，对储备的需求相应增加。

5. 持有国际储备的机会成本

国际储备代表对国外资源的购买力。保持国际储备就减少了用于投入国内的资源，客观上牺牲了用于国内经济发展的资源，从而丧失了一定的国内投资收益率，这是持有国际储备的机会成本。由于外国银行存款、政府债券等形式的国际储备可带来一定的利息收益，因此一国持有国际储备的成本等于投资收益率和利息收益率之差。差额大，则成本高；反之，则成本低。成本高，则储备规模小；成本低，则储备规模可能加大。所以，一国持有国际储备规模的大小受持有国际储备的成本制约。

6. 金融市场的发达程度

金融市场是国际储备的重要来源渠道，发达的金融市场使得金融当局可通过市场操作获取所需的储备，也可以通过金融机构迅速地“借入”储备，即发达的金融市场存在一种迅速地把民间资金或社会资金转换为中央银行直接持有的机制。因此，金融市场越发达，储备转换机制越完善，货币当局对储备的需求“冲动”就越小；反之，对储备的需求“冲动”就越大。

7. 外汇储备的经营与管理水平

一国如果具有系统和专业化的经营与管理机构，可以根据市场变化的要求，快速地决定某一时期本国需要的主要储备货币或对储备货币进行转换、组合，并确保储备在保值的基础上增值，亦即该国的储备经营与管理水平较高，则该国可相对减少储备需求；反之，可相应地增加储备需求。

8. 是否为储备货币发行国

如果一国是储备货币发行国，则该国可直接用本国货币来支付短期逆差，也可通过对外直接投资获取更高的投资报酬，就可降低对储备的需求；反之，则要增加储备需求。当今世界最重要的国际储备货币是美元、欧元、日元、英镑等。美国是世界上最主要的储备货币发行国，美元是储备货币和关键货币，因此，尽管美国的国民生产总值最大，开放度与市场化极高，但其外汇储备并非最多。

此外，一定时期的偶发或突发事件的频率与重要性程度，如战争、自然灾害、外交风波、贸易制裁以及重大的政治经济体制改革等，也会对国际储备需求产生不同程度的影响。对经济增长与当期收入水平的偏好、财富效应（Wealth Effect）的高低、一国承受国际收支政策调节的能力以及与之相关的政府采用调节政策的意愿等因素，同样对国际储备需求产生或多或少的影响。

以上内容说明了影响一国适度国际储备量的种种因素。这些因素有政治的、社会的，也有经济的，它们交织作用，使最佳国际储备的确定复杂化。一般来讲，确定适度的国际储备量需要对这些因素进行综合考虑。一国的国际储备究竟为多少适宜，没有统一的标准，因为一个国家在不同的发展阶段，不同国家在相同发展阶段的不同情况下，对国际储备的需求都会不同。因此，各国必须根据本国的具体情况决定适度国际储备量。

4.2.2 国际储备的结构管理

国际储备的结构管理是指各国货币当局对储备资产所进行的最佳配置，使黄金储备、外汇储备、在 IMF 的储备头寸和 SDRs 四部分储备资产持有量及其构成要素之间保持合理比例，以应付各种国际支付，避免动荡多变的国际金融市场带来的风险。

一国政府调整国际储备结构的基本原则是统筹兼顾各种储备资产的安全性、流动性、保值性和盈利性等特性，这也是一国营运、安排其国际储备资产的四条原则。这四条原则是相辅相成、缺一不可的。

所谓安全性，是指储备资产本身的价值稳定且存放可靠。首先，一个国家要持有何种资产，必须先考虑这种资产（币种或信用工具）的价值是否稳定。如果一种资产价值经常会受到汇率的冲击而贬值，那么就说明该资产缺乏安全性，应当少储备。其次，一个国家在确定外汇资产存放的国家与银行时，必须考虑这个国家的经济是否发达，银行资信是否卓著，如果是的话，则存放可靠，该储备资产安全性就大；反之，则不宜存放，该储备资产安全性就小。

所谓流动性，是指储备资产随时能够获得与运用。不同形态的储备资产，具有不同的流动性。一般来说，活期存款、现钞、汇票等资产的流动性较强，可作为第一储备。金银、债券等资产的流动性较弱，可作为第二储备。一国在权衡得失时，一方面应保持较多的第一储备，以利于日常的国际支付；另一方面应把各种流动性强弱不同的储备资产按时间做不同期限的投资，使各种资产的期限与对外支付的日期相衔接，保证资产的充分流动。

所谓保值性，是指储备资产能保持原来的价值。进行保值的一般做法是，尽量使储备货币多样化，尽量对各种储备资产进行最佳组合。这样，尽管有时某些储备资产受到损失或某些储备货币贬值，但同时另外一些储备资产会有收益，或另外一些储备货币会升值，从而升贬相互抵消，使整个国际储备资产价值不变或少变。此外，还可采取储备货币与进口支付、干预市场需要的货币保持一致的做法，避免汇率风险。

所谓盈利性，是指储备资产在保值的基础上有较高的收益。一国在营运安排储备资产时，一般应尽可能提高储备资产的盈利性，由此降低持有储备资产的机会成本。

必须指出，上述四条原则往往是相互矛盾的，如活期存款的盈利性较差，但其流动性较强；债券的安全性较高，但流动性较弱；金银的盈利性较差，但安全性与保值性较高；软货币价值不稳定，但其盈利性往往较高；硬货币安全性大，但其盈利性却较差。因此，各国在营运安排储备资产时，必须坚持上述四条基本原则，处理好原则之间的矛盾，达到收益较大、风险较小的最佳储备资产组合。

国际储备结构管理的具体内容有下述几点。

1. 黄金储备比例的确定

由于黄金不能直接用于国际支付，且与外汇相比，黄金自身不会增值，相反，持有黄金还需要支付贮藏费用，再加上黄金储备流动性弱，因此，各国货币当局持有黄金的比例总的来说有下降的趋势。展望未来，估计各国货币当局仍会执行稳定或略有下降的黄金储备政策。

2. 外汇储备比例的确定

外汇储备在国际储备中居于绝对优势地位，本身具有流动性和安全性优势，盈利性也高于黄金，因此，外汇储备在国际储备中所占的比例越来越大。各国货币当局选择和确定外汇储备中各种货币的最佳比例的方法有以下三种：

（1）储备货币的品种选择。在一般情况下，尽可能地增加硬货币的储备量，减少软货币的储备量。但必须注意，并非硬货币保持得越多越好。这是因为：第一，硬货币的利率一般较软货币低，保持硬货币可避免汇率风险，但要损失一定的利息收入。因此，一国应先权衡“利息”与“风险”的得失，然后确定持有何种货币及其持有量。第二，一国储备中货币总是有“软”有“硬”的，如果是清一色的硬货币，到了支付时，还得兑换成软货币，这既会增加汇率风险，也会增加一定的兑换费用。第三，硬货币与软货币的区分是相对的，即硬货币在某一时期可能会变“软”，如果全部保持硬货币，一旦硬货币变成软货币，就要承受汇率损失了。因此，软、硬货币如何组合，还得以辩证的观点、发展的眼光，从长期与短期的汇率波动状况中做全面考察与选择。

（2）储备货币的汇率选择。各国货币当局应根据各种储备货币汇率变动的幅度进行选择。一般来说，应尽可能增加汇率波动幅度较小的货币储备量，减少汇率波动幅度较大的货币储备量。由于在短期内国际金融市场汇率变动频繁，加之政府的干预，因此汇率的变动趋势很难预测，这时，可以通过比较各种储备货币长期汇率波动的平均幅度来选择，以减少汇率波动的贬值风险。

（3）储备货币中的需求选择。它包括两方面：一是指根据本国对外贸易结构和其他金融活动对储备货币的支付需求进行选择，即对某种储备货币需求大，就尽可能增加其储备量；反之，就减少储备量。二是指根据本国干预外汇市场、维持本国货币汇率稳定对储备货币的需求进行选择。若一种货币用于干预市场较多，就需多储备；反之，则少储备。一些储备货币发行国，尽管它能用本国货币支付逆差，但还要选择其他国家的货币作为国际储备，以备随时干预外汇市场之需。

3. 在 IMF 的储备头寸和特别提款权比例的确定

各成员在 IMF 的储备头寸和特别提款权的数量取决于其向 IMF 缴纳的份额，且受 IMF 的分配安排或控制，不能随意变更。20 世纪 80 年代以来，这两种储备资产在各成员储备资产总额中所占的比重始终未突破 9%，而黄金储备与外汇储备所占比重则达 90%以上。

4. 外汇储备资产的分级管理

为使外汇储备的运用能最大限度地在流动性、安全性和盈利性之间进行平衡，根据变现的能力不同，将外汇储备划分为三个等级分别管理。

（1）一级储备。其流动性最高，但盈利性最差，主要用于一国经常性和临时性对外支付的需要，包括现金、活期存款、短期存款、短期债券、商业票据等。一级储备是可以随时变现使用的资产，其数量应以满足国家对外支付、维护国际信誉为标准。

（2）二级储备。其盈利性高于一级储备，但流动性低于一级储备，如 2～5 年期的中期外国政府债券。二级储备是在必要时弥补一级储备不足以应付对外支付需要的储备资产，准确预测短期对外支付的金额是难以完全做到的，任何一国货币当局必须持有一定数量的二级储备。

（3）三级储备。其盈利性高于二级储备，但流动性低于二级储备。主要用于弥补一级储备收益过低的缺陷，是外汇储备资产中用于长期投资的部分，包括期限为4～10年的长期外国政府债券、AAA级欧洲债券等。三级储备到期后可以转化为一级储备，但未到期前如果提前变现，则会遭受收益上的巨额损失。

因国情不同，故各国货币当局持有上述三级储备的结构也不同。一般来说，国际收支逆差国必须在其储备资产中保留较大比重的一级储备，而顺差国则保留较小比重的一级储备和较大比重的三级储备。

4.3 我国的国际储备管理

4.3.1 我国国际储备的构成及特点

我国国际储备与其他国家一样，由黄金、外汇、在IMF中的储备头寸和特别提款权构成。改革开放以前，我国实行计划经济体制，没有建立与国际经济接轨的国际储备制度。1980年，我国正式恢复了在IMF和世界银行的合法席位，次年正式对外公布了国家黄金外汇储备，并逐步形成了我国的国际储备体系。

1. 我国国际储备的构成

（1）币种构成。我国外汇储备表现形式为政府在国外的短期存款或其他可以在国外兑现的支付手段，如外国有价证券，外国银行的支票、期票、外币汇票等。主要用于清偿国际收支逆差，以及干预外汇市场以维持本国货币的汇率。2006年2月底，中国的外汇储备总额为8 537亿美元（不包括港澳台地区的外汇储备），首次超过日本，位居全球第一。2014年6月底达到39 932亿美元的最高峰，随后下降，截至2022年5月末，国家外汇储备余额为3.13万亿美元。

（2）外汇储备构成原因。我国外汇储备结构以美元资产为主有以下几方面历史和国际金融理论的原因：首先，美元是历史形成的国际支付手段、交易中介、价值储藏手段，国际贸易中有2/3都是以美元结算，国际金融市场上的批发交易绝大多数以美元进行，各国央行的金融操作也是主要采用美元，国际银团贷款和国际债券市场的绝大多数交易都是采用美元或美元债券；其次，储备货币发行国的经济活动要以国内经济为主，虽然美国占国际贸易的比例很大，但是与美国庞大的国内生产总值相比仍然比例很低，远远低于日本、德国、瑞士的相应指标，后三国的主要经济活动是外向型的，其货币价值容易受到国际资本流动的干扰而大幅波动，不利于保值；最后，除美国外，日本、德国、瑞士的央行拒绝其货币在国际金融市场上扮演更重要的作用。

2. 我国国际储备的特点

我国国际储备的特点表现在以下几个方面：

（1）黄金储备稳中有升，但比例过低。我国一直实行稳健的黄金储备政策。1975—2000年，我国的黄金储备一直徘徊在390吨，但进入21世纪以来，我国调整过两次黄金储备，即2001年和2003年，分别从394吨调整到500吨和600吨。自2003年以来，逐步通过国内黄金提纯以及国内市场交易等方式，又增加了454吨。截至2022年，全球黄金储备最多的国家是美国，超过8133吨，约占全球官方黄金储备量的1/4。德国、意大利、法国分别位居世界第二、第三和第四。目前，我国官方黄金储备已达1948.32吨，位居全球第六位，但以我国14亿人口来计算，平均每人约合14克，人均占比还非常低；同时，尽管我国增持黄金储备数量的绝对值进度相当可观，但黄金储备在整个储备资产中的占比仅为3.5%，依然很低。

(2) 美元资产比重偏高，储备成本较大。由于我国外汇储备结构中美元资产较多，在2000年之后的美元大跌过程中，我国外汇储备在账面上贬值严重。有观点认为，2003年中国的外汇储备账面损失约200亿美元，2004年上半年账面损失约400亿美元。为此，我国外汇管理局也在不断调整美元资产的比重，从2001年到2004年的超过70%，下降到2020年的54%左右，低于65%以上的国际平均水平。

(3) 流动性风险较大。外汇储备的经营管理特别强调安全性和流动性，这决定了外汇储备主要投资于国际市场上信用等级较高的债券。我国不是拿着一些外国的现钞放在那里，而是用外汇买了外国的一些高收益、低风险、非常安全的债券。然而约占60%的比例、高达数千亿美元的外汇储备以美国国债和债券的形式存在，使得外汇储备的流动性不足，受到中美关系、美国国债市场变化的威胁。

(4) 外汇储备规模变动明显。有观点认为，实行浮动汇率制度的国家外汇储备以GDP的10%左右为宜，我国目前的外汇储备水平明显偏高。亚太地区国家的外汇储备额占GDP的比例平均都要比西方国家高出很多，这个现象并非我国所独有，而且高外汇储备对于维护金融市场的稳定也是有帮助的。有些观点认为，考虑到我国的银行坏账情况，加之储备水平还太低，因此适当增加外汇储备是必要的。

2005年7月“汇改”之前，人民币汇率曾经采用钉住美元的做法，在人民币/美元购买力平价失衡、全球预期人民币将会相对美元升值的情况下，大量美元热钱涌入我国换取人民币，以求收买廉价资源并获得汇率波动收益。央行为了维持固定汇率，不得不大量买入美元，加剧了我国外汇储备问题，导致了通货膨胀的风险。在2005年7月“汇改”之后，人民币实行有管理的浮动汇率制度，汇率浮动区间有所扩大，部分缓解了外汇储备快速增长的压力。但也出现了人民币持续升值预期，增加了人民币需求，在套利因素驱动下，大量外汇通过多种渠道涌入国内，反而加大了外汇储备增长压力。我国外汇储备在2014年达到峰值后开始“掉头”，2015年，我国外汇储备急剧减少了5126.56亿美元，这也是有史以来最大的降幅，占全球外汇储备的比重也显著下降了3个百分点。2016年年末，我国外汇储备为3.01万亿美元，全年外汇储备减少近10%，2017年末，外汇储备更是下跌到了2.2万亿美元。

4.3.2 我国国际储备的总量管理

我国是发展中国家，各种支付需求强烈，面临的金融风险也较大，因此，需要较多的外汇储备，但任何事物的发展变化都应有个界限，我国外汇储备也应该讲究一个适宜的储备量，外汇储备过多，负面效益也很明显。这是因为：

(1) 外汇储备过多，而这“过多部分”主要是债务性储备（如由对外借款等资本流入方式形成的），则必然增加外债负担，也使储备流动性减弱。

(2) 外汇储备过多，一般会使本币汇率上升，会增强本币的坚挺程度和国际地位，但不利于本国商品的出口。

(3) 外汇储备过多，会加大国内一定时期通货膨胀的压力，影响国内物价稳定和经济发展。

(4) 外汇储备大量增加，并不等于储备效益也大量增加。因为外汇储备多为硬货币，硬货币一般利率较低，因此储备越多，利息收益的潜在损失也越大，而且，我国目前经营管理外汇储备的水平较低，手段也较缺乏，从而造成较大的亏损。

(5) 外汇储备不断增加，事实上等于把得之不易的外汇存到外国银行让外国人使用，而我们自己有时却以高利形式向国外借款，造成宝贵资源的低效益使用甚至浪费。

(6) 外汇储备过度增加，会失去获取国际金融组织优惠低息贷款的权利，同时也会面临更大的汇率变动风险，增加外汇储备管理的难度。

(7) 外汇储备持续过度增加，必然意味着国际收支存在不断的顺差，因而也可能招致其他国家的不满甚至报复。可见，我国外汇储备可适当多些，但不能过度。

专题看板

连续25个月在3.1万亿美元之上
——外汇储备规模持续稳定

国家外汇管理局公布的外汇储备规模数据显示，截至2022年5月末，我国外汇储备规模为31 278亿美元，较4月末上升81亿美元，升幅为0.26%。这也是外汇储备连续第25个月保持在3.1万亿美元之上。

国家外汇管理局副局长、新闻发言人王春英介绍，5月，我国外汇市场运行总体平稳，境内外汇供求保持基本平衡。国际金融市场上，受主要国家货币政策及预期、全球经济增长前景、地缘政治局势等因素影响，美元指数小幅下跌，主要国家金融资产价格涨跌互现。外汇储备以美元为计价货币，非美元货币折算成美元后金额增加，与资产价格变化等因素综合作用，当月外汇储备规模上升。

外汇储备对经济稳健运行具有重要作用。一方面，外汇储备能够维持国际支付能力，稳定本币汇率。例如，我国实行以市场供求为基础、参考一篮子货币进行调节、有管理的浮动汇率制度，当供求关系紊乱、市场汇率出现异常波动时，可通过外汇储备来调节汇率、稳定币值，保持正常国际支付能力。另一方面，外汇储备能够抵御外部冲击，防范金融风险。对于跨境资本的流进和流出，外汇储备类似于“蓄水池”，能抵御大规模跨境资本流动对经济的冲击。

因此，外汇储备规模数据有着较高的市场关注度。随着人民币汇率弹性增强，市场适应能力也在增强，汇率“自动稳定器”功能逐渐显现，外汇储备更多反映的是估值和投资收益的情况。外汇储备规模月度间的波动属于正常现象，应理性看待。

对于今后的外汇储备规模趋势，业内人士认为，下一阶段，我国外汇储备规模将继续保持基本稳定。一方面，我国经济韧性强，回旋余地大，长期向好的基本面没有改变。近期，国务院常务会议部署了6方面33项稳经济一揽子措施。随着各项政策发挥效果，宏观经济有望企稳回升，外汇市场平稳运行的基础更加坚实，将对外汇储备规模稳定起到支撑作用。

另一方面，近期美元指数出现了一定程度回落，市场对未来的预期有所转变，有利于保持人民币汇率在合理均衡水平上的基本稳定；我国国内生产仍然具有优势，货物贸易有望保持合理顺差规模；国际投资者看好我国发展前景，北向资金整体呈现净流入态势。这些都有助于促进外汇市场供求基本平衡，稳定我国外汇储备规模。

资料来源：姚进．连续25个月在3.1万亿美元之上：外汇储备规模持续稳定．经济日报，2022-06-09.

4.3.3 我国国际储备的结构管理

在我国的国际储备中，外汇储备占有压倒性的比重，黄金等其他储备微不足道。因此，我国国际储备的结构管理，主要涉及与外汇储备有关的结构管理。

在我国国际储备的结构管理中，要考察的问题包括下述几方面。

1. 储备货币币种的构成问题

我国外汇储备一直以美元为主，而我国对日贸易在全部贸易中一直占较大比重，以2022年为例，我国对日本的进口额为1 844.97亿元，对美国的进口额为1 776.4亿元，对欧盟的进口额也在不断上升。此外，我国非贸易往来的增速很快，其交易货币也日趋多样化。单一外汇持有比重过多，则可能会蒙受较大的由于汇率波动导致储备资产缩水的风险。搭配多种储备货币，既能满足各种交易性货币需求，又能分散不同货币间汇率波动的非系统风险。

但是，如果从清偿外债的角度来看，我国的外债币种仍以美元债务为主。在2022年3月末的登记外债中，美元债务占86%，欧元债务占7%，港币债务占3%，日元债务占1%，特别提款权和其他外币外债合计占比为3%。这又从另一个侧面支持美元在储备币种中的主体地位。

2018年，我国首次披露外汇储备币种结构，美元占比从1995年的79%下降至2014年的58%，非美元货币同期从21%上升至42%。《国家外汇管理局2020年报》显示，2016年全球外汇储备货币结构中美元占比65%，我国变动为59%。

美元是当今世界的准本位货币，多数国家均以美元进行交易和报价。但较大比重地持有一种币种的外汇资产，都会对本国经济产生十分大的负面影响和连锁反应。我国当前实际盯住美元的汇率政策下，人民银行的货币政策将被动的依附于美国货币当局。鉴于此，我国外汇储备结构也应当适时进行动态管理，有关部门必须时刻关注国际金融市场的变化，及时调整外汇储备结构，从而降低风险。

2. 外汇储备资金的投资组合问题

同一种货币储备，有不同的资产形式可供选择。例如，既可采用银行存款方式，也可以持有证券方式持有储备。因此，如何确定同一货币储备的资产结构，是国际储备日常管理的重要内容。由于我国持有储备的最主要目的是及时平衡国际收支、稳定汇率，因此，一级储备虽然盈利性较低，但仍必须足量持有。此外，为了应付一些难以预测的突发性事件，如自然灾害等，还必须持有一定量的易于上市、变现性较强的二级储备资产。在一级储备、二级储备资产确定后，再规划三级储备资产，以获得长期投资收益。因为我国毕竟是发展中国家，资金仍存在缺口，获取储备收益是一个重要的储备管理目标。在一些发达国家，对同一货币储备资产的结构进行管理是十分明确的。例如，英格兰银行对美元储备资产就分为三个档次：第一，流动储备资产，主要是各种短期证券或票据，如美国3个月的短期国债等；第二，二级流动储备资产，主要是美国政府和机构的中期国债，平均期限为2～5年；第三，流动性弱但盈利性高的资产，如美国长期公债和其他信誉良好的债券（主要是A级和AA级的欧洲债券），平均期限为4～10年。目前，英国已成为美国的第二大海外债权人。

2007年，我国成立了国有独资的中国外汇投资公司，从事以境外金融组合产品为主的外汇投资业务，这意味着我国在外汇储备有较大富余的前提下，越来越重视储备资产的盈利性回报。然而，就在外汇投资公司成立后，恰好遇到了美国次贷危机所引起的国际金融危机。在这种大背景下，在国际金融市场上谋求外汇投资收益越来越困难，投资风险也不断加大。

3. 是否减持外汇储备的问题

由于我国外汇储备总量极大，在满足日常支付等基本需求的基础上还有较大富余，又由于次贷危机引发的国际金融危机导致金融资产的收益率大幅降低，因此，我国的金融风险不断加大。投资外国有价证券要承担更大的风险，却只能获得较低的预期收益率。与此同时，黄金等大宗商品的价格也受危机影响而下跌。在这种情况下，相比而言，黄金比其他金融资产具有较好的保值能力。因此，是否减持外汇而增持黄金，成为一个具有现实意义且值得探讨的问题。

英国华威大学商学院金融教授戈登·格米尔（Gordon Gemmil）曾运用30年的历史数据进行了深入研究。他认为对一个普通国家来说，黄金持有量为10%最合适。若未来50年或100年出现货币体系崩溃，则黄金等实资产在外汇储备中占的比例应该更高。据世界黄金协会2021年2月发布的数据显示，截至2020年12月，全球官方黄金储备共计35 196.9吨。其中，欧元区（包括欧洲央行）共计10 772.2吨，占其外汇总储备的60.8%。美国依旧是全球央行黄金储备量最多的国家，为8 133.5吨，黄金占外汇储备的78.7%。

从外汇储备数据来看，我国的外汇储备总额均超过其他国家和地区，位居全球第一，外汇储备占国际储备资产的比重很高，进而使得黄金储备占国际储备资产的比重就很低。

历史上，美元的国际化与美国黄金储备息息相关。1945年布雷顿森林体系确定美元的国际货币地位，当时的重要前提是美国承诺按35美元一盎司黄金兑换其他国家官方手上持有的美元。即以美元与黄金挂钩，来对美元的国际化提供一个支持，这种支持对当时美元的国际化起着非常重要的信用保证。

布雷顿森林体系解体后，全球各国的央行仍然把黄金当作国际储备资产中非常重要的一部分，并作为国家信用的保证。因此，在推进人民币国际化进程中，要增强人民币国际化的信心，适当地持有黄金储备也是增强人们对人民币信心的非常重要的物质保障。

总之，我国的国际储备结构管理应按一般市场经济国家的管理原则与方法进行，即在贯彻流动性、安全性、盈利性原则的基础上，在保持国际储备区间管理上限和下限的基础上，将一级储备、二级储备和三级储备进行分类投资，综合管理。

专题看板

合理利用外汇储备需要“藏汇于民”

在过去相当长的一段时期内，我国节节攀升的外汇储备往往被看成是改革开放的累累硕果和国民财富迅速增长的象征。然而，外汇储备规模的不断增长也让政府犯了难。

有人不明白，为何中国需要这么多外汇储备呢？复旦大学经济学院教授孙立坚解释称，对一个发展中国家来说，尤其在金融体系较脆弱的情况下，拥有外汇储备可抗衡海外热钱投机，大量海外资产可使外国企业安心来华投资等。

然而孙立坚同时表示，中国的美元外汇储备在管理上十分困难。一方面，如此巨大的资金很难进行一般意义上的股权或企业投资，而只能购买主权国家债券（如美国国债）等大量资产，但近年来欧美债务危机的持续发酵使得政府和国人对投资美债的收益性和安全性都表示十分担忧。另一方面，由于外汇储备增量无法有效控制，使得央行不得不对内发行人民币进行对冲，这在一定程度上又会导致输入型通胀。

2011 年 10 月 24 日，在北京举行的新浪金麒麟论坛上，时任央行行长的周小川重新提出了“藏汇于民”的概念，中国未来可能将更多的资源分配转向民间。“所谓‘藏汇于民’并不是老百姓把外汇藏到自己手里，而是有自行决定运用外汇包括投资外汇等机会。”周小川如是说。

上海交通大学公共政策研究所所长顾建光认为，“藏汇于民”不算一个新话题，原本就是我国外汇管理体制改革的战略方向，如今央行重新强调这一点，有可能会出台一些实际的措施。因为目前这种“藏汇于国”的外汇管理模式若不进行转变，会使得央行的外汇储备管理难度越来越大。一旦将大部分外汇储备转移到民间，将能够在很大程度上缓解外汇储备管理压力。

顾建光介绍说，我国民间持有的外汇储备只有 1 000 多亿美元，只是官方外汇储备的一个零头，但日本恰恰相反，“目前，日本官方的外汇储备是 1.22 万亿美元，但民间持有的，包括居民持有的海外资产、居民非日元外汇存款、企业持有的海外资产、海外投资净头寸等广义上的外汇储备总计有 6.5 万亿美元，民间持有的外汇储备是官方的 5 倍多，基本实现了‘藏汇于民’。其他诸如韩国等国家和地区也大体类似。可见，我国的外汇储备并非总量太多，而是分配和管理模式不合理。”

因此顾建光认为，实施“藏汇于民”战略是政府和国民“双赢”的大好事，一方面，政府大大减轻了管理负担，而外汇储备进入民间（包括企业和个人）后，可以进行分散投资，提高了外汇储备收益；另一方面，也在一定程度上缓解了目前国内老百姓投资渠道过于狭窄，进而产生各种资产泡沫的问题。国家持有外汇储备虽然收益可能较低，但可以抵御金融风险，具有重大战略意义，而民间持有外汇储备则能获得较好的收益，所以外汇储备管理既要保证国家金融的安全，又要考虑到资产的收益性，最好能做到两相平衡。

孙立坚也认为，在欧美经济低迷的环境下，国内外日益增加的对人民币资产的过度需求和中国金融市场吸收流动性能力的不足，已导致基础货币控制难、灰色金融渠道泡沫膨胀的后果，因此亟须通过“藏汇于民”的战略部署来打开“泄洪”通道。

也有不少网民认为，既然我国官方外汇储备过多，不如直接分给全体国民，这是最直接的“藏汇于民”。这种说法是否可行呢？

专家指出，中国的企业和个人通过出口商品或劳务，可挣回美元等外汇，然后将这些外汇卖给银行获得人民币。外商对中国投资也往往需要将手中的部分或全部外汇资金换成人民币，也得将外汇卖给银行。银行除保留一定额度外汇用于日常业务外，将其余外汇在银行间外汇市场上卖出。外汇一旦被央行购买就成为国家外汇储备。

从中可以看出，一方面，企业和个人不是把外汇无偿交给央行，而是通过银行卖给央行，并获得等值人民币。这些交易都是出于等价和自愿原则，企业和个人的经济利益在外汇与人民币兑换时已经实现。另一方面，央行购买外汇，要付出等值的人民币，这个过程表现为人民币投放。换言之，外汇储备是央行用“发票子”这种向社会负债的方式“买”来的。在央行的资产负债表上，资产方为外汇储备，负债方则是等值的人民币投放。看似光鲜的外汇储备其实并非央行的“净资产”，背后对应的是等量负债，因而外汇储备不能无偿使用。

使用外汇储备不但要“有偿”，还必须在“境外”，如果直接把外汇储备分给老百姓，还会导致人民币“二次投放”，造成严重的通货膨胀。

本章小结

1. 国际储备是指一国在对外收支发生逆差时，金融当局可直接利用或有保证地通过其他资产的兑换，以弥补国际收支逆差、保持汇率稳定，以及满足其他紧急支付的需要而持有的国际上普遍接受的所有流动资产的总称。它具有官方持有性、流动性、普遍接受性和自由兑换性四个特点。

2. 一国的国际储备由黄金、外汇、在国际货币基金组织中的储备头寸和特别提款权四个部分构成。它们主要来自收购黄金、国际收支顺差、中央银行干预外汇市场取得的外汇、国际货币基金组织分配给成员的特别提款权、储备资产管理增值和政府对外借款。

3. 国际储备的作用有：维持国际支付能力，弥补国际收支逆差；干预外汇市场，稳定本国货币汇率；增强国际上对本国货币的信心，提高本币地位；增强国际清偿力，提高向外借款的信用保证；获取国际竞争优势等。

4. 国际储备的管理主要涉及规模管理，即一国应保持多少储备才算合理，以及结构管理，即怎样搭配不同种类的储备货币，才能使风险最小或收益最大。

重点概念

国际储备　　国际清偿力　　外汇储备
在国际货币基金组织中的储备头寸　　特别提款权　　国际储备总量管理
国际储备结构管理

复习思考题

1. 名词解释

国际储备	国际清偿力	外汇储备
特别提款权	国际储备总量管理	国际储备结构管理

2. 思考题

（1）如何理解国际储备的含义及特点？

（2）简述国际储备的构成及来源。

（3）国际储备的作用包括哪些？

（4）简述我国国际储备在总量管理和结构管理上的特点。

3. 案例分析

我国 1990—2022 年外汇储备状况见表 4-1，请根据表格中的数据分析我国外汇储备变动的规律，结合当时的背景，谈谈出现这种变化的原因，并对我国未来的外汇储备走势进行预测。

表 4-1　我国 1990—2022 年外汇储备状况

年份	金额	年份	金额
1990 年年底	110.9 亿美元	2014 年年底	38 430 亿美元
1996 年年底	1 050.5 亿美元	2015 年年底	33 304 亿美元
2001 年年底	2 121 亿美元	2016 年年底	30 105 亿美元
2004 年年底	6 099 亿美元	2017 年年底	22 048 亿美元
2005 年年底	8 189 亿美元	2018 年年底	30 727 亿美元
2010 年年底	28 500 亿美元	2019 年年底	31 079 亿美元
2011 年年底	31 800 亿美元	2020 年年底	32 165 亿美元
2012 年年底	33 116 亿美元	2021 年年底	32 502 亿美元
2013 年年底	38 213 亿美元	2022 年年底	31 277 亿美元

第 5 章

国际货币体系

导入案例

1967 年，一家芝加哥银行拒绝向一位大学教授米尔顿·弗里德曼提供英镑贷款，因为他意图利用这笔资金卖空英镑。弗里德曼先生察觉到当时英镑兑美元的比价过高，想先卖出英镑，然后等英镑下跌后再买回英镑来偿还银行，从而能够迅速大捞一笔。这家银行拒绝提供贷款的依据是 1944 年布雷顿森林会议通过的各项协定。协定固定了各国货币兑美元的汇率，并将美元与黄金的比价设为 35 美元兑每盎司黄金。然而，到了 20 世纪 70 年代牙买加体系确立以后，这种外汇交易已经成为可能。特别是进入 20 世纪 80 年代，随着计算机及相关技术的问世，跨国资本流动加速，将亚、欧、美等洲的市场连成一片。

本章学习目标

1. 掌握国际货币体系的概念及作用；
2. 掌握布雷顿森林体系与牙买加体系的特点；
3. 掌握欧洲货币体系与欧元启动后的作用和影响；
4. 了解国际货币体系改革的方向。

素养目标

党的二十大报告指出要强化金融稳定保障体系，依法将各类金融活动全部纳入监管，守住不发生系统性风险底线。分析历史上重大国际货币危机和金融危机的背景和原因可以增强对国际货币体系改革方向和必要性的认识和支持。

党的二十大报告还强调了增强文化自信和广泛践行社会主义核心价值观。提升我国在国际金融体系中的核心地位和人民币在国际货币体系中的地位是中国特色社会主义道路、理论、制度和文化的体现，也是实现中华民族伟大复兴的重要条件。理解其原因可以培养学生对中国特色社会主义的主观认同和增强实现中华民族伟大复兴的精神力量。

5.1 国际货币体系概述

5.1.1 国际货币体系的概念

国际货币体系（International Monetary System）又称国际货币制度，是指各国政府为适应国际支付的需要，对本国货币在国际范围内发挥世界货币职能所确定的原则和组织形式。它的成因基本上有两种：一种是通过惯例和习惯演变而成的，当相互联系的习惯或程序形成以后，一定的活动方式就会得到公认，如国际金本位制度就是这样形成的国际货币体系；另一种是通过有约束力的法律条文和在短期内就能够建立起来的特点建立的，尽管这些体系的建立和运行同样需要一定的时间或过程，如布雷顿森林体系和牙买加体系就是通过这种途径建立起来的货币体系。无论是通过哪种途径形成的国际货币体系，都是世界经济发展的客观历史的必然产物。

国际货币体系具体包括下述几个方面的内容。

1. 货币的组织形式

世界各国的货币体系都是在历史上形成的，是由国家以法律规定的货币流通的组织形式。这种组织形式包括三个要素：（1）货币币材。（2）货币单位。（3）各种通货的制造、发行和流通程序。

专题看板

公元前 221 年，秦始皇统一中国后规定全国使用统一的货币，禁止其他财物作为货币流通。统一的货币分黄金和铜钱两种，黄金为上币，以镒为单位；铜钱为下币，按枚使用，币面铸有“半两”二字，表明每枚的重量是半两，史称半两钱。

2. 各国货币比价的确定

根据国际交往而产生的国际支付的需要，货币在执行世界货币职能时，各国之间的货币一定要确定一个比价，即汇率。围绕汇率的确定，各国政府一般还规定货币比价确定的依据、货币比价波动的界限、货币比价的调整以及维护比价采取的措施等内容。

3. 货币的可兑换性

根据国际经济往来和国际支付的需要，各国政府须确定各自货币能否自由兑换别国货币、对发生的债权债务所采取的结算方式、对支付是否加以限制等内容。

4. 黄金外汇转移的自由性

黄金外汇能否自由转移对一国的国际收支和国际储备等方面会产生很大的影响，各国在不同时期对其有不同的规定。在一定时期，在某些国家没有限制，或在同一个货币区内也没有限制，黄金外汇可以自由流通，但在另外一些国家则有限制。

5. 国际储备资产的确定

国际储备在调节国际收支平衡、保持内部和外部平衡中起着非常重要的作用。为此，保存一定数量的、被世界各国所普遍接受的国际储备资产，也是构成国际货币体系的一项主要内容。

6. 国际结算的原则

各国政府在对外清偿债务时，是随时进行结算还是定期结算，是实行自由的多边结算还是实行有限制的双边结算，各国都有明确的规定。

7. 国际收支的调节

世界各国国际收支的平衡发展是国际货币体系正常运转的基础。在有些情况下，一国的国际收支失衡，通过本国所采取的国内经济政策或外汇政策就可以恢复平衡；在有些情况下，就需要根据国际协定，通过国际金融组织、外国政府贷款或通过各国政府协调政策、干预市场达到国际收支平衡。

5.1.2 国际货币体系的产生与作用

世界各国虽然在政治上是独立的，有各自不同的货币、经济制度和法律体系，但在经济发展上却又相互依赖、相互交流，这就需要有被各国普遍接受的国际货币和货币制度，因此，出现了国际货币体系。

国际货币体系在国际金融领域内具有基础性制约作用，它对国际贸易的支付结算、资本流动、汇率的调整、外汇储备的确定及国际收支的调节等都会产生重大的影响。具体而言，国际货币体系的作用主要表现为以下几个方面：

第一，确定国际清算和支付手段来源、形式和数量，为世界经济发展提供必要、充分的国际货币，并规定国际货币及其同各国货币相互关系的准则。

第二，确定国际收支的调节机制，以促进世界的稳定和各国经济的平衡增长。该调节机制涉及汇率机制、对国际收支逆差国的资金融通机制，以及对国际货币（储备货币）发行国的国际收支纪律约束机制等不同方面。

第三，确立有关国际货币金融事务的协商机制及建立相应的组织机构。

5.2 国际货币体系的演变及类型

5.2.1 国际金本位制度

1. 国际金本位制度的产生

历史上第一个国际货币体系是国际金本位制度。国际金本位制度是指以黄金作为国际储备资产或国际本位货币的制度，它是以黄金作为货币体系的基础。严格来说，国际金本位制度的存在必须满足三个条件：第一，以一定成色和重量的黄金作为货币单位。金币可以自由铸造，资本主义国家的货币制度已不再具有相对稳定性；金币作为基本的流通手段，其他金属货币都居于辅币的地位；各种货币符号（如银行券）可以参加流通，并可随时自由地兑换为金币。第二，黄金可以自由买卖和贮藏。黄金作为贮藏手段的职能可自发调节流通中金币的数量，使金币的面值与金币本身包含的黄金价值能够保持一致和相对稳定。第三，黄金可以自由输出输入。各国货币虽然仍规定有含金量，但是由于当时各国货币的汇率是按货币含金量的相互比率确定的，黄金可在各国之间自由转移，使汇率受外汇供求关系而引起的波动被局限在很小的范围内，因此能保证外汇行市的相对稳定。国际金本位制度是在英国、法国、比利时、意大利、瑞士、荷兰、若干北欧国家，以及德国和美国实行国内金本位制度的基础上于 19 世纪 80 年代形成的。

2. 国际金本位制度下的汇率决定及国际收支调节

在最初的金本位制度下，各国金币所含的纯金量不同，其价值是以相对含金量来规定的。因此，两国间的汇率取决于各国本位货币含金量相比较的固定平价。例如，1 美元的含金量为 23.220 0 格令，1 英镑的含金量为 113.001 6 格令，则英镑对美元的汇兑平价为 GBP1＝USD4.866 6。当然，汇率并非恰好等于铸币平价，它还要受外汇供求关系影响，但波动的幅度不会超过或低于黄金的输送成本（包括保险费、包装费、运费等）。因此，各国货币单位会固定在一定而狭小的范围内，金本位制度又称为固定汇率制度。

此外，在金本位制度之下，通过“物价与黄金流入流出机制”，各国的国际收支具有自动调节的功能。譬如，在金本位制度下，如果一国的对外贸易持续发生逆差，其汇率上涨至黄金输出点，从而促使黄金外流，货币供应量因而减少，物价随之下跌，致使其商品的国际竞争力提高，进而增加输出、减少输入。其结果为，该国对外收入大于支出，贸易收支恢复均衡。如果一国的对外贸易持续发生顺差，其汇率下跌至黄金输出点，从而促使黄金内流，货币供应量因而增加，物价随之上涨，进而增加输入、减少输出。其结果为，该国对外支出大于收入，贸易收支恢复均衡。

3. 国际金本位制度的崩溃

随着商品生产的扩大，要求有一个灵活且有弹性的货币供给制度，但黄金受开采能力的限制，不能满足这一要求；同时，黄金在世界上的储备不平衡，多数国家黄金不足，难以满足作为货币的要求。因此，国际金本位制度受到了严重的冲击。第一次世界大战结束后，资本主义国家曾试图恢复金本位制度。但在战后的形势下，动摇了金本位制度的基础，要重新实行金币流通已不可能。这样，各国重新实行的只能是蜕化了的金本位制度，如金块本位制度或金汇兑本位制度。

在金块本位制度下，虽然名义上仍以金币作为本位货币，但实际流通的只是纸币和银行券。这就造成了黄金流通量的减少，银行券已不能直接兑换金币，而只能向中央银行兑换金块。例如，英国在 1925 年规定，在用银行券兑换黄金时，每次最低限度为 400 盎司的金块。在金汇兑本位制度下，同样只实行纸币和银行券流通，但银行券不能与黄金兑换而只能兑换外汇。由于实行金汇兑本位制度的国家的货币都与实行金块本位制度的国家的货币有固定的比价，因此银行券在换取外汇后能到国外去兑现金块。在第一次世界大战中失败的德国和许多殖民地、附属国实行的就是这种货币制度。

这种蜕化了的金本位制度已不具有金本位制度原来的相对稳定性。由于不再实行金币流通，到 19 世纪末和 20 世纪初，黄金通过贮藏手段职能自发调节货币流通量的作用已不存在。银行券与黄金的自由兑换已受到很大的限制，当银行券过多时，其退出流通的过程便受到了阻碍。金汇兑本位制度使许多国家的货币制度紧密结合在一起，只要一国的经济和货币流通发生问题，就必然会影响其他国家。所以，资本主义国家试图通过恢复金本位制度来稳定货币流通的愿望并没有实现。金本位制度从此退出了历史舞台。

专题看板

第一次世界大战后金本位制度的发展历程

1929—1933 年，资本主义国家发生了有史以来最严重的经济危机，英国政府不得不停止银币的自由铸造，并引起了严重的货币信用危机。货币信用危机从美国的证券市场价格猛跌开始，迅速扩展到欧洲各国。奥地利、德国和英国都发生了银行挤兑风潮，大批银行因此破产倒闭。1931 年 7 月，德国政府宣布停止偿付外债，实行严格的外汇管制，禁止黄金交易和黄金输出，这标志着德国的金汇兑本位制度从此结束。欧洲大陆国家的银行大批倒闭，使各国在短短两个月内就从伦敦提走了将近半数的存款，英国的黄金大量外流。在这种情况下，1931 年 9 月，英国不得不宣布英镑贬值，并被迫放弃了金本位制度。一些以英镑为基础实行金汇兑本位制度的国家，如印度、埃及等，也随之放弃了金汇兑本位制度。其后，爱尔兰、挪威、瑞典、丹麦、芬兰、加拿大等国实行的各种金本位制度都被放弃。

1933 年春，严重的货币信用危机重返美国，挤兑使银行大批破产。联邦储备银行的黄金储备一个月内减少了 20%。美国政府被迫于 3 月 6 日宣布停止银行券兑现，4 月 19 日又完全禁止银行和私人贮存黄金和输出黄金，5 月政府将美元贬值 41%，并授权联邦储备银行可以用国家债券担保发行通货。这样，美国实行金本位制度的历史也到此结束。最后放弃金本位制度的是法国、瑞士、意大利、荷兰、比利时等一些欧洲国家，它们直到 1936 年 8—9 月才先后宣布放弃金本位制度。至此，金本位制度终于成为资本主义货币制度的历史。

4. 对国际金本位制度的评价

在国际金本位制度下，一国货币的真实价值保持了稳定和可预测。而稳定的价格水平和货币比价，以及较为稳定的世界经济环境，能极大地促进世界各国的经济增长和贸易发展，对世界经济的发展起到了积极的作用。但国际金本位制度本身存在黄金供应量赶不上经济发展对货币的需要，黄金在世界各国的储备不平衡，多数国家黄金不足，难以满足作为货币的要求等缺陷，为此，在其存在了 35 年之后就崩溃了。

5.2.2 布雷顿森林体系

1. 布雷顿森林体系的产生

经过第一次世界大战和 1929—1933 年的世界经济大衰退之后，国际金本位制度已经退出历史舞台。建立一个统一的国际货币制度，改变国际金融领域的动荡局面，已成为国际社会的迫切任务。1944 年 7 月，在美国的新罕布什尔州布雷顿森林召开了有 44 国参加的联合国国际货币金融会议。会议通过了以“怀特方案”为基础制定的《国际货币基金协定》和《国际复兴开发银行协定》，总称为《布雷顿森林协定》，开始实行新的国际货币体系，即布雷顿森林体系。

专题看板

凯恩斯方案惨遭淘汰

金本位制度崩溃后，以英、美两国为首的国际金融专家提出对策，展开重建国际货币制度的交涉，其中英国是由凯恩斯提出创设“国际清算同盟（International Clearing Union）”的构想，称为“凯恩斯方案”；而美国则是由怀特提出“国际安定基金（International Stabilization Fund）”的构想，称为“怀特方案”。

“凯恩斯方案”的主要内容是：第一，建立国际清算同盟，使它具有世界性的中央银行性质。它以清算制为基础，采取透支的方式提供国际金融信贷，当一国国际收支发生顺差时，就将盈余存入账户，发生逆差时，则按规定的份额申请透支或提存，各国透支总额为 300 亿美元。第二，这种具有世界银行性质的清算同盟发行以一定量黄金表示的国际货币——班柯（Bancor）作为清算单位。班柯等同于黄金，各国可以用黄金换取班柯，但不得以班柯换取黄金。第三，成员国的货币直接同班柯相联系并确定汇率，允许成员国调整汇率。第四，各成员国在清算同盟中所承担的份额，以第一次世界大战前三年进出口贸易的平均额计算，成员国不需要缴纳黄金和现款，而只是在清算机构中开设往来账户，通过班柯存款账户来清算各国官方的债权债务。第五，同盟的总办事处设在伦敦和纽约两地，理事会在英、美两地轮流举行。

“怀特方案”的主要内容是：建立一个作为世界经济发展稳定机构的国际货币基金组织，资金总额为 50 亿美元，由各成员国用黄金、本国货币和政府债券缴纳，认缴份额取决于各国的黄金外汇储备、国民收入和国际收支差额的变化；各国的发言权和投票权取决于向基金组织缴纳的份额的多少；基金组织拟定一种国际货币单位，其含金量相当于 10 美元，取名为尤尼他（Unita），并可以兑换黄金，也可以在成员国之间相互转移；各国要规定本国货币与尤尼他的法定比价，法定比价一经确定后，非经基金组织同意不能任意变动；基金的主要任务是稳定汇率，向会员国提供短期信贷，解决国际收支不平衡问题；基金办事处设在拥有份额最大的国家。

自两个计划提出之后到 1944 年 4 月，两国政府代表团在有关国际货币计划的双边谈判中展开了激烈的争论。由于美国在政治和经济上的实力大大超过英国，英国被迫放弃国际清算同盟计划而接受美国的方案。因此，“凯恩斯方案”在谈判初期惨遭淘汰。

2. 布雷顿森林体系的内容

布雷顿森林体系的内容主要有以下几个方面：

（1）建立一个永久性的国际金融机构，即国际货币基金组织（IMF）。布雷顿森林体系赋予基金组织监督、磋商和融通资金三项主要职能，即监督成员国货币的汇率，审批货币平价的变更等货币政策问题；协调各国重大的金融问题，以促进国际金融的合作；为成员国管理基金，为国际收支逆差成员国融通资金。

（2）实行双挂钩，即美元与黄金直接挂钩，而其他国家的货币与美元挂钩，并确立了固定汇率制。按照《布雷顿森林协定》的规定：美元是最主要的国际储备资产；国际货币基金组织的成员国必须确认美国政府在 1934 年规定的 35 美元折合 1 盎司黄金的官价，美国政府承担各国按此价格用美元向美国兑换黄金的义务，当黄金官价受到国际金融市场上的炒家冲击时，各国政府要协同美国政府进行干预；在布雷顿森林体系下，国际货币基金组织各成员国的货币必须与美元保持固定比价；美国政府根据上述黄金官价，规定 1 美元的含金量为 0.888 671 克纯金，各成员国货币兑美元的汇率按各国货币的含金量与美元确定固定比价，或直接规定与美元的固定比价，不得轻易改变，汇率波动幅度应维持在固定比价的上下 1%以内。如果货币含金量的变动超过 1%，必须得到国际货币基金组织的批准。

（3）协助国际收支逆差成员国解决国际收支困难。布雷顿森林体系规定 IMF 要向国际收支赤字国提供短期资金融通，以调节国际收支失衡。落实这一安排是国际货币体系正常运转的必要条件。为此，IMF 规定成员国份额的 25%以黄金或可兑换黄金的货币缴纳，其余部分（份额的 75%）则以本国货币缴纳。成员国在需要国际储备时，可用本国货币向 IMF 按规定程序购买一定数额，将来在规定的期限内以用黄金或外汇购回本币的方式偿还借用的外汇资金。成员国认缴的份额越大，投票权也就越大，同时借款能力也就越强。由于第二次世界大战结束之时，大部分国家国际储备存量有限，因此 IMF 基本上是由美国控制。

（4）废除外汇管制。《国际货币基金协定》第八条规定，成员国不得限制经常项目的支付，不得采取歧视性的货币措施，要在兑换性的基础上实行多边支付。此条款要求成员国履行货币兑换的义务，其目的就是努力消除阻碍多边贸易和多边清算的外汇管制，以保障国际结算与国际支付的自由，促进世界经济的发展。但有两种情况可以例外：第一，虽然 IMF 不允许成员国政府在经常项目交易中限制外汇的买卖，但容许对资本移动实施外汇管制；第二，成员国在处于二战后过渡时期的情况下，可以延迟履行货币可兑换性的义务。IMF 当初希望废除经常项目外汇管制的过渡时期不超过五年，但实际上直到 1958 年末主要工业化国家才取消了经常项目的外汇管制，恢复了货币的自由兑换，并且直到今天，在 IMF 的成员国中，只有 50 多个遵守此项条款，外汇管制在发展中国家仍然相当普遍。

（5）制定稀缺货币条款。当一国国际收支持续盈余，并且该国货币在 IMF 的库存下降到其份额的 75%以下时，IMF 可将该国货币宣布为稀缺货币。于是，IMF 可按赤字国家的需要实行限额分配，其他国家有权对稀缺货币采取临时性兑换限制，或限制进口该国的商品和劳务。这一条款的设置是希望盈余国主动承担调整国际收支的责任。但是这个条款并未真正得到实施。

上述内容中，美元与黄金挂钩、各国货币与美元挂钩及固定汇率制是布雷顿森林体系的核心，从而确立了美元在国际货币制度中的中心地位。在这一货币制度下，资本主义世界各国都用美元作为主要的国际支付手段，许多国家还以美元作为主要的外汇储备，有的甚至还用美元作为发行货币的准备金。因此，第二次世界大战后的国际货币制度实际上是一种以黄金-美元为基础的国际金汇兑本位制度。但与二战前的国际金本位制度不同，二者的主要区别是：第一，国际储备中黄金和美元并重；第二，二战前时期处于统治地位的储备货币有英镑、美元和法郎，依附于这些通货的货币主要是英、美、法三国各自势力范围内的货币，而二战后以美元为中心的国际货币体系几乎包括资本主义世界所有国家的货币，而美元却是唯一的主要储备资产；第三，二战前英、美、法三国都允许居民兑换黄金，二战后美国只同意外国政府在一定条件下用美元向美国兑换黄金，而不允许外国居民用美元向美国兑换，所以这是一种被大大削弱了的金汇兑本位制度；第四，虽然英国在二战前国际货币关系中占有统治地位，但没有一个国家机构维持着国际货币秩序，而二战后国际货币基金组织成为国际货币体系正常运转的中心机构。

3. 布雷顿森林体系的崩溃

布雷顿森林体系从建立到最后崩溃，大致经历了“美元荒—美元灾—美元危机”三个阶段。布雷顿森林体系的正常运转必须具备三个条件：(1) 美国国际收支保持顺差，美元对外价值稳定。(2) 美国有充足的黄金储备，以保持美元对黄金的有限可兑换性。(3) 黄金价格维持在官价水平。美元危机爆发后，美国及同盟国、IMF 等就不断地采取措施围绕这三个核心问题，采取了一系列的拯救措施，竭力挽救布雷顿森林体系，但该体系最终还是彻底瓦解了。

(1) 美元荒阶段。美元荒是指各国普遍感到美元匮乏，支付困难。这种情况存在于第二次世界大战结束至 20 世纪 50 年代初期。战后，美国的经济实力空前增强，1949 年美国拥有当时世界黄金储备的 71.2%，达 245.6 亿美元。而饱受战争创伤的西欧、日本为发展经济需要大量美元，但又无法通过商品和劳务输出来满足，从而形成了普遍的美元荒。

(2) 美元灾阶段。美元灾是指美元在国际上供过于求的现象。它出现在 20 世纪 50 年代中后期。20 世纪 50 年代初，美国发动侵朝战争，国际收支由顺差转为逆差，黄金储备开始流失。与此同时，西欧和日本的经济已经恢复，进入迅速发展时期，出口大幅度增长，国际收支由逆差转为顺差，持有的美元逐渐充裕，美元开始供过于求，形成美元泛滥。

(3) 美元危机阶段。美元危机是指国际金融市场上人们大量抛售美元，引起黄金价格上涨、美元汇率急剧下跌的现象。1960 年 10 月，爆发了第一次美元危机。国际金融市场上掀起了抛售美元、抢购黄金的风潮，伦敦金融市场的金价暴涨到 41.5 美元 1 盎司，高出黄金官价 18.5%。导致这次危机的直接原因是，美国的黄金储备下降到 178 亿美元，已低于其对外短期负债 210 亿美元，使得人们对美元能否按 35 美元兑换 1 盎司黄金的信心发生了动摇。为了挽救美元的颓势，美国与有关国家采取了一系列维持黄金官价和美元汇率的措施，包括“君子协定”、《巴塞尔协议》、“黄金总库”，以及组成“十国集团”签订“借款总安排”等，目的在于当汇率波动时，运用各国力量共同干预外汇市场，尽管如此，也未能阻止美元危机的再度发生。

20 世纪 60 年代中期以后，美国扩大了侵越战争，国际收支更加恶化，黄金储备不断减少，对外债务急剧增加。1968 年 3 月，第二次美元危机爆发，巴黎市场的金价涨至 44 美元 1 盎司，美国的黄金储备半个月之内流失了 14 亿美元。“黄金总库”被迫解散，美国与有关国家达成“黄金双价制”的协议，即黄金市场的金价由供求关系自行决定，35 美元 1 盎司的黄金官价仅限于各国政府或中央银行向美国兑换。

20 世纪 70 年代中期以后，美国经济状况继续恶化，1971 年爆发了新的美元危机，美国的黄金储备降至 102 亿美元，不到其短期债务的 1/5。1971 年 8 月 15 日，美国政府宣布实行“新经济政策”，内容之一就是对外停止履行美元兑换黄金的义务，切断了美元与黄金的直接联系，从根本上动摇了布雷顿森林体系。美元停兑黄金以后，引起了国际金融市场的极度混乱，西方各国对美国的做法表示强烈的不满，经过长期的磋商，“十国集团”于 1971 年 2 月通过了《史密森协议》。其主要内容是，美元贬值 7.89%，黄金官价升至每盎司 38 美元，西方国家主要通货的汇率也做了相应的调整，并规定汇率的波动幅度为不超过货币平价上下的各 2.25%。此后，美国的国际收支状况并未好转，1973 年 1 月下旬，国际金融市场又爆发了新的美元危机。美元被迫再次贬值，幅度为 10%，黄金官价升至 42.22 美元。美元贬值后，外汇市场重新开放，抛售美元的风潮再度发生。为维持本国的经济利益，西方各国纷纷放弃固定汇率制度，实行浮动汇率制度。欧洲经济共同体做出决定，不再与美元保持固定比价，实行联合浮动。各国货币的全面浮动，使美元完全丧失了中心货币的地位，这标志着以美元为中心的国际货币体系的彻底瓦解。

4. 对布雷顿森林体系的评价

布雷顿森林体系是国际货币合作的产物，它的建立和运转对第二次世界大战后国际贸易和世界经济的发展起到了一定的积极作用：

（1）布雷顿森林体系确立了美元与黄金、各国货币与美元的双挂钩原则，结束了第二次世界大战前国际货币金融领域的动荡混乱状态，使得国际金融关系进入了相对稳定时期。这为 20 世纪 50—60 年代世界经济的稳定发展创造了良好的条件。

（2）美元成为最主要的国际储备货币，弥补了国际清算能力的不足，这在一定程度上解决了由于黄金供应不足带来的国际储备短缺的问题。

（3）布雷顿森林体系实行了可调整的钉住汇率制，汇率的波动受到严格的约束，货币汇率保持相对的稳定，这对于国际商品流通和国际资本流动非常有利。

（4）国际货币基金组织对一些工业国家，尤其是一些国际收支不平衡的发展中国家，提供各种类型的短期贷款和中长期贷款，这在一定程度上缓和了成员国的国际收支困难，使它们的对外贸易和经济发展得以正常进行，从而有利于世界经济的稳定增长。

在布雷顿森林体系实行的前 20 多年里，世界经济增长迅速，这段时期被称为资本主义世界的第二个“黄金时代”。这虽然是由许多客观条件造成的，但与布雷顿森林体系所营造的稳定的国际金融环境是密不可分的。同时，由布雷顿森林会议诞生的两个机构——世界银行和国际货币基金组织仍然在世界贸易和金融格局中发挥着关键的作用。

虽然布雷顿森林体系对第二次世界大战后世界经济的发展产生了重要的积极影响，但事实上，该体系存在着难以化解的矛盾：

（1）该体系本身存在着国际清偿力短缺与信心的矛盾，即“特里芬难题”。简单地讲就是，日益增长的国际清偿能力的需要要求美国增加其逆差，但逆差增加又使美元的持有者怀疑美元将对黄金贬值，从而引起信用危机。美国经济学家特里芬教授认为这种难以解决的内在矛盾，决定了布雷顿森林体系的非稳定性和崩溃的必然性。“特里芬难题”不仅一针见血地揭示了布雷顿森林体系的内在矛盾，也揭示了由一国货币担任世界货币职能的国际货币制度的内在矛盾。

（2）美元的特殊地位导致美国货币政策对各国经济产生重要影响。由于美元是主要的储备资产，有“纸黄金”之称，因而美国就可以利用美元直接对外投资，购买外国企业，或利用其弥补国际收支逆差，美国货币金融当局的一举一动都将波及整个世界金融领域，从而导致世界金融体系的不稳定。

（3）金融纪律约束的内在矛盾。在布雷顿森林体系下，除了美国之外，世界上所有加入这一体制的成员国都必须严格地遵守该体制所规定的金融纪律，都必须参与国际市场的竞争，并在竞争中取胜才能获得国际储备资产，而美国却可以倚仗美元的霸权地位不遵守金融纪律，可以超量发行美元，可以通过开动印刷机大量印制的美元偿还对外债务，实施对外援助、支付战争经费，而在布雷顿森林体系内却缺少对作为世界货币的美元的监督机制。

（4）汇率机制缺乏弹性，导致国际收支调节机制失灵。布雷顿森林体系过分强调汇率的稳定，各国不能利用汇率的变动来达到调节国际收支平衡的目的，而只能消极地实行外汇管制，或放弃稳定国内经济的政策目标。前者必然阻碍贸易的发展，后者则违反了稳定和发展本国经济的原则，这两者都是不可取的。可见，缺乏弹性的汇率机制不利于各国经济的稳定发展。

专题看板

中国与布雷顿森林会议

布雷顿森林会议期间，中国代表团以“维护我国国际地位，推动国际经济合作，增进友邦对我好感，提高我方技术标准”为方针，参与布雷顿森林会议各层次会议的讨论和有关工作。

会议中，中国代表团本着“不放弃应有之权利，也不回避应有之义务”的原则，力求体现中国人的国际合作精神。如，在国际复兴与开发银行股份的商讨中，由于各国认缴股份数额与未来可使用的银行资金没有直接关系，因此起初各国对认缴股份并不积极，互相推诿。中国代表团为避免影响会议前途，率先主动宣布增加认股额 5 000 万美元，这一决定带动了其他国家代表，最终使苏联政府同意增加认股额，促成会议在这一议题上取得圆满结果。在技术层面，中国代表团对会议的成功也有重要贡献。如，基金协定草案中规定，各国加入国际货币基金组织时即应决定法定币值，这在当时对于国土被侵占的国家有一定困难。经中国代表团提出后，额外设定了国土被侵占国家首次决定币值的办法。又如基金和银行协定草案中，执行董事的产生办法也是各国争执的焦点之一，中国代表团努力调和，提出各方认可的办法，为会议采用。

特别值得一提的是，中国在国际货币基金组织中的份额之争。各国在国际货币基金组织中的份额，与借款额度直接相关，并与投票权相联系，是各国关注的焦点。1943 年美国财政部邀请各国专家赴美商讨基金草案时，已经开始就份额进行谈判。当时美方曾对中方代表表示，基金总额为 80 亿美元，中国的份额大致为 5 亿到 6 亿美元，居第四位。美方这一方案一度被中外媒体披露。

布雷顿森林会议期间，第一委员会专门成立由 15 国代表组成的基金份额委员会，美国代表任主席。会议谈判中，英国和苏联都强烈要求增加本国份额，美国为避免意外枝节，决定把基金总份额增至 88 亿美元。中国代表认为，既然基金总额增加，那么中国份额不应少于 6 亿美元。但经过数次谈判，美国仍然把中国的份额定为 5 亿美元，只是一再表示，保证中国份额排在第四位，且与第五位的差额在 5 000 万美元以上。我方代表表示，中国在会议中处处尊重美方意见，顾全会议大局，但份额问题关乎国家地位，中国代表团必须坚持自己的意见。如果美方不肯增加中国的份额，中国代表将在会议中声明不能接受。此后美方做出妥协，将中国份额增加至5.5亿美元。但中国代表团仍然认为，美方没有履行之前的承诺，决定在公告中声明异议。除中国外，其他一些国家也有未能达成一致的意见。此后在第一委员会第7次会议中，美国代表报告了各国基金份额的分配结果，美国、英国、苏联、中国和法国排在前五位，分别是27.5亿美元、13亿美元、12亿美元、5.5亿美元和4.5亿美元，但包括中国在内的近十个国家对这一结果持保留意见。

1944年7月20日下午，第一委员会召开执行大会，摩根索任主席，加拿大代表报告工作经过。英国代表凯恩斯指出，《国际货币基金协定》的全部条文，还要在各国政府批准后才能生效，建议代表们在会议阶段撤销保留意见，以体现会议的合作精神。美国代表文森表示赞同，并强调国际合作的重要。在此情况下，我国代表表示中国愿意收回保留条件，以推动国际合作。其他国家代表的态度也随之转变，法国、印度、埃及、荷兰、苏联等代表相继发言，收回保留条件。《国际货币基金协定》的全部条文，在全体代表的掌声中获得通过。

资料来源：金中夏．中国与布雷顿森林会议．中国金融，2014（18）.

5.2.3 牙买加体系

1. 牙买加体系的产生

1973年2月，布雷顿森林体系彻底崩溃，国际金融局势更加动荡不安，世界各国都在不断探寻国际货币制度改革的新方案，渴望建立起新的国际货币体系，从而结束这种混乱局面。IMF早在1972年7月就成立了一个名为国际货币制度改革和有关问题委员会的咨询机构，专门研究国际货币制度的改革问题，由于该委员会由20个国家组成（其中11个国家为主要工业国家，9个国家为发展中国家），因而又称“二十国委员会”，主要负责拟定国际货币制度的方案，以供IMF参考。1974年6月，该委员会召开第六次会议，拟定了一个国际货币制度改革大纲。大纲对有关汇率、黄金、储备资产、国际收支等问题提出了一些原则性建议，从而为以后的改革奠定了基础。同时，还建议IMF另设新机构，取代“二十国委员会”，继续研究处理今后的国际货币制度改革问题。在1974年10月IMF举行的年会上，IMF决定设立国际货币制度临时委员会，简称临时委员会。临时委员会成立后，对国际货币体系的改革方案进行了激烈的争论和反复的磋商。尽管国际货币体系改革过程中矛盾重重，但各方最终对国际货币体系的一些基本问题，如汇率制度、黄金处理、扩大信贷额度等达成了共识。1976年1月8日，临时委员会在牙买加首都金斯敦召开了第五次会议，并对上述问题达成了综合协议，称为《牙买加协定》。同年4月，IMF理事会通过《国际货币基金协定第二次修正案》，1978年4月1日，该修正案正式生效，从此国际货币体系进入了一个新的阶段——牙买加体系。

2. 牙买加体系的主要内容

（1）增加会员国的基金份额。根据《牙买加协定》，各成员国的基金份额从原来的292.11亿特别提款权增至390.33亿特别提款权，即增长33.6%。在增加总份额的同时，各成员国的份额比例也有所调整，主要石油输出国的比重提高一倍，即由 5%增至 10%，其他发展中国家保持不变，主要工业国家除德国、日本略有增加外，其余略有减少。基金份额的增加有助于提高 IMF 的融资能力。

(2) 汇率浮动合法化。1973 年后，浮动汇率制度逐渐成为事实。《国际货币基金协定第二次修正案》规定，成员国可根据本国的情况自行选择汇率制度，事实上承认固定汇率制度与浮动汇率制度并存。但成员国的汇率政策应同 IMF 协商，并接受监督，以确保有秩序的汇率安排和避免通过操纵汇率来谋取不公平的竞争利益。该协定规定实行浮动汇率制度的成员国，根据经济条件应逐步恢复固定汇率制度，且不得采取损人利己的货币贬值措施，在将来世界经济出现稳定局面后，经 IMF 总投票权 85%多数票通过，可以恢复实行一个稳定但可调整的平价的固定汇率制度。

(3) 黄金非货币化。《牙买加协定》废除了所有的黄金条款，并规定黄金不再作为各国货币定值的标准；废除黄金官价，成员国之间可以在市场上按市价自由进行黄金买卖；成员国之间及成员国与 IMF 之间，取消以黄金清算债权债务的义务；同时，IMF 对所持有的黄金逐步加以处理，将其持有黄金总额的 1/6（约 2 500 万盎司）按市场价格出售，其超过官价（每盎司 42.22 美元）的部分成立信托基金，用于援助发展中国家，另将按官价归还各成员国，其余部分根据总投票权的 85%做出的决定处理，向市场出售或由各成员国购回。

(4) 规定特别提款权（SDRs）作为主要的国际储备资产。《牙买加协定》规定，特别提款权可以作为各国货币定值的标准，可以供有关国家用来清偿对基金组织的债务，也可以用作借贷，还可以用特别提款权作为偿还债务的担保。

(5) 扩大对发展中国家的资金融通。IMF 用出售黄金所得收益设立信托基金（Trust Fund），以优惠条件向最贫穷的发展中国家提供贷款或援助，帮助它们改善国际收支。此外，还扩大了 IMF 信贷部分贷款（又称普通信用贷款）的额度，由占成员国份额的 100%提高到 145%；出口补偿贷款的额度由 50%提高到 75%。

3. 对牙买加体系的评价

牙买加体系与布雷顿森林体系的差别主要表现在汇率制度多样化、黄金非货币化和国际储备多样化三个方面。虽然《牙买加协定》对汇率和黄金等问题在很大程度上仅是对已存事实的法律追认，但却是国际货币关系发展的历史性选择，是世界经济动荡、多变和发展不平衡的产物。在内外均衡实现问题上的制度安排比较灵活，从而使其具有较强的适应性，对世界经济发展的推动作用相当明显。

(1) 多元化的储备结构摆脱了布雷顿森林体系下各国货币间的僵硬关系，为国际经济提供了多种清偿货币，在较大程度上解决了储备货币供不应求的矛盾。

(2) 多样化的汇率安排适应了多样化的、不同发展水平的各国经济，为各国维持经济发展和稳定提供了灵活性与独立性，同时有助于保持国内经济政策的连续性与稳定性。

(3) 多种渠道并行，使国际收支的调节更为有效与及时。

但是，牙买加体系也并不是“包治百病”的“灵丹妙药”，随着世界经济的不断发展，该体系存在的问题也逐步显露出来。

(1) 在多元化国际储备格局下，储备货币发行国仍享有“铸币税”等多种好处，同时，在多元化国际储备下，缺乏统一的稳定的货币标准，这本身就可能造成国际金融的不稳定。

（2）汇率大起大落，变动不定，汇率体系极不稳定。其消极影响之一是增大了外汇风险，从而在一定程度上抑制了国际贸易与国际投资活动，对发展中国家而言，这种负面影响尤为突出。

（3）国际收支调节机制并不健全，各种现有的渠道都有各自的局限，牙买加体系并没有消除全球性的国际收支失衡问题。

如果说在布雷顿森林体系下，国际金融危机是偶然的、局部的，那么，在牙买加体系下，国际金融危机就是经常的、全面的和影响深远的。自 1973 年浮动汇率制度普遍实行后，西方国家外汇市场货币汇价的波动、金价的起伏经常发生，小危机不断，大危机时有发生。1978 年 10 月，美元兑其他主要西方货币汇价跌至历史最低点，引起整个西方货币金融市场的动荡，这就是著名的 1977—1978 年西方货币危机。由于金本位制度与金汇兑本位制度的瓦解，信用货币无论在种类上、金额上都大大增加。信用货币占西方各通货流通量的 90%以上，各种形式的支票、支付凭证、信用卡等种类繁多，现金在某些国家的通货中只占几个百分点。货币供应量和存放款的增长大大高于工业生产增长速度，而且国民经济的发展对信用的依赖程度越来越深。总之，现有的国际货币体系被人们普遍认为是一种过渡性的不健全的体系，需要进行彻底的改革。

5.2.4 欧洲货币体系

第二次世界大战后，国际货币关系趋于地区化，主要是由于各国的利害关系各不相同，国际金融事务错综复杂，因此，由一个统一的国际金融机构来推行一套规则存在很大的困难，而区域性的货币组织则是对全球性国际金融机构的一种补充。这些区域性货币组织有欧洲货币体系、西非货币联盟、中美洲货币联盟、中非货币联盟、加勒比货币区等，其中欧洲货币体系发展得最为完善，它对国际储备资产、汇率体系、国际收支调节和国际货币信用控制等方面都产生了重大的影响。

1. 欧洲货币体系的产生

1957 年 3 月，法国、德国、意大利、荷兰、比利时和卢森堡六国在罗马签订了《罗马条约》，决定建立欧洲经济共同体（以下简称“欧共体”）。欧共体建立后，经济一体化获得了很大的发展。为了巩固和发展经济一体化，摆脱对美元的严重依赖和美元危机的不利影响，1973 年 3 月，欧共体国家建立联合浮动集团，成员国货币彼此保持可调整的固定汇率，对成员国外的第三国货币实行联合自由浮动。1973 年 4 月，欧共体组建了欧洲货币合作基金，用于干预外汇市场，维持汇率稳定，并对有困难的成员国提供短期信贷。1979 年 3 月，为了实现协调各成员国的经济政策，特别是货币政策，在欧共体内形成一个货币汇率相对稳定的货币区，共同应对可能出现的货币危机的冲击，以推动欧共体经济和对外贸易与投资的发展，为最终建立欧洲联盟奠定基础等目的，在德国总理和法国总统的倡议下，欧洲经济共同体决定建立欧洲货币体系（European Monetary System，EMS），将各国货币的汇率与对方固定，共同对美元浮动。在欧洲货币体系成立后的 10 年内，它的内部固定汇率不断调整，使其汇率体制得以生存。1989 年 6 月，西班牙宣布加入欧洲货币体系，1990 年 10 月，英国也宣布加入，使欧洲货币体系的成员国扩大到 10 个。

2. 欧洲货币体系的主要内容

（1）实行统一的汇率机制，即成员国货币之间保持相对固定的汇率制度，规定成员国货币汇率可容许波动幅度为±2.25%，而英镑的波动幅度为±6%。若一国的货币汇率波动幅度超过规定的上下限，则成员国中央银行有责任对外汇市场进行干预。因此，这种机制是一种带有预防性的措施，能对各国的汇率失常现象预先提出警告，从而维持汇率的稳定。

（2）设立欧洲货币单位（ECU）。欧洲货币单位是欧洲货币体系的核心，它是由欧洲计算单位发展而成的，是一个"货币篮子"，是由欧共体成员国的各国货币混合构成的货币单位。组成欧洲货币单位的每一种货币在 ECU 中所占的权重，主要根据各成员国的国民生产总值及欧共体内贸易额所占的比重加权平均计算。成员国货币在欧洲货币单位所占的加权数每五年调整一次，必要时也可随时调整。欧洲货币单位不仅起到计价作用，而且可作为汇率标准、计值标准、结算工具，具备储备资产的功能。

（3）建立欧洲货币基金。欧洲货币基金是以欧洲货币合作基金为基础扩大而来的，其职能是支持成员国对外汇市场的干预，以促使汇率的稳定，管理成员国中央银行间的信贷，逐步集中成员国的外汇储备，向欧洲中央银行过渡。

专题看板

1992 年欧洲货币危机

1992 年 9 月中旬，在欧洲货币市场上发生了一场自第二次世界大战后最严重的货币危机，其根本原因就是德国实力的增强打破了欧共体内部力量的均衡。当时德国经济实力因东西德统一而大大增强，尽管德国马克在欧洲货币单位中表示的份额不变，但由于马克兑美元汇率升高，马克在欧洲货币单位中的相对份额也不断提高。因为欧洲货币单位是欧共体成员国商品劳务交往和资本流动的记账单位，马克价值的变化或者说德国货币政策不仅能左右德国的宏观经济，而且对欧共体其他成员的宏观经济也会产生较大的影响。而英国和意大利的经济则一直不景气，增长缓慢，失业增加，它们需要实行低利率政策，以降低企业借款成本，让企业增加投资，扩大就业，增加产量，并刺激居民消费以振作经济。但当时德国在东西德统一后，财政上出现了巨额赤字，政府担心由此引发通货膨胀，引起习惯于低通货膨胀的德国人不满，爆发政治和社会问题，因此，通货膨胀率仅为 3.5%的德国非但拒绝七国首脑会议要求其降息的要求，反而在 1992 年 7 月把贴现率升为 8.75%。这样，过高的德国利率引起了外汇市场出现抛售英镑、里拉而抢购马克的风潮，致使英镑和里拉汇率大跌，这是 1992 年欧洲货币危机的直接原因。

对德国利率提高首先做出反应的是芬兰。芬兰马克与德国马克自动挂钩，德国提高利率后，芬兰人纷纷把芬兰马克换成德国马克，到 1992 年 9 月芬兰马克兑德国马克的汇率持续下跌。芬兰央行为维持比价，不得不抛售德国马克购买芬兰马克，但芬兰马克仍下泻不止，芬兰央行的德国马克有限，在 9 月 8 日芬兰政府突然宣布芬兰马克与德国马克脱钩，自由浮动。

当时英国和法国政府就深感问题的严重性而向德国政府建议降低利率，但德国认为芬兰马克脱钩微不足道，拒绝了英国和法国政府的建议，德国央行行长施莱辛格在9月11日公开宣布，德国绝不会降低利率。货币市场的投机者获得这个消息后就把投机的目标肆无忌惮地转向不断坚挺的德国马克。9月12日，欧洲货币体系内一直是软货币的意大利里拉告急，汇率一路下挫，跌到了欧洲货币体系汇率机制中里拉兑德国马克汇率的最大下限。在这种情况下，虽然意大利政府曾在7日和9日先后两次提高银行贴现率，从12%提高到15%，同时还向外汇市场抛售德国马克和法郎，但也未能使局势缓和。9月13日，意大利政府不得不宣布里拉贬值，将其比价下调3.5%，而欧洲货币体系的另外10种货币将升值3.5%，这是自1987年1月12日以来欧洲货币体系比价的第一次调整。

此时，德国政府才出于维持欧洲货币体系的运行而做出细微的让步，于9月14日正式宣布贴现率降低半个百分点，由8.75%降到8.25%，这是德国五年来的第一次降息。德国的这一举动受到美、英、法的高度赞赏，但为时过晚，一场更大的风暴在英国的外汇市场上刮起。就在德国宣布降息的第二天，英镑汇率一路下跌，英镑与德国马克的比价冲破了三道防线，达到1英镑等于2.78德国马克。英镑的狂跌使英国政府乱了阵脚，于16日清晨宣布提高银行利率2个百分点，几小时后又宣布提高3个百分点，把利率由10%提高到15%。一天两次提高利率在英国近代史上是绝无仅有的。英国做出这种反常之举的目的是吸引国外短期资本流入，增加对英镑的需求以稳定英镑的汇率。但是，市场的变化是微妙的，一旦信心动摇，大势已成，汇率变动趋势就难以遏阻了。

从1992年9月15日到16日，欧洲货币体系的各国央行注入上百亿英镑的资金支持英镑，但也无济于事。16日，英镑与德国马克的比价又由前一天的1英镑等于2.78德国马克跌至1英镑等于2.64马克，英镑与美元的比价也跌到1英镑等于1.738美元的最低水平。在一切机关用尽之后，9月16日晚上，英国财政大臣拉蒙特宣布英国退出欧洲货币体系并降低利率3个百分点，17日上午又把利率降低2个百分点，恢复到原来10%的水平。意大利里拉在13日贬值之后，仅隔了三天又一次在外汇市场上处于危机，德国马克兑里拉的比价再次超过了重新调整后的汇率下浮的界限，意大利政府为了挽救里拉下跌花了价值为40万亿里拉的外汇储备终未奏效，只好宣布里拉退出欧洲货币体系，让其自由浮动。

欧共体财政官员召开了长达六小时的紧急会议后宣布同意英、意两国暂时脱离欧洲货币体系，西班牙比赛塔贬值5%。从1987年1月到1992年9月，五年多时间内欧洲货币体系的汇率只进行过一次调整，而在1992年9月13日至16日，三天之内就进行了两次调整，可见这次欧洲货币危机的严重性。

这场货币危机给人们留下不少深刻的教训，也有重要的启示，这就是要加强国际货币金融政策的协调和配合。西欧金融九月风暴，在很大程度上反映了欧共体主要工业国家货币金融政策的不协调。当时德国在其经济实力不断增强、马克坚挺的情形下，还偏执于本国利益，不顾英、意两国经济一直不景气，不仅拒绝了七国首脑会议要求其降息的呼吁，反而提高利率。在芬兰马克被迫与德国马克脱钩的情况下，还意识不到维持欧洲货币体系运行机制的迫切性，甚至公然宣布其绝不会降低利率。等到外汇市场风暴骤起，才宣布将其贴现率降低半个百分点，但这只能给外汇市场上的投机者以这样的预期，即他们认为德国过去提高利率是为了抑制通货膨胀，现在降低利率仅仅是对通货膨胀的让步。当然，这场危机的过错不能全部归罪于德国，不过，需要强调的是，在经济一体化、全球化的今天，尽管各国间各种经济矛盾日益加剧，但任何国家都不能一意孤行，各国只能在合作与协调中才能求得稳定的发展。世界正在朝着国际合作与政策协调的方向发展，这一趋势已经成为不可逆转的潮流。所谓政策协调，就是要对某些宏观经济政策进行共同的调整，对相互间的经济关系和经济活动进行联合的干预，以达到互助互利的目的。这主要是由于各国经济政策的溢出效应（Spill-over Effect），即一国所采取的政策往往会影响其他国家的经济运行。由此，各国采取协调的经济政策就会促进世界经济的发展，而各行其是，往往会产生不利的后果。

资料来源：李罗力．金融风暴：东南亚金融危机透视．贵阳：贵州人民出版社，1997.

3. 欧元的启动

欧洲货币体系的建立和运转，对欧洲经济一体化建设起到了显著的积极作用，表现在该货币体系当中加入稳定汇率机制的各成员国货币汇率波动的幅度大大缩小，通货膨胀率明显降低，多数成员国国际收支状况总体趋于改善等不同方面。为此，为巩固和进一步推进经济一体化的成果，1991 年 12 月，在荷兰的小镇马斯特里赫特召开的欧盟首脑会议上代表们通过并草签了《马斯特里赫特条约》（以下简称《马约》），条约关于货币联盟的最终要求是，最迟在 1999 年要在欧共体建立一个负责制定和执行欧共体共同货币政策的欧洲中央银行，并实行单一货币即欧元。

按照欧盟制定的时间表，欧元正式启动后可分三步走。第一步从 1999 年 1 月 1 日起开始使用欧洲单一货币（欧元），但此时成员国流通的仍然是本国货币，欧元只以支票、信用卡、电子货币的方式流通。第二步从 2002 年 1 月 1 日开始发行欧元纸币和硬币，并开始把成员国原来流通的纸币和硬币兑换成欧元纸币和硬币，兑换期是半年。第三步是从 2002 年 7 月 1 日起，成员国货币在一切领域被欧元所取代，欧元成为欧洲经济和货币联盟成员国内唯一的法定货币。

专题看板

欧元是这样启动的

1979 年 3 月 13 日，在法国总统吉斯卡尔·德斯坦与德国总理施密特的倡议下，欧洲货币体系宣告诞生。

1989 年 6 月 26 日—27 日，欧共体马德里首脑会议通过了德洛尔的报告。该报告建议分三个阶段来达到欧洲经济与货币联盟（EMU）。

1990 年 7 月 1 日，欧洲货币联盟开始进入第一阶段，欧共体内资本流动完全自由化，强化欧共体各国经济政策的协调。

1992 年 2 月 7 日，《马斯特里赫特条约》签署。欧洲联盟（European Union）取代了欧共体，欧洲联盟建立在三个基础上：经济与货币联盟，共同外交与安全政策，协调各国内政与司法事务。

1992 年 9 月，首次欧盟货币危机，英镑与里拉分别退出欧洲货币体系。

1994 年 1 月 1 日，欧洲货币联盟进入第二阶段，各国经济政策根据“趋同标准”相互靠拢，各国中央银行均获独立地位，设立欧洲货币局。

1995 年 12 月 15 日—16 日，欧盟马德里首脑会议确定“欧元”为欧盟未来的统一货币，并确定了日程表。会议确定 1999 年 1 月 1 日正式进入欧元体系，最迟于 2002 年 7 月 1 日欧元取代欧盟各国货币。

1996 年 12 月 13 日—14 日，在欧盟都柏林首脑会议上，欧盟 15 国就《稳定与增长公约》达成一致。该公约要求各国严厉限制公共赤字，违者将受到制裁。该会议还确立了欧元的法律地位及票面的图案。

1997 年 6 月 16 日—17 日，欧盟阿姆斯特丹首脑会议通过了《都柏林协定》，通过了经济增长与就业决议。

1997 年 12 月 12 日—13 日，欧盟卢森堡首脑会议决定设立欧元理事会，该会由各欧元国的财政部部长组成，讨论对欧元的管理。

1998 年 5 月 2 日—3 日，欧盟特别首脑会议确定了 1999 年 1 月 1 日进入欧元体系的国家名单，比利时、德国、西班牙、法国、爱尔兰、意大利、卢森堡、荷兰、奥地利、葡萄牙和芬兰 11 国为欧元创始国，并公布欧元与各国货币的兑换比率。

自 2002 年 1 月 1 日起，欧元现钞正式流通，欧元区的所有现行流通货币从 2002 年 3 月 1 日起停止流通。

4. 欧元对国际货币体系的影响

欧元的启动对现行国际货币体系至少产生以下几个方面的影响：

（1）欧元的启动将会改变美元独霸世界的国际货币格局。现行国际货币体系虽然出现了储备货币多元化的现象，尽管人们在不断谈论着国际储备货币的三足鼎立格局，然而在美元、德国马克与日元这三种主要货币中，德国马克和日元是无法与美元抗衡的。欧元的启动将逐渐改变这一格局。一方面，因为在欧盟内部贸易中只使用欧元来进行结算和支付，欧盟内部将减少美元储备；另一方面，欧元发行后，币值稳定的欧元将成为主要的国际硬通货，其他各国中央银行将调整其国际储备结构，减少美元储备，增加欧元储备。作为最大贸易体的欧盟，将促使欧元成为与美元相当的国际储备货币。随着时间的推移，国际货币体系将出现以美元、欧元为主导，日元次之的多元化格局。

（2）欧元的启动有利于国际汇率体系的稳定。欧元启动之后，会逐渐成为一种稳定的货币。欧元国家强大的经济实力和《马约》中关于通货膨胀、财政赤字和政府债券的严格趋同标准，使欧元的稳定有了坚实的基础；带有浓重的德国色彩、独立性很强的欧洲中央银行及其统一的货币政策是欧元走强的有力保证。此外，美国是一个相对封闭的国家，美元供应量只对美国的经济目标做出反应，并不反映其他国家的需求。

（3）欧元启动具有较强的示范意义。从欧元的形成过程看，区域经济一体化的最高阶段是区域货币合作、发行统一货币，这样才能建立完全意义上的区域大市场，实现生产要素的自由流动。欧元的启动为其他正在致力于区域经济一体化进程的地区昭示着这样一个结论：区域经济形成后，一体化的市场要有统一的、超国家的国际货币来运转和协调，否则该区域经济无法协调发展；国际货币也需要经济集团来支撑，由区域经济来强化其国际地位。

专题看板

美元遭到欧元的挑战

自 20 世纪 30 年代以来，美元就取代了英镑，成为世界上首选的通用货币。但是自欧元发行后，美元的地位受到了挑战。

在世界各主要外币兑换市场上，美元都是首选货币。不论买卖的是石油还是飞机，世界绝大多数的跨国贸易都是以美元完成的，世界各国的中央银行都将美元作为外币储备的首选货币。美元占据这一统治地位已经有很多年了，但是现在它的地位受到了挑战。

在不少人看来，欧元已经开始取代美元的重要地位。

俄罗斯总统普京提出过，俄罗斯可能开始用欧元为出口石油标价。俄罗斯石油出口的主要市场是欧洲，因此使用欧元标价看起来似乎很明智，但是普氏能源资讯欧洲部主编史都华则认为，实际情况其实更为复杂。史都华说："现在多数石油交易都不是只转一次手而已，实际上大家都有一个复杂的交易架构，以减小交易的风险。而这些交易多数都是以美元完成的，所以如果一个国家以欧元为石油定价的话，就意味着风险增加了，因为它还必须接受货币兑换的风险。"

这也许就是连并不喜欢美国的伊朗也一直在用美元为自己石油标价的原因。但是即使美元尚未失去在石油市场上的主导地位，其未来仍然难以预料。

多年来，美元能够保持其统治地位就是因为美国是世界第一大经济体，但是欧盟以及欧元随后出现了——突然之间，欧盟变成了仅比美国少十分之一的一个强大经济体，这意味着世界各地的投资者和中央银行都可能要考虑是否购买欧元。

据统计，各国平均 70%的外币储备都是美元，汇丰银行的奥斯汀认为，如果各国外汇储备更贴切地反映世界经济实力的话，影响将是巨大的。奥斯汀说："如果大家都从美元储备改变成一个同时包括美元和欧元的平衡投资储备，美元的兑换数额就高达差不多 5 000 亿美元，如果这一转变在短期内发生，无疑会对世界经济产生极大的扰乱。"之所以抛售美元会扰乱世界经济，是因为美国多年来都是靠举债度日，日积月累，外债高筑，但是由于美元是世界通用的抢手货，所以美国这种做法仍然可以维持，但是如果人们突然之间都改买欧元，美国经济就会陷入停顿，并带动整个世界经济下滑。

英国经济史专家梅修说，这种情况并非没有发生过，19 世纪英镑是世界通用货币，但是英国经济的增长随后减缓，"19 世纪末，英国制造业受到美国和德国的强烈冲击，第一次世界大战时情况更加恶化，国际贸易受到扰乱，而英国政府也不得不大量印刷纸钞，这给英镑的兑换率带来很大的压力"。英国政府投入大笔资金维持英镑的兑换率，可是最终仍不得不承认失败，美元取代英镑则用了半个世纪的时间。

5.3 国际货币体系的改革

5.3.1 现行国际货币体系改革的必要性

1997 年 7 月爆发的亚洲金融危机是继 20 世纪 30 年代大萧条以来的最大的金融动荡。

它波及整个世界，并对世界经济产生了深远的影响，这与现行的国际货币体系存在严重的弊端有着密切的联系，具体表现在以下几个方面：

（1）对亚洲发展中国家来说，实行的是一种特殊的固定汇率制度，即钉住汇率制度。

自 1976 年牙买加会议以来，国际上普遍实行了浮动汇率制度。但这种浮动汇率制度，实质上是发达国家的专利。对广大的发展中国家特别是亚洲新兴工业国家来讲，实行的是与美元挂钩的钉住汇率制，这种钉住汇率制仍具有以美元为中心的固定汇率制度的特性。对亚洲国家来说，这种汇率制度在设立之初，政府会结合国家经济发展的实际，使本国货币与美元保持一个固定的比价，它能适应亚洲国家"大进大出"这种出口导向的经济模式，从而促进国际贸易发展，但是，这种僵硬的汇率一旦出现币值高估，就会增加出口成本，造成经常项目的逆差。

（2）多种储备体系已现雏形，但美元关键货币的地位仍未消除。

20 世纪 70 年代以来，随着黄金的非货币化，美元的地位难以维持，SDRs 的作用有限，国际储备出现了多元化的趋势。日元、德国马克的地位不断上升，美元的地位持续下降。

储备货币多样化对国际货币体系有利有弊。一方面，储备货币的分散相对降低了关键货币对世界储备体系的影响；有助于各国的外汇管理以减少汇率波动带来的风险；多种货币储备还缓和了国际清偿力不足。另一方面，储备货币发行国经济实力的此消彼长，其国内各类突发性变动都是该体系的不稳定因素，因而储备货币多样化也增加了国际货币体系的不稳定性。

（3）现行的国际货币体系所奉行的金融自由化，使大量的国际资本和游资泛滥，钻了钉住汇率制度的空子。

国际游资即国际投机资本，其流动性很强，以获取高利或暴利为主要目的。在金融自由化的国际环境下，大量流入东南亚各国的游资与当地经济融合，由此诱发了金融动荡。在开放的金融市场条件下，对于庞大的国际资本来说，是无法鉴定投资资本和投机资本的，以直接投资方式进入东南亚国家时投资资本也会转化为投机资本，那么，它们是怎样转化的呢？一是有充分的金融自由度，二是东南亚国家的钉住汇率制度，这种钉住汇率制度使私人资本进入时，能按"黑市"价格换得较多的当地货币，而流出时，又能以钉住汇率换得较多外币，它们在当地受到的管制少，投向了房地产业，助长了这些国家的经济泡沫，资本的自由流动钻了制度的空子，而制度的弱化和监管的无力又造成了资本流动的无序，所以使危机的爆发成为必然。

（4）IMF 行动迟缓，提供资金的能力有限，贻误了将金融危机消灭于初期的有利时机。

亚洲金融危机发生初期，泰国向 IMF 发出求援信号，由于 IMF 信息掌握不足，对泰国发生危机应采取的对策无所准备；同时，由于缺少欧美发达国家的积极参与，资金准备不足，IMF 在挽救行动上迟缓无力。直到 1997 年 8 月中旬，由 IMF 在东京举行援助泰国的国际会议，才确定对泰国提供约 160 亿美元的资金援助，以稳定泰国的金融秩序，其中 IMF 只提供 40 亿美元，绝大部分贷款来自其他亚洲国家和地区。

（5）现行的国际货币体系并没有从根本上解决"特里芬难题"，美元的稳定与否，仍是这个体系稳定的关键。

在以美元为中心的国际货币体系下存在着"特里芬难题"，使得这个体系最终瓦解，而在现行的国际货币体系下，这个难题和阴影仍然存在。从目前各国国际储备来看，虽然出现了国际储备多元化的现象，但从全球来看，美元在储备中占的份额是最高的，大约有60%，美元的稳定与否是各国的国际储备稳定的关键，因此，储备货币为美元的国家不能不受美国经济政策的左右，特别是对钉住美元的亚洲国家来说，在某些程度上对美国存在着依赖，往往制定的政策是在力图保持美元与本国货币的稳定，这就淡化了经济政策对本国经济的约束作用，或者制定的政策只考虑自己，而给他国带来不利。

（6）国际收支不平衡的状况依然严重。

伴随 20 世纪 70 年代的两次石油危机，主要货币的汇率剧烈波动，国际金融市场上利率猛涨，国际贸易保护主义盛行，20 世纪 80 年代爆发的发展中国家的债务危机使得国际收支严重不平衡。

目前，对国际收支不平衡的干预主要是通过汇率机制、国际金融市场和利率机制、国际金融机构的调节以及运用国际储备资产等方式进行。

5.3.2 国际货币体系改革方案

1. 创立国际商品储备体系

由于许多发展中国家受初级产品和原材料价格剧烈波动的影响，国际收支状况经常恶化。一些经济学家提出了创立以商品为基础的国际储备货币，以解决初级产品价格波动和国际储备制度不稳定的问题。

国际商品储备体系的主要内容包括：（1）建立一个世界性的中央银行，发行新的国际货币单位，其价值由一个选定的“商品篮子”来决定，“商品篮子”由一些基本的国际贸易产品，特别是初级产品来构成；（2）现有的 SDRs 将被融合到新的国际储备制度中，其价值重新由“商品篮子”决定，其他储备货币将完全由以商品为基础的新型国际货币所取代；（3）世界性的中央银行将用国际货币买卖构成“商品篮子”的初级产品，以求达到稳定初级产品价格，进而稳定国际商品储备货币的目的。

2. 建立国际信用储备制度

美国经济学家特里芬教授认为国际货币制度改革的根本出路在于建立超国家的国际信用储备制度，并在此基础上创立国际储备货币。国际储备货币不应由黄金、其他贵金属和任何国家的货币来充当。特里芬教授建议各国应将其持有的国际储备以储备存款形式上交国际货币基金组织保管，国际货币基金组织将成为各国中央银行的清算机构。国际货币基金组织或其他类似的国际金融机构能将所有国家都吸收为成员国，那么国际上的支付活动就表现为国际货币基金组织的不同成员国储备存款账户金额的增减，国际货币基金组织所持有的国际储备总量应由各成员国共同决定，并按世界贸易和生产发展的需要加以调整。储备的创造可以通过对成员国放款，介入各国金融市场购买金融资产，或定期分配新的特别提款权来实现，但是不应受任何国家国际收支状况的制约。

特里芬在他的著作中曾具体地指出应以 SDRs 作为唯一的国际储备资产，从而逐步取代黄金和其他储备货币。但他主张要求各国中央银行服从于一个超国家的国际信用储备机构，这需要很密切的国际货币合作，目前还不现实。

3. 国际货币基金组织的“替代账户”

替代账户是国际货币基金组织设立的一个专门账户，发行一种特别提款权存单，各国中央银行可将手中多余的美元储备折成特别提款权存入该账户，再由国际货币基金组织用吸收的美元投资于美国财政发行的长期债券，所得的利息收入返给替代账户的存款者。这个建议是在 1979 年国际货币基金组织临时委员会的年会上提出的，设想用特别账户吸收各国手中过度积累的美元资产，并使 SDRs 成为主要国际储备资产。

这一建议实际上并没有实行，因为美元在 1980 年以后的一段时期异常坚挺，各国中央银行乐于持有美元而不愿意交换 SDRs。只有当 SDRs 或其他储备资产发展成为功能齐全，并且优越于美元的真正国际货币时，人们才会愿意放弃手中的美元资产的积累。

4. 加强各国经济政策协调以稳定汇率

主要工业化国家货币之间汇率的剧烈波动对世界经济和国际金融的稳定产生了严重的影响，引起了各国的普遍关注。1985 年 10 月，美国、日本、德国、法国和英国五国财政部长和中央银行行长会议，提出了要协调各国经济政策，以促进汇率的稳定。后来的 1986 年七国财长会议又提出了通过控制下列 10 项指标来实现各国政策的协调。这 10 项指标是 GDP 增长率、通货膨胀率、利率、失业率、财政赤字、经常项目账户差额、贸易差额、货币供应增长率、外汇储备和汇率。

国际货币基金组织同意对各国的这些经济指标进行监督，并将这些指标划分为绩效指标、政策指标和介于两者之间的中间变量。绩效指标有 GDP 增长率、通货膨胀率、失业率和贸易差额。政策指标有货币供应增长率和财政赤字。中间变量是指利率和汇率等。1987 年，在七国首脑会议上对经济政策的协调做出了具体规定。

虽然通过协调宏观经济政策不能根本解决国际货币制度内在的不稳定性，但是这个建议如果能够有效地付诸实施当然有助于汇率和世界经济的稳定。但是要做到真正的政策协调绝非易事，因为协调宏观政策影响各国政策的独立性，会损害某些国家的利益。另外，在经济衰退时期，各国国内的严峻形势可能使政府无法顾及与其他国家的协调。

5. 设立汇率目标区

汇率目标区是指有关国家的货币当局选择一组可调整的基本参考汇率，指定出一个围绕其上下波动的幅度并加以维持。汇率目标区的种类有很多，但主要可分为“硬目标区”和“软目标区”。“硬目标区”的汇率变动幅度很窄，不常修订，目标区的内容也对外公开，一般是通过货币政策将汇率维持在目标区。“软目标区”的汇率变动幅度较宽，而且经常修订，目标区的内容不对外公开，不要求必须通过货币政策加以维持。

设立汇率目标区的建议提出以来，各方面的褒贬不一。发展中国家希望通过实行汇率目标区来实现汇率的稳定，而发达国家则认为汇率目标区不现实。汇率目标区的特点是综合了浮动汇率制度的灵活性和固定汇率制度的稳定性，而且还能够促进各国宏观经济政策的协调。但实施起来也确实有许多困难，如均衡参考汇率的确定、维持目标的有效方法等。

5.3.3 国际货币体系的前景展望

总的看来，国际货币体系的改革方向主要集中在国际储备资产的确定和汇率制度的选择两个方面，而其中国际储备资产的改革是最基本的问题。

1. 国际储备货币的演变

只要不是实行完全没有干预的金本位制度，或者完全的自由浮动汇率制度，一国就必须持有国际储备资产。第二次世界大战后，美元是主要的储备资产，美国的国际收支状况影响着国际储备增长的状况。国际上美元的过多或过少一直是国际金融形势不稳定的主要因素。但是在找不到更好的国际储备资产来取代美元之前，各国就不得不持有美元，不得不依靠美元来从事国际商品贸易和国际金融交易。所以，许多有关国际货币改革的方案和建议，都是围绕着以什么资产来代替美元的问题。

在当今的国际经济形势下，要回到金本位制度或某种形式的金汇兑本位制度是不可能的。1973 年以后的多元化储备制度中，美元仍居主导地位。但是随着美国经济实力的相对下降以及日本和西欧国家的崛起，资本主义国家间的发展不平衡和各种矛盾势必加剧，从而使美元越来越不能居于主导地位。国际储备货币中的任何一种货币的汇率上浮或下浮都会影响国际货币体系的稳定。从长远来看，还应发展统一的世界货币。这个趋势在众多的国际储备改革方案中也有所反映。现在的关键问题是发行统一货币就必须建立统一的世界范围的中央银行或类似的机构，并实行统一的世界货币政策，这个难度相当大。不过从经济发展规律上看，随着世界经济一体化趋势的加强，经济利益的相关性会促进各国的政策协调，共同货币的理想在未来可能会实现。

2. 国际汇率制度的演变及前景

就汇率制度的改革而言，实行理论上的完全固定汇率制度或完全自由浮动汇率制度的可能性极小且赞成这两种极端汇率制度的国家也是极少数。从目前发达国家经常联合干预外汇市场，很多发展中国家实行钉住汇率制度来看，稳定汇率、缩小汇率波动幅度是国际社会的普遍愿望。所以汇率制度改革的核心实际上是允许汇率波动幅度的大小，或以什么形式恢复固定但可调整的平价机制的问题。

纵观国际汇率制度的演变过程，100 多年来，大部分时间实行的是固定汇率制度，浮动汇率制度在 20 世纪 30 年代经济大萧条时期实行过，目前的有管理的浮动汇率制度也运行了 30 多年，事实表明弊端很多，在历史进程中，先是严格的固定汇率制度（金本位制度），然后是浮动汇率制度，以后又是固定汇率制度但汇率可以调整（布雷顿森林体系），最后是目前的浮动汇率制度。

国际汇率制度的发展绝不是固定汇率制度和浮动汇率制度的简单轮回，金本位制度时期的固定汇率制度与布雷顿森林体系的固定汇率制度有很大的不同，前者是真正固定不变的，是建立在政府不干预的自由竞争基础之上，而后者是可以调整的，是主要资本主义国家进行国际合作的结果。目前的浮动汇率制度和 20 世纪 30 年代的浮动汇率制度也有很大的区别。

从已提出的主要汇率制度改革的方案看，多数学者主张建立某种形式的固定汇率制度，也有人主张保持目前的各国自由选择汇率安排的混合汇率制度，但要求主要国家协调政策、联合行动，以实现汇率稳定。实行固定汇率制度需要有一定的客观条件，目前是行不通的。各国通过货币政策协调和共同干预来稳定汇率，降低波动幅度的方案经过努力有可能实现，至少在一定程度上可能实现，因为合作、协调制度、相互让步对各方面都有好处。至于国际汇率制度的发展前景，一方面取决于各主要国家之间货币合作的密切程度，另一方面还取决于国际储备货币的发展状况。

本章小结

1. 国际货币制度是指各国政府为适应国际支付的需要，对本国货币在国际范围内发挥世界货币职能所确定的原则和组织形式。它在国际金融领域内具有基础性制约作用，它对国际贸易的支付结算、资本流动、汇率的调整、外汇储备的确定及国际收支的调节等都会产生重大的影响。

2. 国际金本位制度是世界经济体系形成中出现的第一个国际货币制度。

3. 布雷顿森林体系是针对第二次世界大战前的世界经济无序竞争及国际金融秩序混乱的状况制定的货币制度，其核心是美元-黄金本位。

4.《牙买加协定》是信用本位国际货币制度的开端。欧洲货币体系是区域货币合作的典范。

重点概念

国际货币体系　国际金本位制　布雷顿森林体系　牙买加体系
特里芬难题　欧洲货币体系　欧元

复习思考题

1. 名词解释

国际货币体系　国际金本位制　布雷顿森林体系　特里芬难题
欧洲货币体系

2. 思考题

（1）什么是国际货币体系？国际货币体系包括哪些内容？

（2）国际金本位制的内容和特点有哪些？

（3）特里芬难题为何成为布雷顿森林体系的致命之处？

（4）针对牙买加体系的特征，分析其利弊。

（5）欧洲货币体系有哪些主要内容？试分析欧元的产生对国际货币体系的影响。

（6）谈谈你对国际货币体系改革的看法。

3. 案例分析

请结合建立欧洲货币体系的经验以及欧元启动后对国际货币体系的影响，谈谈你对在亚洲区内推行“亚元”的看法。

第6章 国际金融市场

导入案例

2007 年爆发的美国次贷危机使得美国部分金融机构经营陷入困境，直接引发了全球金融市场的剧烈动荡，美元贬值，信贷萎缩，有人估算此次危机将导致金融界损失 8 000 亿美元以上。全球众多金融机构受到不同程度的冲击，一些中资银行也未能幸免。据美国贝尔斯登公司估计，在这次次贷危机中，6 家中资银行共损失约 49.3 亿元人民币。随着次贷问题的进一步暴露和世界经济减速，此类损失可能会增加，直接影响我国“走出去”的企业包括金融机构的一系列海外投资收益。受危机影响，美国房市低迷，失业人数增加，消费信心受挫，购买力下降，我国作为全球最大的进口国进口增长乏力。我国经济外向型程度较高，美国又是我国重要的贸易伙伴，对美出口显然受阻。2008 年，上海新联纺进出口有限公司的美国客户订单减少 20%；浙江卡森实业集团估算此次危机使其全年出口锐减 2 000 万美元；广东、江苏等出口大省对美出口均大幅回落。据统计，2008 年第一季度我国对美出口仅增 5.4%，2 月份甚至下跌 5.3%；对欧、日出口也明显下滑。专家指出，外需动力若下降过快，将影响国内经济的稳定。从这些情况我们可以看出，在国际金融市场高度一体化的今天，我国与美国、全球经济之间的联系日益密切，在动荡的国际金融环境下，我国经济也无法独善其身。

本章学习目标

1. 掌握国际金融市场的概念和形成的条件；
2. 掌握国际金融市场的作用；
3. 掌握传统的国际金融市场的各子市场的概念及特点；
4. 掌握欧洲货币市场的概念并了解该市场的形成与发展；
5. 了解国际金融市场的发展趋势。

素养目标

党的二十大报告指出要坚持对外开放的基本国策，坚定奉行互利共赢的开放战略。上海国际金融中心建设和发展，展现了我国金融开放、人民币国际化等取得的成果，体现我国在国际金融体系中的影响力和地位。

党的二十大报告还强调了增强文化自信，广泛践行社会主义核心价值观。我们要激发全民族文化创新创造活力，增强实现中华民族伟大复兴的精神力量，并坚持和平发展道路，维护国家利益并反对霸权主义和强权政治。回顾近年来美国破坏国际规则，在资本市场和各个领域恶意打压以华为为代表的中国企业，妄图遏制中国崛起的事实，可以唤起学生的爱国热情和家国情怀，增强学生对中国特色社会主义道路、理论、制度、文化的主观认同。

6.1 国际金融市场概述

6.1.1 国际金融市场的概念

金融即资金的融通，金融市场就是因资金融通关系的形成而产生的，即资金融通双方集中交易的场所。如果金融市场上资金借贷的活动领域局限在一国领土之内，且参加者仅为本国居民，该市场就称为国内金融市场。如果金融市场的活动超越了国界，在世界范围内进行资金的借贷，该市场就称为国际金融市场。

国际金融市场的概念有广义和狭义之分。狭义的国际金融市场是指不同主体进行国际资金借贷与资本交易的场所，因此亦称国际资金市场，包括短期资金市场（货币市场）和长期资金市场（资本市场）；广义的国际金融市场是指从事各种国际金融业务活动的场所，既包括国际资金市场，也包括外汇市场、黄金市场以及其他衍生金融市场。这几类国际金融市场不是截然分离的，而是互相联系的。例如，长短期资金的借贷往往离不开外汇的买卖，外汇的买卖又会引起资金的借贷；黄金的买卖也离不开外汇的买卖，并引起资金的借贷。本章论述的是广义的国际金融市场。

与国际金融市场相关的一个概念是国际金融中心。国际金融市场强调的是交易，而国际金融中心则偏重从事国际交易的地理区位。它是指聚集了大量金融机构和相关服务产业，全面集中地开展国际资本借贷、债券发行、外汇交易、保险等金融服务业的城市或地区。其基本特征是金融市场齐全，服务业高度密集，对周边地区甚至全球具有辐射影响力。从金融发展史的角度来看，国际金融中心的漂移往往是不同国家经济兴衰的过程，从 13 世纪的威尼斯，到 18 世纪的阿姆斯特丹、19 世纪的伦敦、20 世纪的纽约，再到如今的亚太地区，这些国际金融中心的漂移都往往意味着一个时代的结束、另一个时代的开始。并且随着世界各国经济的不断发展，产业结构的不断升级，国际金融中心的内涵也在发生深刻的变化，国际金融中心的功能、内部结构、形成条件等都发生了变化。

6.1.2 国际金融市场的形成条件与发展

1. 国际金融市场的形成条件

国内金融市场要超越国界发展成为国际金融市场，必须具备的条件主要是：

(1) 稳定的经济和政治环境。国际金融市场的建立，意味着一个连接各国金融交易者的业务网络的形成。从债权人和债务人的利益保障，从业务的稳定发展，从交易风险和交易费用降低等方面出发，都需要一个相对稳定的经济和政治环境，这是最基本的条件。

(2) 高度发达的商品经济。商品经济的发展会产生相应的货币价值运动，而货币金融活动正是价值运动的载体，金融市场则既是价值运动的枢纽，又是商品经济进一步向前发展的条件。

(3) 自由宽松的金融制度。自由宽松的金融制度的内容包括实行自由外汇制度、金融管制较少、外汇调拨方便和税率较低等。它是国际金融市场形成发展的必要条件，否则，国际金融市场要么难以形成，要么趋于萎缩。

(4) 现代化的技术设施。国际金融市场除了要求具备良好的地理条件之外，还要求有先进的交通和通信设施及高度集中的跨国性金融机构，可以说这些是国际金融市场得以产生和发展的硬件保障，有了这些条件，国际金融交易可以在技术上确保安全与有效率。

2. 国际金融市场的发展

国际金融市场是随着国际经济交易的发展与扩大而产生与发展的。它从最早的国际清算中心到最早的国际金融市场，直至今天极具特色的欧洲货币市场等，历经了几个世纪的发展过程。

(1) 伦敦国际金融市场的兴起与衰落。18 世纪中期以后，资本主义工业革命在欧洲国家相继发生。工业革命最直接的后果是使资本主义生产方式最终得以确立，商品生产急剧扩大，海外贸易迅速发展。随之而来的是货币兑换、黄金交易、票据结算与国际清算业务的迅速扩展，这在客观上要求有一个国际性的市场组织为其服务。由于英国的自由资本主义迅速发展，工业生产走向集中并向海外不断扩张，因此伦敦聚集了世界上大量的财富。当时英国政治上稳定，英格兰银行的地位巩固，其遍布英国和世界各国主要地区的银行代理关系逐渐完备，银行信贷、结算制度基本建立。英国贸易范围涉及全球，对外贸易和国际清算业务大幅度地增长。于是，伦敦成了当时国际贸易与国际金融业务的中心，这就是 19 世纪初最早的伦敦国际金融市场。

第一次世界大战后，英国的资本主义头号强国的地位被美国取代。1929 年爆发世界经济危机后，英国于 1931 年 9 月宣布放弃金本位制度，继而实行外汇管制，英镑作为国际结算与国际储备货币的地位急剧衰落，削弱了伦敦国际金融中心的地位。第二次世界大战后，伦敦虽然作为重要的国际金融市场继续发挥作用，但世界国际金融中心已从伦敦转移到纽约。

(2) 纽约国际金融市场的形成与衰落。第二次世界大战期间，英国经济损失惨重，美国经济迅速膨胀，战争结束后，美国以绝对优势的经济实力成为资本主义世界的霸主，并建立了以美元为中心的国际货币制度即布雷顿森林体系，美元成了各国最重要的储备货币和国际结算货币，纽约国际金融市场乘机崛起，成为世界上最大的国际金融市场。但进入 20 世纪 60 年代以后，美国国际收支持续出现巨额逆差，黄金流失，美元信用动摇，到 70 年代初，以美元为中心的固定汇率制度崩溃，表明美元的霸主地位岌岌可危，作为世界金融中心的纽约国际金融市场也随之衰落。

专题看板

纽约国际金融市场

纽约是世界上最重要的国际金融中心之一。第二次世界大战以后，纽约国际金融市场在国际金融领域中的地位进一步加强。美国凭借其在战争时期膨胀起来的强大经济和金融实力，建立了以美元为中心的资本主义货币体系，使美元成为世界最主要的储备货币和国际清算货币。西方资本主义国家和发展中国家的外汇储备中大部分是美元资产，存放在美国，由纽约联邦储备银行代为保管。一些外国官方机构持有的部分黄金也存放在纽约联邦储备银行。纽约联邦储备银行作为贯彻执行美国货币政策及外汇政策的主要机构，在金融市场的活动直接影响市场利率和汇率的变化，对国际市场利率和汇率的变化有着重要影响。世界各地的美元买卖，包括欧洲美元、亚洲美元市场的交易，都必须在美国，并在纽约的商业银行账户上办理收付、清算和划拨，因此纽约成为世界美元交易的清算中心。此外，美国外汇管制较松，资金调拨比较自由。在纽约，不仅有许多大银行，而且商业银行、储蓄银行、投资银行、证券交易所及保险公司等金融机构云集，许多外国银行也在纽约设有分支机构。这些都为纽约国际金融市场的进一步发展创造了条件，加强了它在国际金融领域中的地位。

纽约国际金融市场按交易对象划分，主要包括外汇市场、货币市场和资本市场。

纽约外汇市场是美国也是世界上最主要的外汇市场之一。纽约外汇市场并无固定的交易场所，所有的外汇交易都是通过电话、电报和电传等通信设备，在纽约的商业银行与外汇市场经纪人之间进行。这些联络就组成了纽约银行间的外汇市场。此外，各大商业银行都有自己的通信系统，与该行在世界各地的分行外汇部门保持联系，又构成了世界性的外汇市场。由于世界各地时差的关系，各外汇市场开市时间不同，纽约各大银行可与世界各地外汇市场保持 24 小时联系。因此，它在国际上的套汇活动几乎可以立即完成。

纽约货币市场即纽约短期资金的借贷市场，是资本主义世界主要货币市场中交易量最大的一个。除纽约的金融机构、工商企业和私人在这里进行交易外，每天还有大量短期资金从美国和世界各地涌入流出。和外汇市场一样，纽约货币市场也没有一个固定的场所，交易都是供求双方直接或通过经纪人进行的。在纽约货币市场的交易，按交易对象可分为联邦基金市场、银行可转让定期存单市场、银行承兑汇票市场和商业票据市场等。

纽约资本市场是世界最大的经营中长期借贷资金的资本市场，可分为债券市场和股票市场。纽约债券市场交易的主要对象是政府债券、公司债券和外国债券。纽约股票市场是纽约资本市场的一个重要组成部分。在美国，有 10 多家证券交易所按证券交易法注册，被列为全国性的交易所。其中纽约证券交易所、纳斯达克（NASDAQ）和美国证券交易所规模较大，它们都设在纽约。

(3) 欧洲货币市场的形成与发展。欧洲货币市场产生于 20 世纪 50 年代末 60 年代初，这是一种全新的国际金融市场，它突破了所在地政府法令的约束，打破了国际金融市场必须是所在国输出资本的供应中心的旧传统。由于欧洲货币市场的建立，当代国际金融市场已经成为一个以欧洲货币市场为主体的真正国际化的金融市场。

6.1.3 国际金融市场的作用

国际金融市场的形成和发展，无论是对西方工业国家还是对发展中国家，无论是对国际贸易还是对世界经济，都起着举足轻重的作用。

1. 积极作用

(1) 有利于促进世界经济的发展。首先，国际金融市场能在国际范围内把大量闲散资金聚集起来，从而满足了国际经济贸易发展的需要，同时通过金融市场的职能作用，把“死钱”变为“活钱”，由此推动了生产与资本的国际化。其次，国际金融市场的形成与发展又为跨国公司在国际上进行资金储存与借贷、资本的频繁调拨创造了条件，促进了跨国公司经营资本的循环与周转，由此推动世界经济全球化的快速发展。

(2) 有利于调节各国的国际收支。国际金融市场的产生与发展为国际收支逆差国提供了一条调节国际收支的渠道，即逆差国可到国际金融市场上举债或筹资，从而能更灵活地规划经济发展，也能在更大程度上缓和国际收支失衡的压力。国际收支顺差的国家可将其外汇资金盈余投放于国际金融市场，从而获得相应的投资回报。国际金融市场在缓解各国国际收支的严重失衡上起着决定性的作用，对于稳定国际经济秩序起到了一定的作用。

(3) 加速了世界经济一体化的进程。第二次世界大战结束后，资本主义国家经济进一步国际化，重要表现形式是跨国公司及跨国银行的出现和发展。国际金融市场不仅为跨国垄断组织资金调拨提供了便利，而且为跨国公司获取外部资金和存放暂时闲置资金提供了重要来源和有利可图的场所，同时也为跨国公司进行借贷活动提供了条件。国际金融市场通过各种活动把国际大银行有机地结合在一起，使世界各国的银行信用突破空间制约而成为国际上的银行信用，在更大程度上推动诸多金融业务国际化。

2. 消极作用

国际金融市场会导致国际资本在国际上充分流动，使当前的国际资本流动达到空前的规模。然而，当大量国际资本同时流向一个国家时，必然导致流入国货币供应量增加，引发通货膨胀，造成外汇市场的不稳定，冲击该国货币政策的执行效果，甚至会加剧国际金融市场的动荡。

专题看板

上海国际金融中心建设和发展

2009 年国务院颁布《关于推进上海加快发展现代服务业和先进制造业 建设国际金融中心和国际航运中心的意见》的提出：到 2020 年，上海要基本建成与我国经济实力以及人民币国际地位相适应的国际金融中心。2020 年 9 月和 2021 年 3 月，上海连续两次在英国智库 Z/Yen 集团与中国（深圳）综合开发研究院共同编制的 GFCI（全球金融中心指数）排名中位列第三，反映出上海国际金融中心建设已经得到国际社会的广泛认可，实现了“基本建成”这一目标。2021 年 8 月 24 日，上海市政府发布《上海国际金融中心建设“十四五”规划》，提出到 2025 年，上海国际金融中心能级显著提升，为到 2035 年建成具有全球重要影响力的国际金融中心奠定坚实基础。

6.2 传统的国际金融市场

传统的国际金融市场是指从事市场所在国货币的国际借贷业务，并受市场所在国政府政策与法令管辖的金融场所。包括国际货币市场、国际资本市场、黄金市场和外汇市场（对外汇市场的介绍请参见本书第2章的内容）。

6.2.1 国际货币市场

1. 国际货币市场的概念

国际货币市场又称为短期金融市场，是进行短期资金融通的市场，资金的借贷期分为1年和1年以内。国际货币市场主要解决市场主体的短期性、临时性资金需求，所使用的金融工具主要有同业拆借协议、票据、存单、短期国债等，相应地，国际货币市场可分为同业拆借市场、票据市场、大额可转让定期存单市场和短期债券市场。国际货币市场中各金融工具的共同特点是期限短、流通性强、交易成本低和风险低。该市场的参与者主要有商业银行、中央银行、保险公司、金融公司、证券经纪商、工商企业及个人。它的利率以伦敦银行同业拆放利率或优惠利率为基准。

2. 国际货币市场的构成

（1）同业拆借市场。同业拆借市场是各类金融机构之间进行短期资金拆借活动所形成的市场，它在整个短期信贷市场中占据着主导地位。同业拆借主要是用来满足银行平衡资金头寸的需要，参与者仅限于金融机构，拆借的时间较短，常见的有隔夜拆借以及1周、1个月、3个月、6个月等期限，拆借的利率随市场利率的变化而变化，能够灵敏反映金融体系的资金供求状况，影响力较大。

（2）票据市场。票据市场是指各类票据的发行、流通及转让活动所形成的市场，主要由承兑市场和贴现市场，以及融资性票据市场和中央银行票据市场构成。承兑是承诺兑付的简称，指票据到期前其付款人或指定银行确认票据载明事项，在票面上做出付款承诺并签章的业务。贴现是票据到期前持有人为获取现款向金融机构贴付一定的利息而做的票据转让。融资性票据没有商品交易背景而只是为了融通资金所签发，一般由资金紧缺的大型工商企业及金融公司签发，银行或专门的承兑机构对其承兑后，出票人即可去贴现以实现融资目的。中央银行票据是由中央银行发行的以提高公开市场业务操作灵活性和效率的票据，央行票据可在银行间市场上交易，也可以用作回购交易的工具。

（3）大额可转让定期存单市场。大额可转让定期存单市场是由大额可转让定期存单这种金融工具的发行和流通所形成的市场。大额可转让定期存单是由商业银行发行的一种固定面额、固定期限、可以转让的大额定期储蓄。发行对象既可以是个人，也可以是企事业单位。大额可转让定期存单无论是由单位还是个人购买，均使用相同式样的存单，分为记名和不记名两种。大额可转让定期存单除对银行起稳定存款的作用、变银行存款被动等待顾客上门为主动发行存单以吸收资金、更主动地进行负债管理和资产管理外，存单购买者还可以根据资金状况买进或卖出，调节自己的资金组合。

（4）国库券市场。国库券市场是指国库券发行与流通所形成的市场。国库券是为解决国库资金周转困难而发行的短期债务凭证，信用最好，期限短，流动性最强，安全性好，收益率合理且可以免税。现在，国库券已经成为国际货币市场上发行量最大、流通最广的一种证券，广泛地被各国金融机构和广大公众所持有。国库券市场交易活跃，既是投资者的理想场所，也是商业银行调节资金流动性和中央银行公开市场操作的场所。

（5）回购协议市场。回购协议市场又称为证券购回协议市场，是指通过回购协议进行短期资金融通交易的场所，市场活动由回购与逆回购组成。这里的回购协议是指资金融入方在出售证券的同时和证券购买者签订的、在一定期限内按原定价格或约定价格购回所卖证券的协议。正回购协议，即同一内容的资产先卖出再买进的合约；逆回购协议，即同一内容的资产先买进再卖出的合约。从本质上看，回购协议是一种质押贷款协议，最初目的是融资，后发展为货币政策手段。回购协议市场的特征是期限短，大量的回购协议交易是一个晚上的时间进行的，称为隔夜回购，超过 30 天称为定期回购；买卖的资产都是流通量大、质量最好的金融工具，如国库券。回购协议买卖价格是一致的，但卖方（融入方）要付息给买方。回购市场的参与者主要是金融机构、企业和中央银行，以及中介服务机构。

3. 国际货币市场的特点和作用

（1）国际货币市场的特点有：

第一，期限短。最短的融资期限只有半天，最长的也不过 1 年。

第二，交易的目的是满足短期资金周转的需要。国际货币市场的资金来源主要是资金所有者暂时闲置的资金，需求者也只是为了弥补流动资金短期内的不足。

第三，金融工具具有较强的货币性。国际货币市场交易的金融工具一般时间短、流动性强、变现率高。

第四，要求严格。具体要求有：交易者信誉高、融资数额大、借贷成本低、资金周转快、流量大、风险小。

（2）国际货币市场的作用是：国际货币市场能起到方便国际短期资金流动，弥补临时性国际收支逆差和财政支出需要的资金缺口的积极作用。同时强化了各国、各地区之间在利率、汇率和通货膨胀等方面的相互传导机制，为国际游资从事套汇、套利和其他投机活动提供了场所，同时也会加剧外汇市场的动荡。

6.2.2　国际资本市场

1. 国际资本市场的概念

国际资本市场是指借贷经营期限在 1 年以上的中长期资金市场，通常 1～5 年为中期，5 年以上为长期。因为在长期金融活动中，涉及资金期限长、风险大，具有长期较稳定的收入，类似于资本投入，故称之为资本市场。国际资本市场主要包括银行中长期信贷市场和证券市场。该市场的参与者有银行、公司、证券商及政府机构。该市场上的利率为中长期利率，均采取复利计算，其基准利率为伦敦银行同业拆放利率，再加一个附加利率。

2. 国际资本市场的构成

（1）银行中长期信贷市场。银行中长期信贷市场是一种国际银行提供中长期信贷资金的场所，为需要中长期资金的政府和企业提供资金便利。这个市场的需求者多为各国政府和工商企业。一般 1～5 年的称为中期信贷，5 年以上的称为长期信贷。由于它具有数额大、期限长、风险高等特点，因此一般多采取联合贷款的方式，贷款往往需要借款人所属国家的官方机构提供担保，采取浮动利率。该利率由诸如经济形势、资金供求量、通货膨胀和金融政策等因素多方面决定，一般是在伦敦银行同业拆放利率基础上加一定的幅度。该市场的贷款方式有双边贷款和多边贷款之分。双边贷款是两国银行之间签订信贷协议；多边贷款是对金额较大的项目，由几家银行组成银团提供贷款，即辛迪加贷款，贷款需要政府担保。

（2）证券市场。证券市场是股票、债券、投资基金券等各种有价证券发行和买卖的场所。证券市场通过证券信用的方式融通资金，通过证券的买卖活动引导资金流动，有效合理地配置社会资源，支持和推动经济发展，因而是资本市场的核心和基础，是金融市场最重要的组成部分。如果从证券交易的方式来考察，证券市场可分为初级证券市场和二级证券市场。

1）初级证券市场。初级证券市场也称证券发行市场，是新证券的发行市场，筹资者通过该市场发行股票、债券等有价证券募集资金。通过在证券发行市场增加证券的供给量，可以扩大证券市场的规模。新证券的发行和分销主要由投资银行、信托公司、证券商和经纪人专门经营。证券发行市场所发行的证券主要有政府债券、企业债券和公司股票。

政府债券是指由政府发行的中期债券和长期债券。这些债券可在市场上随时交易，但不能提前兑现。发行政府债券所筹集的资金主要用于解决由政府财政支付的大型公共项目，或弥补政府预算赤字。由于国债是一国中央政府所发行的，它是国家承担的债务，因此较其他证券具有信誉好、安全性高、流动性强等特点。

企业债券是指由企业发行的、承诺在一定期限向投资者还本付息的债务凭证。企业债券的还款来源是公司的经营利润，但是任何一家公司的未来经营都存在很大的不确定性，因此企业债券持有人承担着损失利息甚至本金的风险。根据风险与收益成正比的原则，要求较高风险的企业债券需提供给债券持有人较高的投资收益。

公司股票是指股份公司为筹措资本而发行的，证明股东按其所持股份享有权利与承担义务的书面凭证，是股票持有者借以获取股息和红利，以及根据规定行使股东权利的有价证券。它一般分为普通股与优先股两种。普通股是股份公司资产构成中最基本的股份。持有普通股可以享受分红，但股息随着企业利润的变化而变化；可以参加股东大会，有权参与企业的管理，按照持有股票的比例享有表决权。优先股持有者在普通股持有者之前优先获得固定的股息，当企业破产清理财产时，优先参与剩余资产的分配，不参与企业的管理，没有投票权。

企业债券的持有者是公司的债权人，而不是公司的所有者，这是与股票持有者最大的不同点。债券持有者有按约定条件向公司取得利息和到期收回本金的权利，取得利息优先于股东分红，公司破产清算时，也优先于股东而收回本金。但企业债券持有者不能参与公司的经营、管理等各项活动。

2）二级证券市场。二级证券市场也称证券流通市场，是指通过一级市场已经发行的证券的交易市场。证券流通市场是证券市场的重要组成部分，企业债券和公司股票的持有者可以在该市场上随时买进或卖出有价证券，从而保证证券发行市场的正常运行。该市场由证券交易所、经纪人、证券商和证券管理机构等组成，其中证券交易所是交易的中心。证券流通市场交易的形式多种多样，按地点可分为场内交易与场外交易，按方式又可分为现货交易、信用交易、期货交易等。

场内交易是在证券交易所按照一定的时间和交易规则进行证券交易；场外交易是指在证券交易所外进行的证券交易，它没有正规组织，买卖双方以议价方式进行，交易的对象一般为未在证券交易所上市的股票。

现货交易是指证券买卖成交后，按当时成交的价格及时进行实权交收和资金清算的交易方式；信用交易又叫垫头交易、保证金交易或透支交易，是指证券投资者在买进证券时，只支付一部分价款，其余款项由经纪人垫付，经纪人从中收取利息的一种交易方式；期货交易是在现货交易的基础上发展起来的，通过在期货交易所买卖标准化期货合约而进行的一种有组织的交易方式。

3. 国际资本市场的特点

通过国际资本市场可以吸收、组织国内外资金，对其进行中长期的分配和再分配。在该市场进行的交易比较注重安全性、盈利性和流动性，借贷双方都很重视双方稳定的长期合作关系。由于受政治风险、违约风险、利率风险、汇率风险、经营风险等多种风险的影响，在国际资本市场交易时需要采取多种避险措施。

6.2.3　黄金市场

1. 黄金市场的概念

黄金市场是集中进行黄金买卖和金币兑换的场所。黄金交易与证券交易一样，都有一个固定的交易场所，世界各地的黄金市场就是由存在于各地的黄金交易所构成的。目前，世界上最主要的黄金市场在伦敦、苏黎世、纽约、香港等地区。伦敦黄金市场的价格对世界黄金行市较有影响。进行黄金交易的有世界各国的公司、银行和私人以及各国官方机构。黄金交易的去向主要是工业用金、私人贮藏、官方储备、投机商牟利等。世界黄金交易可以在 24 小时内不停地进行。

专题看板

黄金交易单位的换算

黄金交易单位的换算见表 6-1。

表 6-1　黄金交易单位的换算

金衡盎司	市两	司马两	克	格令	托拉	打兰	千克	日本两
1	0.995 3	0.831 0	31.103	480.0	2.667	10.00	0.031	8.294
1.004 7	1	0.834 9	31.25	482.26	2.679 2	10.047	0.031 3	8.333
1.203 3	1.197 6	1	37.426 9	577.584 7	3.208 8	12.033	0.037 43	9.980 2
0.032 15	0.032	0.026 72	1	15.432 3	0.085 7	0.312 5	0.001	0.266 7
0.002 083	0.002 074	0.001 73	0.064 8	1	0.005 6	0.020 8	0.000 65	0.017 28
0.375	0.373 2	0.311 64	11.663 7	180.00	1	3.75	0.011 66	3.110 21
0.1	0.099 53	0.083 1	3.110 35	48.00	0.266 7	1	0.003 11	0.829 4
32.15	32.00	26.718 3	1 000.00	15 432.10	85.735	321.50	1	266.66
0.120 57	0.120 0	0.100 2	3.75	5.787 3	0.321 5	1.205 7	0.003 5	1

注：托拉现为南亚地区的新德里、卡拉奇、孟买等黄金市场上常用的计量单位；司马两是我国香港地区采用的计量单位；日本两是日本采用的计量单位。

2. 黄金市场的构成

根据为黄金交易提供服务的机构和场所的不同，可将黄金市场具体划分为有固定交易场所的有形市场和没有固定交易场所的无形市场，还可分为欧式黄金交易市场、美式黄金交易市场和亚式黄金交易市场。

（1）欧式黄金交易市场。以伦敦黄金交易市场和苏黎世黄金交易市场为代表的，可称为欧式黄金交易市场，这类市场的黄金交易没有一个固定的场所，一般都是通过电话、电传或通过银行进行交易，买价和卖价都较为保密，交易量也都难以真实估计。

（2）美式黄金交易市场。在商品交易所内进行黄金买卖业务的，以美国的纽约商品交易所和芝加哥商品交易所为代表的，可称为美式黄金交易市场。这类市场实际上是建立在典型的期货市场基础上的，其交易类似于在该市场上进行的其他商品交易。期货交易所作为一个非营利机构本身不参加交易，只是提供场地、设备，同时制定有关法规，确保交易公平、公正地进行，对交易进行严格地监控。

（3）亚式黄金交易市场。有的黄金市场在专门的黄金交易所里进行交易，以我国香港地区金银业贸易市场和新加坡黄金交易所为代表的，可称为亚式黄金交易市场。这类市场可同时进行黄金的期货和现货交易，交易实行会员制，只有达到一定要求的公司和银行才能成为会员，并对会员的数量配额有极为严格的控制。虽然进入交易场内的会员数量较少，但信誉极高。以我国香港地区金银业贸易市场为例，其场内会员交易采用公开叫价、口头拍板的形式，由于场内的金商严守信用，鲜有违规的事情发生。

国际黄金市场参与交易的主体包括国际金商、银行、对冲基金等金融机构，以及各种法人机构和私人投资者。除此之外，这个市场还包括中介机构、监管机构和行业自律组织。

3. 黄金价格及影响其变动的因素

由于黄金不同于一般的商品，因而黄金价格与一般商品相比有其特殊性。目前，世界上黄金市场上的主要价格类型有三种：生产价格、市场价格和准官方价格。生产价格是根据黄金生产的成本计算的价格，它反映了黄金的内在价值，是确立各种黄金价格的最基本的标准；市场价格是买卖双方达成交易的即时价格，又称为市场行情，市场价格包括现货价格和期货价格；准官方价格是被中央银行用作与黄金有关的官方活动而采用的一种价格，准官方价格又分为抵押价格和记账价格。

在金本位制度下，因纸币可以自由兑换黄金，并稳定地代表一定的含金量，加上黄金可以自由地输出输入，因此，黄金的价格比较稳定。金本位制度崩溃后，在不兑现的纸币流通的情况下，黄金的买卖与输出输入受到限制，纸币与黄金的联系被割断，纸币实际代表的含金量与黄金市场的供求关系经常变动，市场金价也随之经常波动。黄金价格的变动主要受以下因素的影响：

（1）供求因素。黄金的供求关系是影响黄金价格变动最重要的因素，当黄金供过于求时，金价就会下跌；反之，金价就会上升。目前，黄金的生产国比较集中，这些国家一般在金价较高时开采贫金矿，在金价较低时开采富金矿，黄金产量和市场需求基本平衡。

（2）通货膨胀。如果世界发生持续性的通货膨胀并且不断加剧，纸币经常贬值，则人们为了保值就会纷纷抢购黄金以及其他面值稳定的硬通货，从而使黄金价格上升。20 世纪 90 年代以后，世界进入低通胀时代，黄金保值功能日益缩小，但是从长期看，黄金仍然是应对通货膨胀的重要手段。

(3) 美元汇率。美元汇率是影响金价波动的重要因素之一。在黄金市场上，通常的规律是：美元涨则金价跌，美元跌则金价涨。美元坚挺一般表示美国国内经济形势好，国内证券市场投资旺盛，股票和债券得到投资者的青睐，黄金投资的价值相对削弱；而美元汇率下降往往与通货膨胀、股市低迷等有关，黄金的保值功能此时会比较明显地体现出来。

(4) 油价。石油一向以美元标价。首先，当石油价格处于较低价位时，人们对通货膨胀的前景看好，购买黄金保值或投资黄金的压力减弱，金价会趋于下降；反之，金价会趋于上升。这是因为油价上升往往成为世界通货膨胀的原因之一。油价上升，各行业由于成本增加而随之加价，造成成本推进型通货膨胀，金价因此而攀升。其次，油价涨跌对美元进而对黄金的供求有重大影响。油价涨，产油国手中持有的美元的规模会迅速扩大，出于保险、保值双重目的，就会提高黄金在国际储备中的比例，促使金价上涨；反之，油价下跌，石油输出国的出口收入不足以抵补其外汇支出，为平衡国际收支，就得抛售黄金，导致金价下跌。

(5) 各国的货币政策。当某国采取宽松的货币政策时，由于利率下降，该国的货币供给增加，加大了通货膨胀的可能，会造成黄金价格的上升。如 20 世纪 60 年代美国的低利率政策促使大量美元流入欧洲和日本，各国的金融机构和投资者由于持有的美元净头寸增加，出现对美元贬值的担心，开始在国际市场上抛售美元，抢购黄金，并最终导致布雷顿森林体系的瓦解。但在 1979 年以后，利率因素对黄金价格的影响日益减弱。

(6) 国际重大政治事件。黄金市场也是金融市场，世界上一些重大或突发的事件，如政变、战争等均会不同程度地对黄金价格产生影响。比如“9·11”恐怖袭击事件曾使黄金价格飙升至每盎司 300 美元。

(7) 预期与投机。预期与投机也是影响金价的一个不可忽视的因素。投机者经常利用政治上的风吹草动、经济行情的涨起跌落，浑水摸鱼，影响一般投资者的心理倾向，为自己盈利创造条件。如 1982 年 4 月，马尔维纳斯群岛危机爆发，黄金价格借势飙升，特别是英国船队开到近马尔维纳斯群岛 200 海里战区的时候，英国和阿根廷大规模交战迫在眉睫，全世界投资者一致看好金价，特别是一些小额投资者，怀有盲目的跟风心理或称“羊群心理”，大量吸纳黄金，这种过分买入造成黄金市场上产生了“多头市场”，就在英国战舰抵达马尔维纳斯群岛 200 海里战区的当天，多少黄金投资者都渴望当晚纽约黄金市场会因战争紧张而升至停板，但是事与愿违，当晚，纽约黄金市场开市后不到一小时，金价已经跌至停板，使无数怀有“羊群心理”的黄金投资者措手不及，损失惨重。

6.3 欧洲货币市场

6.3.1 欧洲货币市场的概念

欧洲货币市场（Euro-currency Market），是指集存于伦敦或其他金融中心的境外美元或其他境外货币，用于国际借贷的国际资金市场，又称离岸金融市场。

欧洲货币市场最早起源于 20 世纪 50 年代末的伦敦，后逐步扩散到世界其他地方。由于欧洲货币市场发展迅速，其交易量远超过传统的国际金融市场，因此，从某种意义上讲，它已成为当代国际金融市场的代表。为了更好地了解欧洲货币市场，我们必须弄清下述几个概念。

1. 欧洲货币市场不单是欧洲区域内的市场

欧洲货币市场产生于欧洲，但不仅限于欧洲。欧洲货币市场最早是指存在于伦敦及西欧的美元的借贷市场，这就是人们通常所说的狭义的欧洲货币市场概念。后来其地域范围逐渐突破“欧洲”界限，扩展至亚洲、北美洲、拉丁美洲等。目前，欧洲货币市场既包括欧洲各主要金融中心，同时还包括日本、新加坡、加拿大、巴林、巴拿马等新的全球或区域性金融中心，即广义的欧洲货币市场。

2. 欧洲货币不单指欧洲国家的货币

欧洲货币（Euro-currency）是指设在某种货币发行国国境以外的银行收存与贷放的该种货币资金。例如，日本某公司将其美元收入存入巴黎某家银行；伦敦某银行向德国一家银行拆出一笔美元贷款，这两笔交易中涉及的美元就是欧洲货币。一般来说，只要是欧洲货币，都不能在该货币的本国境内进行交易。由这种货币资金的供求借贷形成的市场就称为欧洲货币市场。

3. 欧洲货币市场的实质是货币市场

尽管欧洲货币市场发展迅速，地位不断提高，作用不断扩大，甚至被人们称为当代国际金融市场的主体，但其实质是货币市场，是由众多的欧洲银行经营欧洲货币存贷款业务而形成的信贷与债券市场，即它主要是一种借贷市场，发生关系的是存款人（通过银行）和借款人，这与买卖不同国家货币的外汇市场有所区别。当然，欧洲货币市场与国际外汇市场具有密切的联系。

6.3.2 欧洲货币市场的形成与发展

欧洲货币市场起源于 20 世纪 50 年代，市场上最初只有欧洲美元，即存于美国境外银行中、不受美国政府管辖的美元存款。当时，美国在朝鲜战争中冻结了中国存放在美国的资金，苏联和东欧国家为了本国资金的安全，将原来存在美国的美元转存到苏联开设在巴黎的北欧商业银行和开设在伦敦的莫斯科国民银行，以及设在伦敦的其他欧洲国家的商业银行。美国和其他国家的一些资本家为避免其“账外资产”暴露，从而引起美国管制和税务当局追查，也把美元存在伦敦的银行，从而出现了欧洲美元。当时，欧洲美元总额不过 10 亿多美元，而且存放的目的在于保障资金安全。

在第二次世界大战结束以后，美国通过对饱受战争创伤的西欧各国的援助与投资，以及支付驻扎在西欧的美国军队的开支，使大量美元流入西欧。当时，英国政府为了避免战争带来的经济萎缩，企图重建英镑的地位。1957 年英格兰银行采取措施，一方面对英镑区以外地区的英镑贷款实施严格的外汇管制；另一方面准许伦敦的商业银行接受美元存款并发放美元贷款，从而在伦敦开放了以美元为主体的外币交易市场，这就是欧洲美元市场的起源。

6.3.3 欧洲货币市场的构成

欧洲货币市场由欧洲短期资金信贷市场、欧洲中长期资金信贷市场和欧洲债券市场构成。

1. 欧洲短期资金信贷市场

欧洲短期资金信贷市场是接受短期外币存款并提供1年期以下短期贷款的市场。该市场的借贷业务主要靠信用，无须担保，一般通过电话或电传即可成交，成交额以百万或千万美元以上为单位。这个市场的存款大多数是企业、银行、机关团体和个人在短期内的闲置资金，这些资金又通过银行提供给另一些国家的企业、银行、私人和官方机构做短期周转。如英国政府多年来就是从该市场借入欧洲货币，换成英镑，用于正常开支。与欧洲中长期资金信贷市场和欧洲债券市场相比，这个市场产生最早、规模最大，是欧洲货币市场的基础。在欧洲货币市场上，欧洲银行约95%的负债是期限不超过1年的短期存款，80%左右的资产的期限也是在1年以下，这种格局至今并无多大变化。它的特点是：

(1) 期限短。存贷期限最长不超过1年，1天、7天、30天、90天期的最为普遍。

(2) 起点高。每笔借贷资金的金额起点为25万美元或50万美元，但一般为100万美元。

(3) 条件灵活。在借款期限、借款货币种类和借款地点等方面都有较大的选择余地，这也是欧洲货币市场对借款人的最大吸引力之一。

(4) 利率特殊。利率由双方具体商定，一般低于各国商业银行对国内大客户的优惠放款利率，但比伦敦银行同业拆放利率高，由经营欧洲货币业务的大银行于每个营业日按伦敦银行同业拆放利率商定公布。

(5) 无须签订协议。短期借贷通常发生于相互了解的银行与企业、银行与银行之间，信贷条件相沿成习，双方均明悉各种条件的内涵与法律责任，不需要签订书面贷款协议，一般通过电话或电传联系，双方即可确定贷款金额与主要贷款条件。

2. 欧洲中长期资金信贷市场

欧洲中长期资金信贷市场接受外币存款并提供贷款的期限都在1年以上。这个市场的筹资者主要是世界各地私营或国有企业、社会团体、政府以及国际性机构。资金绝大部分来自短期存款，少部分来自长期存款。该市场贷款额多在1亿美元以上，往往由几家或十几家不同国家的银行组成银团，通过一家或几家信誉卓著的大银行牵头贷款，即辛迪加贷款。由于这类贷款期限较长，贷款人与借款人都不愿承担利率变动的风险，因此，该种贷款利率多为浮动利率，并根据市场利率变化每3个月或半年调整1次。利率一般以伦敦银行同业拆放利率为基础，再根据贷款金额大小、时间长短以及借款人的资信，加上不同幅度的附加利率（一般为0.25‰～0.5‰）。由于中长期信贷金额大、期限长，因此，借贷双方都需要签订合同，有的合同还需经借款方的官方机构或政府方面担保。欧洲中长期资金信贷市场的业务有以下特点：

(1) 必须签订贷款协定，有的还需政府担保。协定内容主要包括币种、期限、数量、利率、货币选择权条款、违约和保证条款等。

(2) 期限长，数额大，一般为1～3年，有的为5年或更长，最长的可达10年以上。

(3) 联合贷放，即贷款以辛迪加贷款为主，分散了提供中长期贷款的风险。

(4) 利率灵活，即可在贷款期内每3个月或半年根据市场利率的实际情况调整利率。

3. 欧洲债券市场

债券按照地域的范围划分，可以分为国内债券和国际债券。国际债券是指一国政府在国外以外币发行的债券，可分为外国债券和欧洲债券。外国债券是指筹资者在他国债券市场上，以市场所在国货币发行的债券。发行外国债券的目的是要在该市场所在国筹措该国的货币资金，必须经发行地的金融当局批准，受其管理，并遵守该国的法律和规章制度。如在美国发行的“扬基债券”，在日本发行的“武士债券”，在英国发行的“猛犬债券”等。欧洲债券是筹资者在国外市场发行的以第三国货币标示面值的债券。如我国某公司在日本市场发行的以美元标示面值的债券。目前，欧洲债券的发行基本上为发达国家所垄断，债券以美元债券为主，也有其他发达国家货币的债券。

欧洲债券市场是指发行欧洲债券进行筹资而形成的一种长期资金市场。它是国际中长期资金市场的重要组成部分，也是欧洲货币市场的重要组成部分。它产生于 20 世纪 60 年代初，1961 年 2 月 1 日在卢森堡发行了第一笔欧洲债券，1963 年正式形成市场。20 世纪 70 年代后，各国对中长期资金的需求日益增加，以债券形式出现的借贷活动迅速发展。在欧洲债券结构中，主要有欧洲美元债券、欧洲瑞士法郎债券等。

目前，欧洲债券市场上的债券主要有以下五种：

（1）普通固定利率债券。其特点是债券发行时，利率和到期日已做明确规定。

（2）浮动利率债券。其特点是利率可以调整，多为半年调整一次，以六个月期的伦敦银行同业拆放利率或美国商业银行优惠放款利率为准，加上一定的附加利率。

（3）可转换债券。其特点是购买者可按发行时规定的兑换价格，将其换成相应数量的股票。

（4）授权证债券。其特点是购买者可获得一种权利（而非责任），并据此按协定条件购买某些资产，类似于对有关资产的买入期权。

（5）合成债券。它具有固定利率债券和利率互换合同的特点。

欧洲债券市场有以下几个特点：

（1）债券的发行者、债券面值和债券发行地点分属于不同的国家。债券的主要发行人是各国政府、大型跨国公司或大型商业银行。

（2）债券发行方式以辛迪加为主。欧洲市场上的债券一般由一家大型专业银行或大型商业银行或投资银行牵头，联合十几家或数十家不同国家的大型银行代为发行，大部分债券是由这些银行买进，然后转到销售证券的二级市场或本国市场卖出。

（3）高度自由。债券发行一般不需要经过有关国家政府的批准，不受各国金融法规的约束，所以比较自由、灵活。

（4）不影响发行地国家的货币流通。发行债券所筹措的是欧洲货币资金，而非发行地国家的货币资金，故债券的发行对债券发行地国家的货币资金流动影响不太大。

（5）货币选择性强。发行欧洲债券，既可在世界范围内筹资，也可安排在许多国家出售，还可以任意选择发行市场和标示债券面值的货币，筹资潜力很大。如借款人可以根据各种货币的汇率、利率和其他需要，选择发行欧洲美元、英镑、日元等任何一种或几种货币的债券，投资者可选择购买。

（6）债券的发行条件比较优惠。债券的利息通常可免除缴纳所得税或者不预先扣除借款国家的税款。此外，它的不记名发行方式还可使投资者规避国内所得税。因此，欧洲市场上的债券对投资者极具吸引力，也使筹资者可以较低的利息成本筹到资金。

（7）安全性较高，流动性强。欧洲债券市场的主要借款人是跨国公司、各国政府和国际组织。这些借款机构资信较高，故对投资者来说比较安全。同时该市场是一个有效的和极富有活力的二级市场，持券人可转让债券取得现金。

（8）市场反应灵敏，交易成本低。欧洲债券市场能够准确、迅速、及时地提供国际资本市场现时的资金供求和利率汇率的动向，缩小债券交割时间，减少交割手续。世界各地的交易者可据此快速进行交易，极大地降低了交易成本。

（9）金融创新持续不断。欧洲债券市场是世界上最具有活力的市场之一，它可以根据供求情况不断推出新的组合产品，并以此把国际股票市场、票据市场、外汇市场和黄金市场紧密地联系在一起，有力地推动了国际金融一体化与世界经济一体化。

6.3.4 欧洲货币市场的特点与作用

1. 欧洲货币市场的特点

（1）自由的经营环境。表现为：经营活动不受当地政府金融政策、法令和外汇管制的约束；借款条件灵活；借款不限制用途；允许免交存款准备金；非居民可以自由进行外币资金交易、自由转移资金。因此，欧洲货币市场是最自由的货币市场。

（2）方便的调拨选择。在这个市场，特别是以伦敦为中心的境外货币市场，银行机构林立，业务经验丰富，电信联系发达，银行网络遍布世界各地，资金调拨非常方便。

（3）独特的利率体系。这个市场上的利率与各发行国国内利率有密切联系，但又不受法定准备金和存款利率最高额限制，它以伦敦银行同业拆放利率为基础，存款利率略高于货币发行国的存款利率，贷款利率略低于国内的贷款利率，存贷利率有时甚至低于0.125%。因此，欧洲货币市场对资金供给者和资金需求者都比较有吸引力。

（4）较少的税费负担。银行机构各种服务费平均水平较低，从而降低了融资者的成本负担。

（5）可选的货币多样。这个市场所提供的资金不仅不限于市场所在国货币，而且几乎包括所有西方国家的货币，从而为借款人选择筹借的货币提供了方便。

（6）广泛的资金来源。这个市场的资金规模极其庞大，这是因为欧洲货币资金来自世界各地，打破了资金供应者仅限于市场所在国的传统界限，从而使非市场所在国的资金拥有者也能在该市场上进行资金贷放。与此同时，借款人也不受国籍限制。

（7）方便的地理位置。这个市场的形成不以所在国强大的经济实力和巨额的资金积累为基础，只要市场所处国家或地区政治稳定、地理便利、通信发达、服务周到、条件优越并实行较为突出的优惠政策，就有可能发展成为新型的国际金融市场。

（8）银行同业间的交易占主导。银行同业间的资金拆借占欧洲货币市场业务总额的比重很大，每笔交易数额一般少则数万美元，多则可达到数亿甚至数十亿美元。

2. 欧洲货币市场的作用

欧洲货币市场对世界经济产生了不可低估的影响，主要表现在以下几个方面：

（1）欧洲货币市场使国际金融市场的联系更加密切。欧洲货币市场在很大程度上打破了各国间货币金融关系的相互隔绝状态，它将大西洋两岸的金融市场与外汇市场联系在一起，从而促进了国际资金流动。欧洲银行的套利及套汇活动，使两种欧洲货币之间的利率差别等于其远期外汇的升水或贴水，超过这个限度的微小利率差别都会引起大量资金的流动，于是这个市场所形成的国际利率使各国国内利率更加相互依赖。欧洲货币市场促进了国际金融的一体化，这是符合世界经济发展的基本趋势的。

（2）欧洲货币市场促进了一些国家的经济发展。欧洲货币市场在很大程度上帮助了西欧和日本恢复经济并使其得到迅速发展。欧洲货币市场是日本20世纪60年代以后经济高速发展所需巨额资金的重要来源地。发展中国家也从这个市场获得大量资金。第三世界运用这些资金加速了经济建设，扩大了出口贸易。因此，欧洲货币市场加强了第三世界和第二世界的经济力量。

（3）欧洲货币市场加速了国际贸易的发展。在不少国家，对外贸易是刺激经济增长的重要途径。20世纪60年代中期以来，如果没有欧洲货币市场，西方国家对外贸易的迅速增长是不可能的。

（4）欧洲货币市场帮助一些国家解决了国际收支逆差问题。欧洲货币市场方便了短期资金的国际流动，特别是促进了石油美元的回流，在很大程度上缓和了世界性的国际收支失衡问题。

当然，欧洲货币市场也给世界经济带来了不可低估的不稳定性，主要表现在以下几方面：

（1）经营欧洲货币业务的银行风险增大。欧洲美元等货币的投放都具有以下几个特点：借款人除了本国客户外，尚有外国客户，或虽系本国客户，但又转手再贷放给外国客户，所以，它具有极其复杂的连锁关系；借款金额巨大，但又缺乏抵押保证；由于借款人有时把资金转借出去，几经倒手，最后甚至连借款人是谁也不能完全掌握。

（2）影响各国金融政策的实施。对参与欧洲货币市场的国家来说，如果对欧洲美元等资金运用过多，依赖过深，或这种资金流入流出过于频繁，数额过大，那么，在一定程度上将会影响该国国内的货币流通。

（3）加剧外汇证券市场的动荡。欧洲货币市场上的资金具有很大的流动性，每当某一主要国家货币汇率出现动荡，表现为贬值下浮时，它的流动性将进一步加剧。

（4）加剧资本主义国家的通货膨胀。欧洲货币市场是使国际性通货膨胀加剧的一个因素。

6.4 国际金融市场的发展

20世纪60年代以来，随着世界经济形势的发展变化和电子计算机技术在金融领域的广泛应用，以及西方国家实行金融自由化的政策，国际金融市场呈现出一系列新的发展趋势。

6.4.1 金融市场全球一体化趋势

金融市场全球一体化是指国与国之间的金融活动相互渗透、相互影响而形成一个联动整体的发展趋势。20世纪80年代以来，在各国放松金融管制、开放国内金融市场的前提下，“金融国界”已不复存在。金融市场全球一体化的一个表现是，电子计算机技术与卫星通信的应用，使得各国的金融市场紧密地联系在一起。同时随着跨国银行的空前发展，国际性的资金调拨和融通在几秒内迅速完成，国际金融中心已不限于少数发达国家的金融市场，而向全世界扩展。这样，各个金融市场和金融机构便形成了一个全方位的、一体化的国际金融市场。

金融市场全球一体化的另一表现是证券交易的国际化。证券交易的国际化是指参与证券交易的借款人和投资者都不受国界的限制，所买卖的证券可以是市场所在国发行的证券，也可以是外国发行的证券，标示证券面值的货币也不受任何限制。更重要的是，西方各大股票交易所之间的电子通信网络和自动报价系统也日臻完善，使投资者通过一家股市就可以了解多个地区的股票价格信息。这种证券交易的国际化，使得投资者可以在国际范围内选择币种和投资对象，从而最大限度地分散投资风险和获得最大收益；使得借款人可在国际范围内寻找信贷和股本资金来源。金融市场全球一体化为借款人和投资者提供了极大的方便，最大限度地降低了借款人的筹资成本。

专题看板

谁打败仗？是政府还是市场？

目前，世界外汇市场已经发展成为一个名副其实的全球市场，市场一体化的后果之一是，一国政府干预经济的能力受到了极大的限制。如果政府干预与市场供求关系发展的方向有冲突的话，打败仗的通常是政府，而不是市场。1992 年 9 月 16 日发生的英镑危机就是一个很好的例子。

欧共体（欧洲联盟的前身）实行的是“对内相互锁定，对外整体浮动”的管理汇率体制。凡属欧洲货币体系内的 11 种货币，它们之间的汇率是两两锁定的。例如，英镑和德国马克之间，当时欧共体官方协定的比价是每英镑兑换 2.778 德国马克，允许浮动范围为正负 2.25%。如果市场上英镑与德国马克之间的比价与官方的 2.778 之间的偏差大于 2.25%，英国、德国和欧共体其他政府就必须联手干预，使之回到限定的范围之内。

1992 年，英国经济仍处于衰退之中，而德国经济前景看好。同时，由于德国政府的反通货膨胀政策，故实际利率很高。世界投资者普遍认为，英镑定价太高，每英镑兑换 2.778 德国马克的比价不可能维持下去，因此纷纷抛售英镑，买进德国马克，这对英镑币值造成巨大的下滑压力。到 9 月 16 日，英镑在外汇市场上已经突破允许浮动范围的下限。英国政府被迫在 9 月 16 日一天之内两次提高银行利率，英镑利率从 10%提高到 12%。但是，外汇市场的大多数投资者认为，德国政府会把维持国内物价稳定放在第一位，把维持欧洲货币体系稳定放在第二位，因此继续纷纷抛售英镑。当天上午 11 点 13 分，伦敦股市价格下跌 79 点，到下午 2 点 20 分，英镑与德国马克之间的比价仍然低于欧共体允许浮动范围的下限。英国政府不得不宣布再次提高利率，从 12%提高到 15%，试图以高利率来吸引国际资金回流英国，以维持英镑比价。但是 15%的利率，对英国的高失业率以及仍然在衰退的国内经济来说，又将产生不利的影响，迟早会导致英镑的贬值。对外国投资者来说，名义利率上升的好处会被外汇市场上英镑预期的贬值所抵消，国际投资者很可能继续抛售英镑。9 月 16 日晚 7 点 30 分，英国政府不得不放弃这一徒劳的尝试，宣布暂时脱离欧洲货币体系，任凭英镑币值自由浮动，并宣布第二次利率调整作废，只承认第一次调整的 12%的利率。在 9 月 16 日一天之内，英国政府购进了相当于 150 亿～200 亿美元的英镑，用去了英国近一半的外汇总库存。

9月16日发生英镑危机的当晚，欧共体经济委员会在布鲁塞尔召开紧急会议，讨论如何重新稳定欧洲货币体系。鉴于英镑危机的教训，欧共体的政府已经认识到，在金融市场高度一体化、国际游资数目极其巨大的情况下，“对内相互锁定，对外整体浮动”的体制已经很难实行。9月18日，英国政府宣布，国内利率重新降到10%，以避免高利率给英国经济发展带来不利的影响。

6.4.2 国际金融创新的趋势

金融创新是指在外部环境条件下，金融领域内部对要素的重新组合和创造性变革。一般来说，引发金融创新的原因主要包括技术进步、政府管制的反向效果、较高的通货膨胀等，金融创新贯穿于整个经济运行的过程当中。总的看来，国际金融创新主要包括下述几个方面。

1. 金融工具创新

金融工具创新是指金融业能为各种信用形式的演变和扩展而适时地创造新的、多样化的金融产品。比如西方国家传统的银行存款工具一般不支付利息或支付很少的利息，而储蓄和定期存款利息的最高水平又受到限制，这使银行的存款业务受到限制，为此，西方国家银行业从20世纪60年代开始对存款工具进行了一系列的创新，使其利率同市场利率挂钩，既具有较高收益性，又具有良好的流动性。如美国投资银行与证券公司在1971年创设的“货币市场互助基金”（没有利率上限约束，能享受开支票的便利，并且存款金额起点较低）、存款机构在1982年创设的“货币市场存款账户”（除没有最高利率限制外，存款户每月还可进行六次自动或电话转账）和1983年创设的“超级可转让支付命令账户”（不仅没有利率最高限制，而且存款户使用此账户和转账也没有次数限制）。在存款工具创新的同时，西方国家银行业还对支付工具进行了创新，以便结算和提高支付效率。如信用卡、自动提款卡、多用途电子智能卡等新型支付工具。

金融工具创新是金融创新最主要的内容，它是所有其他金融创新的基础，比如，金融工具创新导致在传统金融产品和一般商品期货的基础上出现了金融期货，它有利率期货、货币期货和股价指数期货三种形式，其特点是从事金融期货交易者可用一定保证金取得在将来一定时期内用固定价格购买一定数量金额资产的权利，如货币、股票、固定利率债券等，而正是在这几种金融期货的基础上，金融期货市场才得以形成和发展。

2. 金融市场创新

金融市场创新是指金融业通过金融工具创新而积极扩展金融业务范围，创造新的金融市场。20世纪80年代以来，最引人注目的金融市场创新就是欧洲股票市场的出现和发展，它同欧洲债券市场结合形成了一个完整的国际证券市场。欧洲票据市场也是近年来形成的新的金融市场，它是在原有的欧洲辛迪加信贷市场和欧洲债券市场基础上形成的，其特点是把信贷和债券流动性结合起来，具有短期银行贷款和有价证券两方面的属性，它的发展逐步取代了20世纪70年代的欧洲大额可转让定期存单，成为短期借贷活动的主要场所。

3. 金融制度创新

金融制度创新是指在金融组织或金融机构方面所进行的制度性变革或安排。它既指各国金融当局调整金融政策、放松金融管制所导致的金融创新活动，如建立新的组织机构，实行新的管理方法来维持金融体系的稳定等，也包括金融组织在金融机构制度方面所做的重大改革。譬如，金融机构正在从传统的单一结构逐步向集团制方向发展，从提供单一金融服务向提供综合性金融服务方向发展，使得商业银行已逐步涉足信托、抵押、保险，以及公司股票与债券的承销等业务。

6.4.3　资本证券化趋势

所谓资本证券化，是指各种有价证券在资本总量中不断扩大和增强的过程。一般来说，资本证券化的程度可用一国的证券余额即市值与货币总量或贷款规模的比率，或者用一国的证券市值与国民生产总值的比率来衡量。从趋势来看，一定时期内一国金融结构中有价证券比重越高，该国经济能够容纳的金融工具或金融活动总量就越多，从而金融市场所处的层次和阶段就越高。

证券化融资与投资，虽然风险大些，但减少了货币资本运动的许多中间环节和流动成本，例如，股票融资无须还本付息，也不像银行间接融资，会增加服务费用和社会管理费用，这种证券化的直接融资，大大减少了经济中的泡沫，减少了银行从中的盈利、周转时间和过程的浪费与损失，并使货币直接转化为资本，对于更好地发挥资本作用具有非常重大的意义。为此，20 世纪 80 年代以来，国际金融市场上的筹资格局发生了重大变化，国际证券筹资的比重不断上升。1986 年，国际资本市场上债券的发行额首次超过银行贷款，成为最重要的国际筹资手段。与此同时，贷款债权也出现了证券化趋势，它是指金融机构以贷款债权作担保的证券发行，即以证券交易的方式转让贷款债权，从而实现贷款债权的流动化，加速资本周转。

6.4.4　银行业务表外化趋势

银行表外业务也称无资产银行业务，是指银行从事的、按会计准则不计入资产负债表内或不直接形成资产或负债，但能改变银行损益状况的业务。表外业务分为两大类：一类为能产生收益或费用但不会给银行带来潜在资产或负债的业务，主要包括银行的各种代理、结算和咨询服务，这类活动按其性质来讲，是现有客户与银行业务关系的延伸；另一类则涉及银行的各种承诺和或有债权，它包括贷款担保、承诺、互换与套利交易、投资银行业务活动等。

20 世纪 80 年代，银行表外业务得到了飞速发展，其原因主要有以下几点：

（1）监管当局增强了对银行资本充足率的要求。20 世纪 80 年代初，银行信用状况的下降给监管部门带来压力，促使其要求银行增加资本水平。这样，商业银行一方面需要在高资本比率下运营；另一方面，由于信用状况的降低，使银行筹集资本金成本提高。这促使商业银行更多地从事不受资本充足率管制的业务，即表外业务。

（2）布雷顿森林体系瓦解后，利率、汇率波动频繁，微观经济主体迫切需要银行提供相关规避利率、汇率风险的表外业务工具，为适应这一需要，各种与利率、汇率相关的衍生工具迅速发展起来。

（3）金融市场的迅速发展，导致直接融资规模不断扩大，而通过商业银行传统的存放业务活动实现的间接融资规模日趋缩小，商业银行传统生存模式受到严峻挑战，迫使商业银行在表外从事大量非传统银行业务，如从事有价证券发行、资产证券化等业务，而这一时期，混业经营也成为一种潮流，最初实行严格分业经营的国家也都纷纷放松了管制。

（4）伴随私人财富的增长，社会上中产阶级人数日益增多，他们对银行服务提出了更高的要求，不但要求财富安全，而且对增值服务提出了更多的要求。商业银行为适应客户理财服务需求这一变化，推出了基金、保险等多样化理财工具。

（5）技术进步，为商业银行表外业务的发展提供了可能性。20 世纪 80 年代以来，信息技术、计算机技术、电信技术的发展使商业银行能够设计出更复杂的工具，而且商业银行能够利用复杂的方法为其定价。

本章小结

1. 国际金融市场是指从事各种国际金融业务活动的场所，广义的国际金融市场既包括国际资金市场，也包括外汇市场、黄金市场以及其他衍生金融市场。国内金融市场要超越国界发展成为国际金融市场，必须具备稳定的经济和政治环境、高度发达的商品经济、自由宽松的金融制度和现代化的技术设施等条件。

2. 传统的国际金融市场包括国际货币市场、国际资本市场、黄金市场和外汇市场。国际货币市场是进行短期资金融通的市场，资金的借贷期为 1 年和 1 年以内；国际资本市场是指借贷经营期限在 1 年以上的中长期资金市场，通常 1～5 年为中期，5 年以上为长期；黄金市场是集中进行黄金买卖和金币兑换的场所；外汇市场是集中进行外汇买卖交易的场所。

3. 欧洲货币市场是指集存于伦敦或其他金融中心的境外美元或其他境外货币，用于国际借贷的国际资金市场，又称离岸金融市场。

4. 国际金融市场呈现出全球一体化、国际金融创新、资本证券化和银行业务表外化等趋势。

重点概念

国际金融市场　　国际货币市场　　国际资本市场　　同业拆借
欧洲货币市场　　金融市场全球一体化　　金融创新　　资本证券化

复习思考题

1. 名词解释

国际金融市场　　国际货币市场　　国际资本市场
欧洲货币市场　　金融市场全球一体化　　资本证券化

2. 思考题

（1）什么是国际金融市场？其特点是什么？
（2）什么是国际货币市场？什么是国际资本市场？两者的主要区别是什么？
（3）简述欧洲货币市场的特点和作用。

（4）试述国际金融市场的发展趋势。

3. 案例分析

墨西哥 1986 年加入关贸总协定，1992 年同美国、加拿大建立了北美自由贸易区，1994 年成为经济合作与发展组织的新成员，进行了一系列的贸易、金融体制改革，国内市场完全向发达国家开放。短短几年间约有 700 亿美元的外资涌入墨西哥，其中大部分是短期风险资本。但是墨西哥的资本积累率和投资率都很低，第一产业、制造业、服务业发展缓慢，未能跟上开放的步伐，贸易逆差逐年扩大，政府稳定汇率主要靠外国资本流入。于是，墨西哥被迫提高利率以吸引外资，这便又损害了本国企业的出口能力，使贸易逆差进一步扩大。

在经济形势不断恶化的情况下，一旦某一国际资本市场有更好的逐利机会，金融危机便会爆发。1994 年 12 月 20 日，墨西哥政府宣布比索实行自由浮动，对美元贬值 15%。这一政策使比索当天贬值 20%，进而股市大跌，大量外国资本挤兑外逃，截至 1995 年 1 月，资本外逃 100 多亿美元，比索对美元贬值 60%，墨西哥外汇储备急剧下降，外债累计达 1 650 亿美元。这场危机告诉我们：国际金融市场如水，各国经济似舟，水能载舟，亦能覆舟。盲目开放金融市场，不但不能给一国经济带来奇迹，相反，可能会引起严重后果。1992 年的英镑危机、1997 年 7 月的泰国金融危机一次又一次验证了这个道理。

请问：从墨西哥金融危机的实例中如何看待国际金融市场一体化？

第7章 国际金融组织

导入案例

巴基斯坦驻上海总领事扎法尔·马赫默德在接受中国媒体《21世纪经济报道》采访时说，巴基斯坦将先向友好国家借钱，再考虑从IMF获得帮助，“它（IMF）的贷款会有一些附加条件，不像我们的友好国家那么宽容……”

作为第二次世界大战后维持国际金融秩序的两大支柱之一，IMF的任务是向成员国提供短期贷款，保障国际货币体系稳定；另一支柱则是世界银行，它为成员国提供长期低利率贷款和援助，以促进成员国的经济发展。20世纪80年代，IMF曾将阿根廷、巴西和墨西哥等深陷债务危机的国家从崩溃边缘拉回，在1997年爆发的亚洲金融危机中，也为泰国、韩国等国提供了数百亿美元的支持。昔日人人巴望的“救火队”，如今已不那么吃香，二者不仅对发达国家的影响力日益减少，在亚洲和拉美国家或地区的公信力也在降低。虽然诸多新兴国家仍然排队等待IMF的救助，但越来越多的国家已不再将其视作唯一选择，在2007年爆发的次贷危机中，冰岛也是在向俄罗斯求助未遂后才转向IMF。

本章学习目标

1. 了解国际金融组织产生和发展的历程；
2. 掌握国际金融组织的类型及作用；
3. 了解国际货币基金组织和世界银行集团的宗旨、资金来源、组织结构及业务活动；
4. 了解洲际性国际金融组织的宗旨、资金来源、组织结构及业务活动。

素养目标

党的二十大报告提出要促进世界和平与发展，推动构建人类命运共同体。这就要求我们积极参与全球治理体系变革和建设，推动构建新型国际关系，维护国际金融秩序和金融安全。国际货币基金组织、世界银行集团、国际清算银行和亚洲开发银行等主要国际金融机构是全球治理体系的重要组成部分，它们在协调国际货币合作、增加国际资金融通、制定国际金融规则、加强国际金融监管等方面发挥重要作用。通过介绍这些机构的宗旨、职能、作用，可以帮助学生正确认识和把握当前国际政治经济形势，增强对我国金融稳定和金融开放的理解和支持。

7.1 国际金融组织概述

7.1.1 国际金融组织的产生与发展

与国内货币制度一样，若要保证国际货币制度的安全及有效运行，就需要货币当局、金融机构来维持。国际金融组织就是从事国际金融事务的协调和管理，维持国际货币及信用体系正常运作的超国际机构。国际金融组织在国际经济生活中起着重要的作用，已经成为国际发展援助的主体和国际融资的重要渠道。

第一次世界大战以前，资本主义国家的货币信用和国际结算制度尚处于建立和形成阶段，虽然它们在货币信用与国际结算领域也存在着一定的矛盾，但表现并不十分尖锐。一些国家的国际收支都是顺差，资金可以自由调拨，外汇汇率基本保持稳定。因此，这时还不具备国际金融组织形成的条件。

第一次世界大战爆发以后，由于通货膨胀的急速发展与国际收支逆差日趋严重，多数资本主义国家在货币、外汇和国际结算方面发生了困难，对外部的援助寄予希望，因而产生了设立国际金融组织的需求。基于上述原因，资本主义国家召开了一系列的国际金融会议，讨论货币、外汇问题。为了处理德国的赔款问题，由英国、法国、意大利、德国、比利时、日本六国的中央银行和代表美国银行业的美国摩根银行于1930年5月在瑞士巴塞尔成立了国际清算银行。这是设立国际金融组织的重要开端。

1944年7月，为建立一个稳定的国际货币体系，为各国的经济复兴提供资金，由英国、美国、法国等44个国家在美国的新罕布什尔州的布雷顿森林召开了联合国货币金融会议，会议通过了由美国提出的关于设立国际货币基金组织和国际复兴开发银行（又称世界银行）的决定，这两大组织是当今成员国最多、机构最大、影响最广的国际金融组织。

从1957年到20世纪70年代，欧洲、亚洲、拉丁美洲等地区的国家为抵制美国对国际金融事务的控制和操纵，通过互助合作的方式，建立起了区域性的国际金融组织，以适应本地区的实际需要，谋求本地区的经济发展。从1957年欧共体创办的最早的区域性国际金融组织——欧洲投资银行开始，在不同地区陆续成立了泛美开发银行、亚洲开发银行、非洲开发银行和阿拉伯货币基金组织等一系列区域性国际金融组织。

7.1.2 国际金融组织的分类与作用

1. 国际金融组织的分类

目前，众多的国际金融组织按照参加国（地区）的多寡和业务活动地域的大小，可分为以下三种类型：

（1）全球性国际金融组织。如国际货币基金组织、国际复兴开发银行、国际农业发展基金组织等。

（2）洲际性（或称半区域性）国际金融组织。如国际清算银行、亚洲开发银行、非洲开发银行、泛美开发银行等。

（3）区域性国际金融组织。是指完全由区域内的国家组成的国际金融机构。如欧洲投资银行、阿拉伯货币基金组织、加勒比开发银行等。

按照国际金融组织的职能来划分，可以分为：

（1）主要从事国际金融事务的协调和监督的国际金融机构。这类机构以促进成员方货币合作、汇率稳定和帮助成员方改善国际收支逆差为主要宗旨，如国际货币基金组织和阿拉伯货币基金组织等。

（2）主要从事各种国际信贷业务的国际金融机构。这类机构以促进成员方资源开发、项目投资和提供技术援助为主要宗旨，如世界银行集团和亚洲开发银行。

（3）主要从事国际结算的清算活动的国际金融机构。其宗旨在于增进成员方中央银行之间的合作，实现多边自由国际结算，如国际清算银行、亚洲清算联盟和欧洲中央银行等。国际货币基金组织和世界银行是联合国专门机构中，独立经营国际金融业务的机构。这两个全球性的国际金融机构在所有国际金融组织中规模最大、成员最多、影响广泛，它们对加强国际经济和货币合作、稳定国际金融秩序发挥着极为重要的作用。

2. 国际金融组织的作用

国际金融组织建立以来，在加强国际经济与金融合作、发展世界经济及区域经济方面起到了积极的作用，具体表现在：

（1）组织商讨国际经济、金融领域中的重大事情，以协调各国（地区）间的相互关系，促进各国经济的发展。

（2）稳定汇率并保证国际货币体系的运转，促进国际贸易的增长。

（3）提供短期资金，调节国际收支逆差，在一定程度上缓解国际支付危机。

（4）提供中长期发展资金，支持有关国家（地区）开发资源、合理配置资源，促进各国（地区）经济的复兴和发展，特别是发展中国家（地区）经济的发展。

（5）通过创造新的结算手段（如特别提款权），增强国际货币基金组织成员国的国际清偿能力，适应世界经济发展的需要。

同时，国际金融组织也存在一定的问题，例如：按出资份额多少来分配大部分的投票权，使占出资份额大部分的少数西方发达国家在其中起决定性作用，发展中国家的利益得不到充分的体现和保护；对发展中国家的贷款条件较为苛刻，在某种程度上干预了发展中国家的经济内政，对一些发展中国家建立独立自主的国民经济体系产生了不利影响；制定的部分“游戏规则”对成员方的约束力不够，致使国际金融组织在处理重大国际金融问题时常常力不从心。

7.2 全球性国际金融组织

7.2.1 国际货币基金组织

国际货币基金组织（International Monetary Fund，IMF）是根据 1944 年 7 月在美国

新罕布什尔州布雷顿森林举行的会议及其所通过的《国际货币基金协定》，在 1945 年 12 月成立，并于 1947 年 3 月开始营业的，总部设在华盛顿。其成立之初只有 44 个成员国，而截至 2023 年 4 月，国际货币基金组织的成员国已多达 190 个。中国是国际货币基金组织 44 个创始国之一。1980 年 4 月 17 日，中华人民共和国恢复了在 IMF 的合法席位，并正式参加了 IMF 的工作，缴纳了相应的份额。近年来，我国加强了与 IMF 的各项往来，中国人民银行作为直接对口的部门负责具体相关事宜。

1. 宗旨

根据《国际货币基金协定》的内容，国际货币基金组织的宗旨是：

(1) 作为一个永久性的国际货币机构，为国际货币问题的商讨与协作提供便利，促进国际货币合作。

(2) 促进国际贸易的扩大与平衡发展，以提高和维持高水平就业和实际收入，以及开发成员国的生产资源。

(3) 维持汇率的稳定，维持成员国正常汇兑关系，避免竞争性货币贬值。

(4) 协助建立成员国经常性交易的多边支付制度，并消除阻碍国际贸易发展的外汇管制。

(5) 在适当的保障下，对成员国提供资金，使其增强信心纠正国际收支失衡，从而避免采取有损于本国或国际繁荣的措施。

(6) 根据以上目标，缩短成员国国际收支失衡的时间，并减轻其程度。

从上述宗旨中可以看出，国际货币基金组织设立的目的是通过国际上的合作，建立自由的多边支付制度及进行有秩序的汇率安排，促进国际贸易的发展，向成员国提供中短期信贷，促进世界经济的发展。

2. 资金来源

国际货币基金组织为贯彻实行其宗旨，必须有资金来源。它的资金来源为：

(1) 成员国的基金份额。国际货币基金组织的资金主要来自成员国缴纳的份额，它相当于股东加入股份公司的股金。份额单位原为美元，目前的记账单位以特别提款权 (SDRs) 来表示。成员国应缴份额的大小，要综合考虑成员国的国民收入、黄金外汇储备、平均进口额、出口变化率和出口额占 GNP 的比例等因素，最后由基金组织同成员国磋商确定。为适应世界及各成员国经济情况的变化，国际货币基金组织每五年对各成员国的份额进行复核，必要时对其进行调整。2016 年 1 月 27 日，国际货币基金组织宣布 IMF2010 年份额和治理改革方案已正式生效，中国份额占比将从 3.996%升至 6.394%，排名从第六跃居第三，仅次于美国和日本。

成员国实际缴纳份额时，可使用多种资产。在《牙买加协定》生效以前，份额的 25%以黄金缴纳，75%以本币缴纳。《牙买加协定》生效后，以黄金缴纳的部分改用特别提款权或可兑换货币来缴纳，其余 75%仍以本币缴纳并存放于本国中央银行，在基金组织需要时可以随时动用。

成员国缴纳的份额，除了作为国际货币基金组织发放短期信贷的资金来源外，份额的大小对成员国还有其他三个作用：一是决定成员国从国际货币基金组织借款或提款的额度；二是决定成员国表决权的大小，这是因为每一个成员国各具有 250 票基本表决权，此外，每 10 万美元摊额可增加一票表决权；三是决定成员国分得的特别提款权的多少。

专题看板

特别提款权简介

自1971年美元贬值以后，在国际货币基金制度中，黄金-美元制的时代已过去，国际货币基金组织希望设计出一种新的制度来代替布雷顿森林体系。其中以采用现有的特别提款权来代替传统的准备资产——黄金与美元作为国际货币的主张最为重要。特别提款权（Special Drawing Rights，SDRs）是国际货币基金组织在原有提款权外新创造的特别提款账户（Special Drawing Account）的记账信用，最初与黄金维持一定的比价，国际收支的逆差国可用特别提款权偿付国际收支的逆差，但特别提款权不得用于累积外汇或黄金。1974年7月1日，改用“标准篮”来表示其价值。

特别提款权从本质上看，具有信用便利的性质，对于现有的国际储备资产而言，可供长期使用。当国际收支流动性不足时，国际货币基金组织可通过分配方式来创造特别提款权，以满足国际收支流动性的需要，以减少因国际储备资产不足而导致世界经济的呆滞。当国际收支流动性过剩时，可通过停止创造或取消的方式，防止世界性通货膨胀的发生。如1969年，当时的国际收支流动性呈现出极度不足的态势，国际货币基金组织决定在3年时间内创造95亿单位的特别提款权，以满足国际收支流动性增加的需要。到1973年，美国的国际收支继续恶化，使国际收支流动性过剩，这时又不得不暂停特别提款权的继续创造与分配。

特别提款权附有黄金价值的保证，其单位价值等于纯金0.886 71公克，与1972年12月贬值前的美元等值，即35单位特别提款权等于1盎司黄金。但特别提款权不能用于兑换黄金，故称为“纸金”。国际货币基金组织为鼓励其成员国保有特别提款权，给予各成员国适中的利息。在分配特别提款权时，要向接受分配的国家收取手续费。原先手续费比率和利率均为1.5%，由于该值很低，因而一些国家对特别提款权兴趣不大。从1978年10月1日起，利率已提高为年利率4%。

在性质上，特别提款权与每一个国际货币基金组织成员国享有的“提款权”不同，特别提款权易于取得，由国际货币基金组织根据参加国摊额予以分配，参加国无须缴纳任何款项即可取得，任何参加国在需要时均可动用特别提款权。而“提款权”是成员国必须缴足所认摊额（25%用黄金缴纳，75%用本国通货缴纳）才能取得的。另外，特别提款权的动用，不必按照规定日期偿还，而使用“提款权”时，则必须按期偿还。此外，国际货币基金组织的“提款权”，只有黄金部分与超额黄金部分才能列入国际储备，但特别提款权的参加国则可以将全部获得的特别提款权列入其国际储备。

国际货币基金组织自1969年8月开始实施特别提款权，已有多年历史了，特别提款权所能发挥的功能仍然仅止于作为记账单位而已。由于美国极力主张特别提款权应脱离黄金的束缚，自1974年7月1日起，特别提款权的价值改按16种主要货币的加权平均所决定的“标准篮”来表示，并以“元”作为新国际货币制度的基础。在“标准篮”包括的16种货币中，各种货币主要依据该国出口值的大小占有一定比例的权数，唯一例外的是美元，它的权数占1/3。美元兑换特别提款权的汇率不再固定，每天随美元对篮中其他15种货币汇率的变动而变动。特别提款权最大的优点就是平价稳定，某些国家的顺差即其他国家的顺差，取其变动的平均值，这当然较将任何一国的货币作为国际储备更稳定。1976 年 1 月，国际货币基金组织在波士顿通过的货币改革草案中，主张以特别提款权代替黄金的地位，也就是以特别提款权作为国际货币基金组织的主要准备货币。同时，从 1978 年 10 月 1 日开始，特别提款权的利率已经提高到年利率 4%。由此可知，国际货币制度的改革，正在朝着促使特别提款权成为一种理想的准备资产方向迈进。如果特别提款权的利息提高到某一水准，可大大提高各国货币当局对于特别提款权持有的兴趣，进而逐渐取代关键货币及其他强势货币的地位，有利于解决当前国际货币制度的基本困难。

（2）向成员国借款。国际货币基金组织通过与成员国签订协议，向成员国借入资金，作为对成员国提供资金融通的一个来源。如 1974—1976 年，为了解决石油消费成员国的国际收支困难，国际货币基金组织新设立了“石油贷款”，其资金就是通过借款解决的。

（3）信托基金。国际货币基金组织在 1976 年决定，将其持有的 1/6 即 2 500 万盎司的黄金分 4 年按市价出售，所获得的利润作为信托基金，向低收入成员国提供优惠贷款。

3. 组织结构

国际货币基金组织是以成员国入股方式组成的企业经营性质的金融机构，它的管理办法、机构设置、表决权力等与股份公司极为相似。

国际货币基金组织的最高权力机构是理事会，由每个成员国委派理事和副理事各 1 人组成。理事任期 5 年，可以连任，副理事只有在理事缺席时才有投票权。各国委派的理事大都是财政部部长或中央银行行长，副理事大都是外汇管理机构的负责人。理事会的主要职权是批准接纳新成员国、批准修改基金份额和特别提款权的分配、批准成员国货币平价的普遍变动、决定会员国的退出，以及讨论、决定其他有关国际货币制度的重大问题。

执行董事会是负责处理国际货币基金组织日常业务的机构，由 22 人组成，其中 7 人由在国际货币基金组织内占有份额最多的 5 个成员国（美国、英国、德国、法国和日本）以及沙特阿拉伯和中国各单独指派一名执行董事组成，另外 15 人由其他成员国按地理区域划分 15 个选举集团，各推选一名执行董事组成。每一名执行董事指派副执行董事一人，在执行董事缺席时，代行职权。执行董事不得兼任理事，每两年由成员国指派或改选一次。

总裁由执行董事会产生，总管国际货币基金组织的日常业务工作，是最高的行政领导。总裁兼任执行董事会的主席，但平时没有投票权，只有在执行董事会表决，双方票数相等时，可以投一决定票。总裁可以出席理事会，但也没有投票权。总裁任期 5 年，之下设副总裁一人，协助总裁工作。

国际货币基金组织的业务机构是执行董事会下设的业务部门，有法律、会计、研究、行政等 16 个部门，分别负责基金组织的各项日常工作。

4. 业务活动

（1）汇率监督与政策协调。为使国际货币制度正常运转，各个成员国需保证同基金组织和其他成员国合作，以保证有秩序的汇率安排和促进汇率的稳定。各成员国应该努力以自己的经济和金融政策来达到促进有秩序的经济增长这个目标，既有合理稳定的价格，又适当照顾自身的境况；努力通过创造有秩序的、基本的经济和金融条件，以及不会产生反常混乱的货币制度去促进稳定；避免操纵汇率或国际货币制度来妨碍国际收支有秩序的调整或取得对其他成员国不公平的竞争优势。

在布雷顿森林体系下，成员国若要改变货币制度，必须与国际货币基金组织进行磋商并得到它的批准。在当前的浮动汇率制度下，成员国调整汇率不需要征求国际货币基金组织的同意。但国际货币基金组织监督汇率的职能并没有因此而丧失，国际货币基金组织仍然要对成员国的汇率政策进行全面估价，这种估价要考虑成员国内外政策对调节国际收支、实现持续经济增长的作用。这种汇率监督不仅运用于经济较弱的国家，而且运用于那些经济实力强大的国家，因为它们的国内经济政策和国际收支状况会对国际货币运行产生重大的影响。国际货币基金组织要求所有成员国必须将其汇率安排的变化通知国际货币基金组织，从而使国际货币基金组织能够及时进行监督和协调。

除了对汇率政策的监督以外，国际货币基金组织原则上还应每年与各成员国进行一次磋商，以便对成员国经济、金融形势和经济政策做出评价。这种磋商的目的是使国际货币基金组织能够履行监督成员国汇率政策的责任，并且有助于使国际货币基金组织了解成员国的经济发展状况并采取适当的政策措施，从而能够迅速满足成员国申请贷款的要求。

（2）贷款业务。发放贷款是国际货币基金组织最主要的业务活动。贷款主要有以下特点：

第一，贷款对象仅限于成员国政府。国际货币基金组织只与成员国的财政部、中央银行、外汇平准基金组织或其他类似的财政机构往来。

第二，限制贷款用途。贷款最初主要用于成员国进行国际收支的调整，但近年来也增设了支持成员国为解决国际收支困难而进行的经济结构调整与经济改革的贷款。

第三，贷款的额度。同成员国向国际货币基金组织缴纳的份额成正比。

第四，“购买”和“购回”的贷款方式。成员国向国际货币基金组织借款和还款分别采用“购买（Purchase）”和“购回（Re-purchase）”的方式。“购买”即借款国用相当于借款面额的本国货币来购买弥补国际收支逆差的外汇。这在技术上虽不同于一般的国际借款，但效果是一样的，而从国际货币基金组织的角度看，成员国的借款改变了国际货币基金组织持有的货币结构。“购回”即借款国还款时，要用自己原来所借外汇购回本国货币。

国际货币基金组织的贷款分为三类：第一类为普通贷款（为成员国所缴份额的125%，期限为3～5年）、补偿与应急贷款、缓冲库存贷款和中期贷款，其贷款资金来自国际货币基金组织自身的资金，即成员国认缴的份额。除储备部分（为所认缴份额的25%）贷款不收利息外，第一类其他各项贷款的利率均为6%左右，另加收0.5%的手续费。第二类为补充贷款和临时信用贷款，其贷款资金来源于国际货币基金组织的借款，贷款的利率为国际货币基金组织的借款成本，另加收0.5%的手续费和0.2%～0.325%的加息率。第一类、第二类贷款合称普通资金（账户）贷款，国际货币基金组织对非工业成员国提供的大部分贷款都属于这种。第三类贷款是信托基金贷款、结构调整贷款和扩大的结构调整贷款、国际货币基金组织的优惠贷款。

（3）创造储备资产。国际货币基金组织理事会于1969年正式决定创设SDRs，以补充国际储备的不足，并于1970年开始分配。成员国发生国际收支逆差时，可运用SDRs，将其划给另一成员国以偿付逆差，或偿还国际货币基金组织的贷款。

（4）提供培训咨询服务。国际货币基金组织除对成员国提供贷款外，还负责对成员国进行业务培训、提供咨询服务等。为提高成员国专业人员素质，定期对有关业务人员进行培训；根据各国经济、金融发展情况，国际货币基金组织以派出代表团的形式，对有关成员国提供有关国际收支、财政、货币、银行、外汇、外贸和统计等各方面的业务咨询及技术援助；另外还编辑、出版各种反映世界经济、国际金融的专题刊物，寄发给各成员国，加强成员国之间的交流。

5. 存在的主要问题

随着世界经济的发展和变化，半个多世纪以前成立的国际货币基金组织，客观上面临着越来越尖锐并急需解决的问题。

（1）资金供需矛盾突出，资金分配极不合理。国际货币基金组织成立几十年来，世界经济形势发生了重大变化，各成员国为发展本国经济和对外贸易，急需大量资金，希望国际货币基金组织能及时提供，但是国际货币基金组织的资源不能适应这一日益增长的需要。这些年来，国际货币基金组织经常出现资金紧张的状况，尽管经过多次调整份额以增加资金，但仍然不能解决日益突出的资金供需矛盾，这一问题的存在直接影响了国际货币基金组织职能的有效发挥。更重要的是，国际货币基金组织提供的贷款数额是与成员国上缴份额成正比的，因此出现了越需要更多贷款的经济落后的国家，得到的贷款额却越少的不合理现象。

（2）监督汇价政策无力。国际货币基金组织虽然负有监督国际货币体系正常运转和各国汇价政策之责，但对不需要借贷的发达国家却没有太多的约束作用。因此，当某些主要货币国家只顾国内经济政策的需要，不考虑国际协调和对国际货币制度正常运转的影响而实行某些政策时，国际货币基金组织的监督就显得很无力。所以，有人认为国际货币基金组织的监督只是针对要借钱的经济落后国家，真正该管的却管不住，这种不公正的局面应当纠正。

（3）提供援助的条件过于苛刻且不符合有关国情。20 世纪 80—90 年代，国际金融危机屡屡爆发，对有关国家的经济乃至世界经济产生了严重冲击。国际货币基金组织也采取了相应措施，其中包括向发生危机的国家提供巨资。但是，提供的援助都附有一系列较严苛的条件，而且这些条件通常未根据具体情况来确定。许多条件的实施，诸如紧缩财政支出和货币政策，将加速经营不善的银行、企业破产，提高税收和物价，冻结工资水平，将降低经济发展速度等，往往在一段时期内造成受援国的极大困难，甚至社会动荡，而效果未必理想。

（4）浓厚的政治色彩使发达国家与发展中国家利益冲突强烈。国际货币基金组织是靠份额制运行和支撑的，份额的大小决定了各成员国投票数的多少，而多数票则决定了国际货币基金组织的主要政策和业务。某些重大问题，诸如成员国份额的调整、特别提款权的分配等，都需要 85%以上的票数通过；使用资金费用的决定需要 70%以上的票数通过。由于少数西方发达国家迄今为止仍在国际货币基金组织中占有 60%以上的份额和投票数，因此在重大问题上，西方发达国家，尤其是美国的意见，往往左右着国际货币基金组织。这种发达国家与发展中国家的利益冲突难免带有浓厚的政治色彩，发展中国家的利益往往得不到重视。

由于上述种种问题的存在牵涉各国的利益，因此对国际货币基金组织的改革成为各国十分关注的问题。

7.2.2 世界银行集团

世界银行集团（World Bank Croup）包括国际复兴开发银行（International Bank for

Reconstruction Development，IBRD）、国际开发协会（International Development Association，IDA）、国际金融公司（International Finance Corporation，IFC）、多边投资担保机构（Multilateral Investment Guarantee Agency，MIGA）和国际投资争端解决中心，它们的总部均设在华盛顿。这里简要介绍前四个机构。

1. 国际复兴开发银行

国际复兴开发银行（IBRD）又称世界银行，与国际货币基金组织同时成立，1946 年 6 月开始营业，1947 年 11 月成为联合国的一个专门机构。世界银行的成员国必须是国际货币基金组织的成员国，国际货币基金组织的成员国不一定是世界银行的成员国。中国是世界银行 33 个创始国之一，于 1980 年 5 月 15 日恢复了在世界银行的合法席位。

（1）宗旨。根据 1944 年 7 月布雷顿森林会议通过的《国际复兴开发银行协定》第一条的规定，国际复兴开发银行的宗旨是：

第一，为生产目的的投资提供便利，以协助成员国的复兴和开发，并鼓励不发达国家开发资源、发展生产；

第二，通过保证或参与私人贷款和私人投资的方式，促进私人对外投资；

第三，用鼓励国际投资以开发成员国资源的方法，促进国际贸易的长期平衡发展，以维持国际收支的平衡；

第四，在提供贷款保证时，应与其他方面的国际贷款配合。

国际复兴开发银行成立的目的就是提供长期的贷款（一般为 15～25 年），以协助发展中国家进行各种生产设备及资源开发，促进国际贸易长期均衡的增长及维持国际收支平衡。

（2）资金来源。国际复兴开发银行向成员国发放长期贷款的资金来源有以下四个：

第一，成员国缴纳的股金。国际复兴开发银行是采用成员国入股方式组成的企业性金融机构。因此 IBRD 规定，每个成员国均须认购一定数额的银行股份，成员国的经济和财政力量，以及该国在国际货币基金组织中所上缴的份额决定了它在世界银行的认缴额。成员国所认缴的银行股份分为实缴资本和待缴资本两类。实缴资本为其认缴额的 20%，其中 2%以黄金或美元支付，18%以本国货币支付。其余的 80%为待缴资本，由成员国保存，当国际复兴开发银行遇到资金困难或其他危机时，可要求成员国以黄金、美元或银行所需要的货币支付。但随着国际复兴开发银行成员国的不断增加以及多次的增资，实缴资本在成员国认缴额中所占的比例逐步下降。用于生产建设的长期资本，不仅金额巨大，而且周转时间长，世界银行的实收资本远远不能满足。因此，必须另辟其他途径。

第二，通过发行债券取得借款。由于国际复兴开发银行主要从事中长期贷款业务，因此不能吸收短期存款，而银行的自有资金又有限，所以世界银行主要是通过在各国和国际金融市场上发行中长期债券筹措资金。在借款管理上，国际复兴开发银行采取的方针是：借款市场分散化；尽力使借款成本最小。它曾在美国、德国、日本、瑞士、沙特阿拉伯、科威特等国家发行债券，其中美元债券所占的比重最大。近年来，它还从石油输出国借款。据统计，世界银行未清偿的债务约 184 亿美元，而对美国的债务有 92 亿美元，占其全部债务总额的 50%。由此也可看出，世界银行在促进美国的资本输出中占有重要地位，它的业务经营在一定程度上为美国的金融资本扩张服务，这在第二次世界大战后的初期尤为明显。

第三，业务净收益。国际复兴开发银行的业务收益主要包括投资收益和贷款收益（利息和承诺费）两部分，收益扣除支出即为业务净收益。国际复兴开发银行除将一部分净收益以捐赠形式划给国际开发协会和撒哈拉以南非洲地区，其余均作为本身的储备金，这是发放贷款的一个资金来源。

第四，债权转让。国际复兴开发银行为了扩大贷款的能力，还把贷出资本的债权转让给私人投资者，以收回一部分资金，扩大银行贷款资金的周转能力。这种债权转让为美国扩大资本输出开辟了另外一条安全途径。

（3）组织结构。国际复兴开发银行由理事会、执行董事会、行长和业务机构组成。

理事会是国际复兴开发银行的最高权力机构，由每一成员国委派理事和副理事各 1 人组成。任期 5 年，可以连任。副理事在理事缺席时才有投票权。理事会的主要职权包括：批准接纳新成员国，增加或减少银行资本，停止成员国资格，决定银行净收入的分配，以及其他重大问题。理事会于每年 9 月举行一次会议，一般与国际货币基金组织的理事会联合举行。

执行董事会是负责领导并处理日常业务的机构。执行董事由 22 人组成，5 人由持有股金最多的美国、英国、德国、法国、日本 5 国指派，其余 17 人由其他 100 多个成员国按地区分组推选。

执行董事会选出主席 1 人，兼任行长，任期 5 年，可连任。历任行长均为美国人。理事、副理事、执行董事、副执行董事不得兼任行长。行长无投票权，只在执行董事会表决中双方票数相等时，可以投决定性的一票。行长下设有副行长，协助行长工作。

国际复兴开发银行有许多办事机构，并在主要资本主义国家和许多发展中国家设有办事处，办理贷款及其有关事宜。

（4）贷款业务。国际复兴开发银行成立初期，发放的贷款主要集中于欧洲国家，以促进“战后生产恢复，经济复兴”的工作。1948 年以后，欧洲各国的经济复苏主要依赖于美国的“马歇尔计划”的援助。于是，世界银行的贷款转向亚洲、非洲、拉丁美洲等发展中国家，帮助它们解决开发资金的问题。当前，世界银行对一般发展中国家的贷款条件是：

第一，贷款对象限于成员国。如贷款对象为非成员国政府，则该项贷款须由成员国政府、中央银行或世界银行认可的机构进行担保，保证本金的偿还与利息和其他费用的支付。

第二，当申请贷款的国家确实不能以合理的条件从其他方面取得贷款时，世界银行才考虑发放贷款、参加贷款或提供保证。

第三，申请的贷款必须用于一定的工程项目，有助于该国的生产发展与经济增长。发放贷款的重点工程项目为基础工程项目，如交通（公路、铁路、港口、航空）和公用事业（如电力、电信、供水、排水等）；发展农村和农业建设项目；教育建设事业项目等。只有在特殊情况下，才发放非项目贷款。对于非项目贷款，借款国只能用于满足进口某项物资设备所需的外汇，以支持生产；或用于克服自然灾害后维持经济发展计划的资金需要等。

第四，贷款必须专款专用，并接受世界银行的监督。银行不仅在使用款项方面进行监督，同时在工程的进度、物资的保管、工程管理等方面也进行监督。世界银行一方面派遣人员进行现场考察，另一方面要求借款国随时提供可能影响工程进行或偿还借款的有关资料，根据资料与实际状况，世界银行可建议借款国政府对工程项目做政策性的修改。

第五，贷款期限一般为数年，最长可达30年。从1976年7月起，贷款利率实行浮动利率制度，随金融市场利率的变化定期调整。与国际资金市场收取手续费相似，世界银行对已订立借款契约而未提取的贷款，按年征收0.75%的手续费。

第六，贷款使用不同的货币对外发放，对承担贷款项目的承包商或供应商，一般用该承包商或供应商所属国的货币支付。如果由本地承包商供应本地物资，即用该国货币支付；如果本地供应商购买的是进口物资，即用该出口国的货币支付。世界银行使用成员国以本国货币缴入的股本发放贷款时，要征得该成员国的同意。美国缴入的股本多，一般借款均借用美元，美国在决定贷款时的权力也最大。

由于世界银行发放的贷款要与一定的项目相结合，专款专用，并在使用过程中进行监督，因此成员国从申请借款到按项目进度使用贷款，都有一套严密的程序与严格的原则，概括起来，有以下几方面：

第一，提出计划，确定项目。成员国申请借款，首先须提出计划，经银行贷款部门的初步审查后，派人到申请借款的国家实地调查，经与申请国研究、核实后确定最重要、最优先的项目。为保证贷出款项能够得到偿还、项目投建后确能收到实效，世界银行要对借款国的全面经济情况与技术水平进行调查。调查所涉及的范围相当广泛，其中包括工农业生产、交通、资源、经营管理水平、外贸和国际收支、偿债能力及经济政策等多方面情况。

第二，专家审查。项目确定以后，世界银行的专家组对该项目进行多方面的审查，其中包括项目建设过程中的技术方案、组织管理方案、部件和附属设备配套计划、资金拨付方案、财务计划，以及项目竣工后的经济效益的核算等。只有经专家组确定各项计划确实可行，经济效益显著，申请贷款国才能与世界银行进行具体贷款谈判。

第三，审议通过，签订贷款契约。

第四，工程项目招标，按工程进度发放贷款，并进行监督。

世界银行的贷款程序虽然复杂和烦琐，但体现了其贷款的严密性和科学性，因而能保证贷款产生较好的经济效益。

2. 国际开发协会

国际开发协会是联合国专门机构之一，成立于1960年9月，同年11月开始营业，会址设在美国首都华盛顿。它的性质与世界银行相同，是专门向低收入发展中国家提供优惠长期贷款的一个国际金融组织，不过借款条件较世界银行宽松，如还本期限一般为50年，不计利息，只收取0.75%的手续费，而且可以用本国货币偿还。按照规定，凡世界银行成员国均可加入该协会，但世界银行的成员国不一定必须加入国际开发协会。目前，该协会成员国有170个左右，我国拥有该协会2.03%的表决权。

（1）宗旨。国际开发协会的宗旨是对落后国家给予条件较宽、期限较长、负担较轻并可用部分当地货币偿还的贷款，以促进其经济的发展、生产和生活水平的提高。

（2）资金来源。国际开发协会贷款资金的来源主要有以下四种：

第一，成员国认缴的股本。国际开发协会的成员国分为两组：第一组是工业发达国家或高收入国家，有美国、英国、法国、德国、日本、意大利、加拿大、比利时、卢森堡、荷兰、新西兰、挪威、瑞典、丹麦、芬兰、冰岛、爱尔兰、奥地利、澳大利亚、南非、科威特。这些国家认缴的股本须以黄金和可兑换货币缴纳，所缴股本全部供国际开发协会出借。第二组是亚洲、非洲、拉丁美洲的发展中国家。这些国家认缴的股本10%须以可兑换货币缴纳，90%可用本国货币缴纳，而且这些货币在未征得货币所属国同意前，国际开发协会不得使用。国际开发协会原定的法定资本为10亿美元，之后由于成员国增加，资本额也随之略有增加。

第二，成员国提供的补充资金。由于成员国缴纳的股本为数甚少，不能满足成员国的信贷需要，同时国际开发协会又规定，协会不得依靠在国际金融市场发行债券来筹集资本，因此，国际开发协会不得不要求成员国政府不时地提供补充资金，特别是第一组的成员国政府，这也就是美国倡议建立国际开发协会的一个目的，由其他发达国家共同承担援助不发达国家的责任。

第三，国际复兴开发银行从净收入中拨给国际开发协会一部分款项，作为其贷款资金的来源。

第四，协会本身经营业务的净收入。

(3) 组织机构。国际开发协会名义上是独立的国际金融组织，但从人事及管理系统来看，实际上是世界银行的一个附属机构，所以又叫第二世界银行。国际开发协会的组织机构与世界银行一样，它的正副理事和正副执行董事长也就是世界银行的正副理事和正副执行董事长。

国际开发协会的最高权力机构是理事会。理事会下设执行董事会，负责处理日常业务。它的管理办法和组织机构与世界银行相同。其内部机构的人员均由世界银行相应机构的人员兼任。

(4) 贷款业务。国际开发协会的贷款一般只向较贫穷的成员国发放，一般来说，人均国民生产总值在375美元以下的成员国才能取得该协会的贷款。贷款的对象为成员国政府或公私企业，但实际上均向成员国政府发放。贷款应用于电力、交通、运输、水利、港口建设等公共工程部门，以及农业、文化教育建设方面。贷款的期限为50年，第一个10年无须还本，第二个10年每年还本1%，其余30年每年还本3%。偿还贷款时可以全部或部分使用本国货币。在名义上，贷款免收利息，但要收取0.75%的手续费，实际上这种贷款是低利贷款。

3. 国际金融公司

国际金融公司为世界银行的附设机构，专门贷款给私营企业，无须贷款人政府的介入。1956年7月，国际金融公司正式宣布成立。国际金融公司的设立，其目的是补充世界银行的活动，协助低度开发国家的私人生产企业。世界银行的成员国均可加入国际金融公司，中国拥有国际金融公司1.1%的投票权。

(1) 宗旨。国际金融公司的宗旨是：通过向发展中国家的私人企业提供无须政府担保的贷款与股本投资，鼓励国际私人资本流向发展中国家，支持当地资本市场的发展，以促进发展中国家的经济发展，从而补充世界银行的活动。

(2) 资金来源。国际金融公司贷款资金的来源主要为成员国认缴的股本。根据国际金融公司的规定，国际金融公司的资本总额为1亿美元，分为10万股，每股1 000美元。认缴股本应以黄金或美元缴付。与世界银行一样，成员国的基本投票权为250票，每认缴一股，增加一票。国际金融公司的其他资金来源就是从世界银行或其他国家的借款。

（3）组织结构。国际金融公司名义上是独立的国际金融组织，实际上也是世界银行的一个附属机构。它的管理办法和组织机构与世界银行相同，总经理由世界银行的行长兼任，内部的机构和人员多数由世界银行相应的机构及人员兼管。

（4）贷款业务。和世界银行的贷款不同，国际金融公司的贷款不需要借款企业请求政府担保，可以直接给予私人企业。贷款期一般为7～15年，并且每笔贷款一般不超过200万～400万美元，贷款须以原借款的货币偿还。贷款的利息根据资金投放的风险和预期的收益等因素确定，一般年利率为6%～7%，有时高达10%，有的还要参加贷款企业的分红。

贷款的对象主要是亚洲、非洲、拉丁美洲的不发达国家，巴西、土耳其和南斯拉夫得到的贷款和投资最多。贷款的部门主要为制造业、加工业和开采业，如钢铁、建筑材料、纺织、采矿、肥料、化工，以及公用事业与旅游业。这些企业常与美国和其他西方国家的资本有着直接或间接关系，发展中国家的民族工商业直接得到的实惠不多。

4. 多边投资担保机构

多边投资担保机构成立于1988年4月，是世界银行集团中最年轻的成员。多边投资担保机构是一个独立于世界银行的实体，它有自己的业务人员和法律人员。20世纪90年代以来，多边投资担保机构的业务有了显著的发展，已拥有正式成员国130多个，中国是多边投资担保机构的创始成员国之一，该机构在中国的业务担保总额达1亿多美元，位居成员国前列。

（1）宗旨。多边投资担保机构的宗旨是：通过自己的业务活动来推动成员国互相之间进行以生产为目的的投资，特别是向发展中国家的投资。该机构的业务活动之一是对“合格的投资”提供担保，使其不遭受非商业性风险损失，从而促进国际直接投资。

（2）主要业务。多边投资担保机构主要是为跨国投资在东道国可能遇到的非商业性风险提供担保，主要承保的险别有货币汇兑风险、征用风险、违约风险、战争和内乱风险等。多边投资担保机构对投资项目提供担保前需要对项目进行评估，而评估的重要标准是该投资项目对东道国经济发展的影响程度，其中包括对社会环境、社会经济、自然与生态环境、自然资源的影响。因此对其评估体系的认识和研究，关系到发展中国家能否顺利引进外资、实施利用外资的战略。

多边投资担保机构的另一项业务活动是对成员国提供技术援助服务，帮助发展中国家更有效地促进私人投资。它通过对投资促进活动的直接支持（如组织投资会议、初级培训课程、战略研讨会）、传播投资机会的信息和促进投资机构的能力建设，来帮助发展中国家最大限度地提高吸引外国直接投资计划的效果。

专题看板

我国与世界银行集团的关系

我国与世界银行集团之间的关系已发展成为重要的合作伙伴关系，我国政府确定国家财政部是与世界银行集团具体联系的机构。1993年，中国成为世界银行集团投资项目贷款的最大借款国。贷款支持的项目几乎遍布中国各省、自治区、直辖市和国民经济的各个部门，其中基础设施项目（交通、能源、工业、城市发展等）占贷款总额的一半以上，其余为农业、教育、卫生、环保、供水等项目，所有项目都直接或间接地发挥着扶贫作用。除大量的资金援助外，通过贷款项目、经济调研分析和培训计划提供非金融服务也是世界银行集团与中国合作计划极为重要的组成部分，同时为我国培训了大批了解世界银行业务、熟悉专业知识的管理人才。2008年2月，世界银行行长佐利克正式任命中国经济学家林毅夫为世界银行副行长兼首席经济学家，这是首次任命发展中国家人士出任这一要职。

7.3 洲际性国际金融组织

7.3.1 国际清算银行

国际清算银行（Bank for International Settlements，BIS）是根据1930年1月20日在海牙会议上签订的国际协议，于同年5月成立的。它由英国、法国、意大利、德国、比利时、日本六国的中央银行，以及代表美国银行界利益的三家大商业银行（摩根银行、纽约花旗银行和芝加哥花旗银行）组成的银行集团联合组成，行址设在瑞士的巴塞尔。

国际清算银行最初是为了处理第一次世界大战后德国对协定国的战争赔款问题而设立的。1948年，它成为欧洲经济合作组织的银行，此后它一直是西方国家中央银行进行货币合作的机构。目前，参加国际清算银行的有45个国家和地区的中央银行，美国仍由银行集团参加。

专题看板

我国与国际清算银行的关系

我国于1984年与国际清算银行建立了业务联系，中国人民银行自1986年起就与国际清算银行建立了业务方面的关系，办理外汇与黄金业务。此后，每年都派代表团以客户身份参加该行年会。国际清算银行召开股东大会，中国人民银行应邀列席，并以观察员身份多次参加该行年会，这为我国发展与各国中央银行之间的关系提供了一个新的场所。中国的外汇储备有一部分是存放于国际清算银行的，这对中国人民银行灵活、迅速、安全地调拨外汇及黄金储备非常有利。自1985年起，国际清算银行已开始向中国提供贷款。1996年9月9日，国际清算银行通过一项协议，接纳中国内地、巴西、印度、韩国、墨西哥、俄罗斯、沙特阿拉伯、新加坡和我国香港地区的中央银行或货币当局为该行的新成员。香港回归之后，其在国际清算银行的地位保持不变，继续享有独立的股份与投票权，并于1996年11月认缴了3 000股的股本，实缴金额为3 879万美元。我国中央银行加入国际清算银行，标志着我国的经济实力和金融成就得到了国际社会的认可，同时也有助于我国中央银行与国际清算银行及其他国家和地区的中央银行进一步增进了解，扩大合作，提高管理与监督水平。

1. 宗旨

国际清算银行最初创办的目的是处理第一次世界大战后德国的赔偿支付及其有关的清算等业务。第二次世界大战后，它成为经济合作与发展组织成员方之间的结算机构，该行的宗旨也逐渐转变为促进各国中央银行之间的合作，为政府间国际金融业务提供便利，并接受委托或作为代理人办理国际清算业务等。国际清算银行不是政府间的金融决策机构，亦非发展援助机构，实际上是各国（地区）中央银行的会晤场所，接受各国（地区）中央银行的委托开展各种业务。

2. 资金来源

国际清算银行的资金主要来源于以下三个方面：

（1）成员方缴纳的股金。该行股份的 80%为各成员方中央银行持有，其余 20%为私人持有。

（2）借款。向各成员方中央银行借款，补充该行自有资金的不足。

（3）吸收存款。接受各成员方中央银行的黄金存款和商业银行的存款。

3. 组织结构

国际清算银行是以股份公司的形式建立的，组织机构包括股东大会、董事会、办事机构。

国际清算银行的最高权力机关为股东大会，股东大会每年 6 月份在巴塞尔召开一次，只有各成员方中央银行的代表参加表决。选票按有关银行认购的股份比例分配，而不管在选举的当时掌握多少股票。每年的股东大会通过年度决算、资产负债表和损益计算书、利润分配办法和接纳新成员方等重大事项的决议。在决定银行章程、增加或减少银行资本、解散银行等事项时，应召开特别股东大会。除各成员方中央银行行长或代表作为有表决权的股东参加股东大会外，所有与该行建立业务关系的中央银行代表均被邀请列席。

董事会是国际清算银行的经营管理机构，由 13 名董事组成。比利时、德国、法国、英国、意大利和美国的中央银行行长是董事会的当然董事，这 6 个国家可以各自任命 1 名本国工商和金融界的代表作董事。此外，董事会可以通过多数选举选出其他董事，但最多不超过 9 人。董事会设主席 1 名，副主席若干名，每月召开 1 次例会，审议银行日常业务工作，决议以简单多数票做出，票数相等时由主持会议的主席投决定票。董事会主席和银行行长由 1 人担任。董事会根据主席建议任命 1 名总经理和 1 名副总经理，就银行的业务经营向银行负责。

国际清算银行下设银行部、货币经济部、法律处、秘书处等办事机构。

4. 主要业务

国际清算银行主要与各成员方中央银行发生业务联系，但也与一些大型商业银行有业务往来。它的主要业务活动有：

（1）处理国际清算事务。第二次世界大战后，国际清算银行先后成为欧洲经济合作组织、欧洲支付同盟、欧洲煤钢联营、黄金总库、欧洲货币合作基金等国际机构的金融业务代理人，承担着大量的国际结算业务。

（2）办理或代理有关银行业务。第二次世界大战后，国际清算银行业务不断拓展，目前可从事的业务主要有：接受成员方中央银行的黄金或货币存款，买卖黄金和货币，买卖可供上市的证券，向成员方中央银行贷款或存款，也可与商业银行和国际机构进行类似业务，但不得向政府提供贷款或以其名义开设往来账户。目前，世界上很多中央银行在国际清算银行存有黄金和硬通货，并获取相应的利息。

(3) 定期举办中央银行行长会议。国际清算银行于每月的第一个周末在巴塞尔举行西方主要国家中央银行的行长会议，商讨有关国际金融问题，协调有关国家的金融政策，促进各国中央银行的合作。

此外，国际清算银行还经常全面系统地收集并及时公布有关的经济金融统计资料，这对各国来讲起到了很好的数据库作用；其分析思想在国际经济、贸易、金融界都具有一定的权威性。

7.3.2 亚洲开发银行

亚洲开发银行（Asian Development Bank，ADB）是亚洲、太平洋地区的区域性金融机构。它不是联合国下属机构，是联合国亚洲及太平洋经济社会委员会（联合国亚太经社会）赞助建立的机构，同联合国及其区域和专门机构有密切的联系。根据1963年12月在马尼拉由联合国亚洲及太平洋经济社会委员会主持召开的第一届亚洲经济合作部长级会议的决议，1965年11月至12月在马尼拉召开的第二届会议通过了亚洲开发银行章程。章程于1966年8月22日生效，11月在东京召开首届理事会，宣告该行正式成立。同年12月19日正式营业，总部设在马尼拉。亚洲开发银行的成员方除亚洲和太平洋地区的发达和发展中国家（地区）以外，还有英国、德国、意大利、荷兰等十几个欧洲发达国家。截至2023年7月，亚洲开发银行共有68个成员方，它是仅次于世界银行的世界第二大开发性国际金融机构。亚洲开发银行创建时，我国台湾地区以中国名义参加，1986年3月我国成为亚洲开发银行的正式成员方，台湾以“中国台北”的名义继续留在亚洲开发银行。

1. 宗旨

亚洲开发银行的宗旨是向亚洲及太平洋地区发展中成员方发放开发性贷款、进行投资和技术援助；并同联合国及其专门机构进行合作，协调成员方在经济、贸易和发展方面的政策，促进亚太地区的经济繁荣。

2. 资金来源

亚洲开发银行的资金分为普通资金和特别基金两部分。普通资金是亚洲开发银行从事贷款业务的最主要资金，源于成员方认缴的股金、国际金融市场筹资和银行业务净收益。特别基金源于实际认缴股金的10%和捐款，捐款最多的成员方是日本、美国、德国、英国等。特别基金又分为三种：一是亚洲开发基金，用于向亚太地区不发达国家（地区）提供优惠贷款；二是技术援助特别基金，用于人力资源开发和针对发展项目的咨询及技术服务；三是日本特别基金，以赠款或股份投资方式进行技术援助或资助开发项目。

亚洲开发银行的普通资金形成硬贷款，硬贷款也称普通贷款或项目贷款，主要贷给亚洲及太平洋地区比较富裕的发展中国家（地区），用于能源、农业、工业、运输和通信等部门的开发工程项目。申请贷款有严格的程序和条件，如项目经济效益好、政府资信较好等。贷款采用浮动利率，期限为10～30年，宽限期为2～7年。亚洲开发银行的特别基金形成软贷款，软贷款也叫特别贷款，主要贷给经济欠发达的发展中国家（地区）。贷款条件十分优惠，具有援助性质，除1%的手续费外不收利息，期限为40年，宽限期为10年。亚洲开发银行的贷款一般都直接贷给发展中成员方，或由政府担保的其他机构。

3. 组织结构

亚洲开发银行的组织机构与世界银行相似。其最高权力机构是理事会，由每个成员方各指派 1 名理事组成，理事会下设董事会负责执行理事会的决议和银行日常的经营管理。董事会由 12 人组成，其中 8 人由本地区成员方选举，4 人由非本地区成员方选举。亚洲开发银行的行长由理事会选举产生，并担任董事会主席。行长必须是亚洲及太平洋地区成员方的公民，自建行以来一直由日本人担任。行长是最高行政负责人，负责日常业务。该行的主要业务部门有基本建设部、农业和木材发展部、工业和开发银行部等。

成员方的投票权由基本投票权和比例投票权两部分构成。基本投票权以投票权总数的 20%平均分配给每个成员方；比例投票权按各成员方认缴股份多少计算，每认缴 1 股（1 万美元）增加 1 票，目前拥有最多投票权的国家依次是日本、美国和中国。

4. 主要业务

亚洲开发银行的贷款方式主要有：

（1）项目贷款。即对某成员方发展规划的具体项目提供贷款，贷款条件是项目经济效益好、有利于借款成员方的经济发展和借款成员方有较好的资信。

（2）开发金融机构贷款。是指通过成员方的开发性金融机构进行的间接贷款，因而也称中间转贷。

（3）私营部门贷款。它分为直接贷款和间接贷款两种形式。直接贷款是指有政府担保的贷款，或者没有政府担保的股本投资，以及为项目提供的技术援助。间接贷款主要是指通过开发性金融机构的限额转贷和对开发性金融机构进行的股本投资。

（4）联合贷款。是指一个或一个以上的区外经济实体（官方机构与私人投资者）与亚洲开发银行共同为某一开发项目融资。它主要有以下几种类型：平衡融资，是将项目分成若干具体的、独立的部分，以供亚洲开发银行及其他融资伙伴分别融资；共同融资，是亚洲开发银行与其他融资伙伴按商定比例，对某成员方的某一项目进行融资的方式；伞形融资或后备融资，这类融资在开始时由亚洲开发银行负责项目的全部外汇费用，但只要找到联合融资伙伴，亚洲开发银行贷款中的相应部分即取消；窗口融资，是指联合融资伙伴将其资金通过亚洲开发银行投入项目，联合融资伙伴与借款人之间不发生关系；参与性融资，是指亚洲开发银行先对项目进行贷款，然后商业银行购买亚洲开发银行贷款中较早到期的部分。在这些联合贷款形式中，平衡融资和共同融资占大部分。

专题看板

我国与亚洲开发银行的关系

1986 年 2 月 17 日，亚行理事会通过决议，接纳中国为亚洲开发银行成员方。同年 3 月 10 日，中国正式成为亚洲开发银行成员，我国台湾地区以“中国台北”的名义继续保留席位。中国是亚洲开发银行第三大认股国，认股额为 16 亿美元，拥有 6.096%的投票权。在 1987 年 4 月举行的第 20 届年会董事会改选中，中国当选为董事国并获得在董事会中单独的董事席位。同年 7 月 1 日，亚洲开发银行中国董事办公室正式成立。1986 年，中国政府指定中国人民银行为中国对亚洲开发银行的官方联系机构和亚洲开发银行在中国的保管银行，负责中国与亚洲开发银行的联系及保管亚洲开发银行所持有的人民币和其在中国的其他资产。2000 年 6 月 16 日，亚洲开发银行驻中国代表处在北京成立。

7.3.3 欧洲投资银行

欧洲投资银行（European Investment Bank，EIB）是欧盟各国政府间的一个金融机构，成立于1958年1月，总行设在卢森堡。

1. 宗旨

欧洲投资银行的宗旨是：利用国际资本市场和欧盟内部资金，促进欧盟的平衡和稳定发展。为此，该行的主要贷款对象是成员方不发达地区的经济开发项目。从1964年起，贷款对象扩大到与欧盟有较密切联系或有合作协定的欧盟外的国家。

2. 资金来源

（1）成员方认缴的股本金。初创时法定资本金为10亿欧洲记账单位。

（2）借款。通过发行债券在国际金融市场上筹资，这是该行主要的资金来源。

3. 组织机构

欧洲投资银行是股份制的企业性质的金融机构。董事会是其最高权力机构，由成员方财政部部长组成，负责制定银行总的方针政策，董事长由各成员方轮流担任；理事会负责主要业务的决策工作，如批准贷款、确定利率等；管理委员会负责日常业务的管理；此外，还设有审计委员会。

4. 业务活动

（1）对工业、能源和基础设施等促进地区平衡发展的投资项目提供贷款或贷款担保。

（2）促进成员方或欧盟感兴趣的事业的发展。

（3）促进企业现代化。其中，提供贷款是该行的主要业务，包括两种形式：一是普通贷款，即运用法定资本和借入资金办理的贷款，主要向欧盟成员方政府或私人企业发放，贷款期限可达20年；二是特别贷款，即向欧盟以外的国家和地区提供的优惠贷款，主要根据欧盟的援助计划，向同欧洲保持较密切联系的非洲国家及其他发展中国家提供，贷款收取较低利息或不计利息。

7.3.4 非洲开发银行

非洲开发银行是1963年8月在喀土穆举行的非洲国家财政部部长会议上决定成立的一个面向非洲的区域性政府间国际金融组织。1964年9月，该行宣告正式成立，总部设在科特迪瓦首都阿比让，1966年7月正式营业。最初，只有除南非以外的非洲国家才能加入非洲开发银行。为了广泛吸收资金和扩大贷款能力，1980年5月，非洲开发银行通过决议欢迎非洲以外的国家入股。截至2023年6月，该行的成员除54个非洲国家外，还有27个区外国家。中国于1985年5月正式加入非洲开发银行，1996年3月，中国派出了董事助理开始参加有关职务的轮任。至2007年6月底，我国累计向非洲开发基金认捐资金达3.14亿美元。虽然我国不能使用非洲开发银行的贷款，但参加该行为我国在非洲开展工程承包、扩大商品劳务出口创汇奠定了基础，也增进了我国与非洲各国的友好往来。

1. 宗旨

非洲开发银行的宗旨是：通过提供投资、贷款和利用非洲大陆的人才和资源，促进成员方经济的发展和进步；优先向有利于地区经济合作和扩大成员方间贸易的项目提供资金和技术援助；帮助研究、制订、协调和执行非洲各国的经济发展计划，以便达成非洲经济一体化。

2. 资金来源

非洲开发银行的资金来源分为普通资金来源和特别资金来源。

（1）普通资金来源。具体包括：核定资本认缴额，最初为 2.5 亿非洲开发银行记账单位，每记账单位价值 0.888 671 克纯金，核定资本分为 2.5 万股，每股 1 万非洲开发银行记账单位；自行筹措资金；用实收资本或筹措资金发放贷款所获得的还款资金；依据该行待缴资本发放贷款或提供担保所获得的收入；不构成该行特别资金来源的其他资金和收入。

（2）特别资金来源。具体包括：捐赠的特别资金和受托管理的资金；为特别资金筹措的专款；任意成员方筹措的该国货币贷款，用途是从贷款国购买商品与劳务，以完成另一成员方境内的工程项目；用特别资金发放贷款或提供担保所获得的偿还资金；用上述任何一项特别基金或资金从事营业活动获得的收入；可用作特别资金的其他资金来源。

3. 组织结构

非洲开发银行的最高权力机构是理事会，由各成员方指派 1 名理事组成，理事一般由各国财政部长或中央银行行长担任。每个理事的投票表决权数是根据成员方缴付股本的多少来计算的。理事会经选举组成董事会，董事会是负责银行日常业务的常设机构。

4. 业务活动

非洲开发银行的贷款分为普通贷款和特别贷款。普通贷款是该行用普通股本提供的贷款。普通贷款主要投向农业、运输、公用事业和工业等部门，贷款期限一般为 12～20 年。特别贷款的条件较宽泛，专门用于“特别基金”开展的贷款业务。“特别基金”包括“非洲开发基金”和“尼日利亚信托基金”等。“非洲开发基金”主要用于援助非洲最穷的国家，为其工程项目提供期限长达 50 年的无息贷款。“尼日利亚信托基金”是尼日利亚政府提供的，用于援助最贫困的或遭到严重自然灾害或因国际经济衰退而受到严重影响的非洲国家，贷款期限为 25 年。

为广泛动员成员方和利用资金，非洲开发银行又建立了以下四个机构：

（1）非洲开发基金。这是由非洲开发银行和非洲以外 25 个国家与地区成员认股缴纳的一笔跨国基金，设立于 1972 年，自 1973 年开始营业。该基金主要向非洲最贫穷国家的发展项目提供无息贷款，偿还期限为 50 年，每年只收取 0.75%的手续费；对可行性研究项目发放贷款，偿还期限为 10 年，每年收取 0.75%的手续费。

（2）非洲投资开发国际金融公司。该组织是 1970 年 11 月在非洲开发银行倡议和参与下组建的控股公司，总部设在日内瓦。其宗旨是动员国际私人资本，建设和发展非洲的生产性企业。公司的股东除国际金融公司外，还有美洲、欧洲和亚洲的 120 余家金融、工业与商业企业。

（3）尼日利亚信托基金。它是 1976 年建立的，由尼日利亚政府投资、非洲开发银行管理的一个机构。该基金通过与其他信贷机构合作，为非洲开发银行成员方中较贫穷国家的发展项目提供援助资金，以促进非洲经济增长。贷款的偿付期限为 25 年，宽限期最长可达 5 年，收取较低的利息。贷款的领域主要是交通运输和社会公共事业。

（4）非洲保险公司。这是非洲开发银行的一个附属金融机构，于 1977 年 3 月成立，1978 年开始营业。它是发展中国家建立的第一家政府间再保险公司。该公司的宗旨是：促进非洲国家保险与再保险事业的发展；通过投资和提供有关保险与再保险的技术援助，促进非洲国家的经济独立和加强区域性合作。该公司的最高权力机构是由各成员方代表组成的大会。按规定，每个成员方至少要把其境内再保险合同的 5%投保于该公司。该公司现在已控制了非洲再保险营业额的 80%左右，减少了非洲再保险费用的外流，并以其收益投资于非洲的经济建设。

7.3.5 泛美开发银行

1959 年 4 月 8 日，美洲国家组织的 21 个成员方代表在华盛顿签订了关于建立泛美开发银行的协定。1960 年 10 月 1 日，泛美开发银行正式开业，行址设在华盛顿。我国于 2009 年 1 月 12 日正式加入泛美开发银行，成为该集团的第 48 个成员方。

1. 宗旨

泛美开发银行的宗旨是为成员方的经济与社会发展项目，以及为成员方国内的私人企业提供贷款和技术援助，以促进拉美国家的经济发展与合作。

2. 资金来源

泛美开发银行的资金是由成员方认缴的股本和借款组成的。

3. 组织形式

泛美开发银行由每个成员方指派一名理事组成理事会作为最高权力与决策机构，由理事会选出董事组成执行董事会并选出行长，行长在执行董事会指导下处理银行日常业务并主持执行董事会会议。

4. 业务活动

泛美开发银行提供的贷款主要有普通业务贷款、特种业务基金贷款和社会进步信托基金贷款。

(1) 普通业务贷款。发放对象为成员方政府和公私机构，用于特定经济项目，期限为 10～25 年，年利率为 7%～8%，以借贷的货币偿还。

(2) 特种业务基金贷款。是指向成员方需要特别对待的经济与社会项目提供的贷款，期限为 10～30 年，利率较低，可全部或部分用本国货币偿还。

(3) 社会进步信托基金贷款。该种贷款需经提供基金国家的同意才能发放，用于资助拉美国家的社会发展和低收入地区的住房建筑、卫生设施、土地整治和乡村开发、高等教育和训练等方面。

本章小结

1. 国际金融组织就是从事国际金融事务的协调和管理，维持国际货币及信用体系正常运作的超国际机构。国际金融组织有全球性国际金融组织、洲际性国际金融组织和区域性国际金融组织三种。它们在加强国际经济、金融合作，发展世界经济及区域经济方面起到了积极的作用。

2. 国际货币基金组织是根据 1944 年 7 月在美国新罕布什尔州布雷顿森林举行的会议及其所通过的《国际货币基金协定》而成立的。

3. 世界银行集团包括国际复兴开发银行、国际开发协会、国际金融公司、多边投资担保机构和国际投资争端解决中心，它们的总部均设在华盛顿。

4. 洲际性国际金融组织包括国际清算银行、亚洲开发银行、欧洲投资银行、非洲开发银行和泛美开发银行等。

重点概念

国际金融组织	国际货币基金组织	特别提款权	世界银行集团
国际复兴开发银行	国际开发协会	国际金融公司	多边投资担保机构
国际清算银行	亚洲开发银行	欧洲投资银行	非洲开发银行
泛美开发银行			

复习思考题

1. 名词解释

国际金融组织	特别提款权	世界银行集团	国际复兴开发银行
国际开发协会	国际金融公司	多边投资担保机构	国际清算银行
亚洲开发银行	欧洲投资银行	非洲开发银行	泛美开发银行

2. 思考题

（1）国际货币基金组织和世界银行集团在组织机构、投票权分配、资金来源与运用方面有何特点？

（2）国际清算银行、亚洲开发银行的重要作用是什么？

3. 案例分析

2016 年在秘鲁举行的亚太经济合作组织领导人非正式会议上，新加坡总理李显龙认为："在全球出现金融危机之际，国际金融机构所扮演的角色是很关键的，而各国与国际金融机构的接触和配合也十分重要。长远而言，通过国际金融机构发挥有效作用，有助于加强和改善国际金融体系。"

请你谈一谈对以上论点的看法。在金融危机中，国际金融机构到底应该是对抗还是合作？为什么？

第8章 国际结算

导入案例

自中国提出“一带一路”倡议以来，政策沟通、设施联通、贸易畅通、资金融通、民心相通不断深入推进。这一全面发展的进程为中国和沿线国家带来了新机遇、新景象、新收获和新发展。随着我国与“一带一路”国家和地区的经贸关系日益紧密，这些国家和地区的银行信用证结算业务占比逐步上升。然而，与发达国家和地区的银行使用信用证进行结算且具备完善的操作流程相比，印度、孟加拉国、巴基斯坦等“一带一路”国家和地区的银行在国际业务软实力方面仍存在不足之处。这些国家和地区开立的信用证有些条款繁复冗长，晦涩难懂。

本章学习目标

1. 掌握国际结算的概念及特点；
2. 了解国际结算制度的发展历程；
3. 了解国际结算工具；
4. 掌握国际结算方式。

素养目标

党的二十大报告强调坚持以人民为中心的发展思想。人民幸福事业要求我们提高人民道德水准和文明素养，弘扬诚信文化，健全诚信建设长效机制。诚信是社会主义核心价值观的重要内容，是社会主义市场经济的基本原则，是金融业的生命线。通过对国际结算工具、方式和惯例等的介绍及案例分析，可以让学生深刻理解诚信至上、遵守商业秘密、秉持职业道德底线的意义，增强对国际金融规则和商业道德的尊重与遵守。

8.1 国际结算概述

8.1.1 国际结算的概念

国际结算是商品经济的产物，是随着国际贸易和国际信用制度的发展而产生和完善起来的，它是指国际经济交易的参与者，包括个人、企业和政府之间在发生了债权债务关系后，借助于银行，使用一定的工具和方式来完成货币的收付，进而了结这种债权债务关系的活动的总称。国际结算与国内结算的区别有：

（1）货币的活动范围不同。国内结算仅限于一国范围内，国际结算是跨国进行的。

（2）使用的货币不同。国内结算使用同一种货币，国际结算则使用不同的货币。

（3）遵循的法律不同。国内结算遵循同一法律，国际结算遵循国际惯例或根据当事双方事先协定的仲裁法。

国际结算是国际商业银行的主要业务之一，根据国际经济交易的主要类型可分为国际贸易结算和国际非贸易结算。国际贸易结算与进出口贸易关系密切，进出口贸易中发生的货款收付、费用收付等都要通过银行结算来完成，以最终结清进出口商之间的债权债务关系，涉及这些的结算都称为国际贸易结算。国际非贸易结算是指除国际贸易以外的其他国际经济行为引起的货币收付，如服务性活动以及资本转移、国际借贷引起的货币收付等，最后也都要通过银行来进行结算。

8.1.2 国际结算的特点

现代国际结算主要是通过银行进行的非现金结算，也就是利用汇票或承付委托书等信用工具将两国之间的债权、债务集中到银行所进行的冲抵结算。其主要特点如下所述。

1. 通过银行进行的非现金结算

通过银行进行的非现金结算是指不直接运送现金，而是通过经营外汇业务的银行利用信用工具进行货币收付，以了结国际债权债务关系。

2. 涉及两种货币的兑换

由于不同国家所用的货币有不同的单位和名称，并代表不同的价值，因此进行国际结算时，必须将一种货币按照一定的汇率兑换成另一种货币。

3. 采用汇款方式

由于两国之间距离遥远，必须采用汇款方式进行支付。有了国际结算，既便利了国际之间债权、债务的清算，促进了国际贸易的发展，同时也便利了国际上的货币支付，从而促进了国际上的政治、经济、文化等方面的合作与交流。

8.1.3 国际结算制度

国际结算制度又称国际结算体系，是指各国之间结算债权债务关系的基本方法和总的原则。实行何种国际结算制度，取决于世界各国经济发展水平及国际政治现状。从资本主义发展过程来看，曾经经历了三种不同类型的国际结算制度。

1. 自由的多边国际结算制度

19 世纪正处于资本主义自由贸易的鼎盛时期，国际贸易发展十分迅速，国际的经济、贸易交往日益增强。许多国家确立了金本位的货币制度，国际收支基本平衡。黄金可以自由输出输入，国际上正常的支付与结算均以黄金作为结算的最后支付手段。由于各国货币之间的比价都是以各自的含金量为基础，且由黄金输送点自动调节，因此汇率能保持稳定。在这种条件下，推行自由的多边国际结算制度有利于国际贸易的发展。实行自由的多边国际结算制度必须以外汇自由买卖为前提，而外汇自由买卖又必须以货币稳定为条件。所有使用自由外汇的国家相互之间的债权、债务都可以相互冲抵。譬如，甲国对乙国的债务，可以用甲国对丙国的债权来冲抵，或者说，甲国对丙国的债权就表现为甲国在丙国银行账户上的存款余额，在这种存款为自由外汇的条件下，甲国可以将这笔存款余额无条件地转到乙国在丙国银行的账户上以偿付它对乙国的债务。

1929—1933 年，资本主义世界爆发了空前严重的经济危机。各主要资本主义国家爆发的货币信用危机冲击着整个世界市场，使市场机制作用大为削弱，国际关系陷入混乱。各国为了维护各自的经济利益，一方面竭力向外转嫁经济危机，另一方面阻止外国经济危机对本国经济的冲击，于是纷纷恢复了不同形式的外汇管制。第二次世界大战期间，除了远离战争而未受战争破坏的美国、瑞士之外，欧洲各国为了支付巨额的战争开支，都实行严格的外汇管制。西方国家的金融及外汇市场都陷于停滞状态，于是，管制的双边国际结算制度应运而生。

2. 管制的双边国际结算制度

管制的双边国际结算制度是指两国政府签订支付协定，开立清算账户集中抵消和清算两国之间由于贸易和非贸易往来所发生的债权债务收支。在这种制度下，甲国对乙国的债权只能用来偿还甲国对乙国的债务，而不能用此债权来抵偿甲国对任何第三国的债务。双边清算则由两国的中央银行负责具体组织实施。一般的做法是：在外汇管制的条件下，两国政府通过签订支付协定，双方分别在对方设立清算账户，采用集中冲销彼此之间债权、债务的方法，而不是采用逐笔支付外汇的方法来进行国际结算。

管制的双边结算制度的产生直接反映了西方世界经济危机和货币信用危机的加剧。然而，这种国际结算制度的实行具有正反两方面的作用。其积极作用表现在：(1) 缓和了西方国家因黄金外汇短缺而无法进行正常贸易的矛盾，在一定程度上促进了国际贸易的发展。(2) 防止了不利资本的流出或流入，改善了各国的国际收支状况。(3) 节约了外汇黄金的使用，加速了资金的周转。(4) 节约了缔约国之间的外汇资金的支出，促进了缔约国之间的贸易发展。其消极作用表现为：(1) 由于这种结算制度具有排他性，因此直接影响与缔约国以外的第三国开展贸易，从而在一定程度上阻碍了国际贸易的发展。(2) 造成资本主义发达国家向不发达国家倾销过剩产品。

3. 多元化混合型的国际结算制度

第二次世界大战之后，世界政治经济格局发生了重大变化。二战后初期，除美国外，西方各主要资本主义国家的国际储备普遍短缺，无力支付进口物资所需的外汇，同时也无法维持本国货币的稳定。到 20 世纪 50 年代后期，西方一些国家的经济实力已经增强，足以与美国抗衡，于是对外汇管制有放松的趋势。从 1960 年开始，德国与日本率先宣布货币自由兑换，英国也在 1979 年撤销了残存的一些外汇管制条例。而许多发展中国家为了发展民族经济，减少黄金国际储备的流失，则一直实行比较严格的外汇管制。因此，单纯的管制的双边国际结算制度已经不能满足经济发展的需要，多元化混合型的国际结算制度取代了单一的国际结算制度。在多元化混合型的国际结算制度下，既有西方国家间全球性的多边结算，也有区域性的和集团性的多边结算，此外还存在着发展中国家之间的双边结算制度。由于管制的国际结算制度不利于全球性贸易的开展，因此当前推行的主要是全球性、区域性的多边结算制度。多元化混合型的国际结算制度的主要特点包括：

（1）自由的外汇兑换与程度不同的外汇管制并存，以自由的外汇兑换为主。

（2）全球的自由的多边结算制度、区域性的多边结算制度和管制的双边结算制度并存，以全球的和区域性的多边结算为主。

随着生产、资本和市场国际化的迅速发展，以及跨国公司的蓬勃兴起，国际贸易结算制度将进一步向着多元化和自由化的多边结算制度方向发展。

8.1.4 国际结算惯例

国际结算惯例是指在世界范围内被人们反复运用与普遍承认的习惯做法和特定方式。它是在国际范围内逐渐形成的。

国际惯例本身并不是法律，而是人们共信共守的规则，它不具有法律效力。因此，合同的一方不能强迫对方使用某惯例，也不能自己主动地去遵循某惯例，只有在合同上引用了某惯例，此惯例对有关各方才具有约束力。

国际结算惯例按使用的结算货币是否可以自由兑换来划分，大致可以分为下述三种类型。

1. 自由的多边的国际结算惯例

这种结算惯例以使用自由兑换的货币为特点，凡使用自由外汇的国家间的资金差额都可以相互冲抵。

2. 管制的双边的国际结算惯例

由两国政府通过签订贸易支付协定，双方互设支付清算账户，以集中冲销彼此债权债务的方法来进行国际结算。

3. 多元化混合型的国际结算惯例

第二次世界大战后的世界经济已发展成为一个多极化、多元化的混合经济，与其相适应，逐步形成了多元化混合型的国际结算惯例。它具有多元的、混合的特点。

8.2 国际结算工具

国际结算工具主要包括金融票据和商业单据两种。

8.2.1 金融票据

金融票据是以支付金钱为目的的一种证券，即由出票人签发的，无条件地约束自己或他人向第三者立即或在规定的时间内支付一定金额的书面凭证，一般包括汇票、本票和支票。在当今经济社会以转账方式为主了结债权债务关系的前提下，金融票据在某种程度上是资金的代名词。

1. 汇票

汇票是国际结算的主要支付工具，是指出票人签发的，委托付款人在见票时或者在指定日期无条件支付确定的金额给收款人或者持票人的票据。汇票一般有三个基本当事人，即出票人、收款人和付款人。在国际结算实务中，各当事人通常简化为：出票人是出口商，收款人是出口商所在地银行，付款人通常指进口商所在地银行。

汇票须包含必要的项目，即汇票的形式要项，也即从形式上应具备的必要项目。只要这些项目齐全，符合票据法的规定，汇票即可成立、有效。具体包括：

(1) 汇票上写明“汇票”字样。汇票上要明确表明其为汇票，使之与本票、支票及其他票据加以区分，以免混淆。

(2) 无条件支付命令。“无条件”是指付款委托不能将某一事件的发生或某些情况的出现，或某一行为的履行作为付款的先决条件。比如，“如果ABC公司交付的货物符合合同规定，即支付其10 000美元。”这是有条件的委托，汇票无效。而“如蒙付款我们将不胜感激”之类的假设也不符合“无条件”的定义。

(3) 出票地点和出票日期。出票地点应该与出票人的地址相同，根据惯例，若汇票是在某一国开立的，将适用该国的法律。因此，在汇票上应载明出票地点，以便将来一旦出现有关纠纷，即可按照该国法律裁决。出票日期的作用主要有三方面：决定票据的有效期、决定到期日和决定出票人的行为能力。

(4) 付款时间和地点。付款时间又称付款期限，是付款人履行付款义务的日期。汇票的付款期限一般有四种：见票即付、出票后定期付款、见票后定期付款和确定日期付款。付款地点是持票人提示票据请求付款的地点。

(5) 一定金额的货币。汇票必须载明一定金额的货币，否则票据无效。所谓“一定”金额，意指任何人都可以计算出来，或可以确定的金额，不能有模棱两可的字眼，如“大约”“或”等。汇票金额要用汉字大写和数字小写分别表明。如果文字与数字不符，以金额小者为准。

(6) 付款人和收款人。付款人也可称为受票人，它是接受命令的人，付款人的名称和地址必须书写清楚，以便持票人提示承兑或付款。汇票的收款人是汇票上记名的债权人。汇票上“收款人”的记载，通常称为“抬头”，习惯上汇票只写收款人名称，不写其地址。

(7) 出票人名称和签字。凡在票据上签字的人，就是票据债务人，换言之，他要对票据付款负责任，收款人有了债权，票据随之成为债权凭证。

汇票行为，也称为汇票的业务流程，它是票据法中规定的票据在使用过程中必要的法律程序。而且，票据法规定汇票行为大多也适用本票和支票。具体包括：

(1) 出票（Issue）。出票是指出票人签发汇票并交付给收款人的行为。出票后，出票人即承担保证汇票得到承兑和付款的责任。如汇票遭到拒付，出票人应接受持票人的追索，清偿汇票金额、利息和有关费用。

(2) 提示（Presentation）。提示是持票人将汇票提交付款人要求承兑或付款的行为，是持票人要求取得票据权利的必要程序。提示又可分为付款提示和承兑提示。

(3) 承兑（Acceptance）。承兑是指付款人在持票人向其提示远期汇票时，在汇票上签名，承诺于汇票到期时付款的行为。具体做法是付款人在汇票正面写明“承兑”字样，注明承兑日期，签章后交还持票人。付款人一旦对汇票做出承兑，即成为承兑人，以主债务人的身份承担汇票到期时付款的法律责任。

（4）付款（Payment）。付款人在汇票到期日，向提示汇票的合法持票人足额付款。持票人将汇票注销后交给付款人作为收款证明，汇票所代表的债务债权关系即告终止。

（5）背书（Endorsement）。汇票是可流通转让的证券。根据票据法的规定，除出票人在汇票上写明“不得转让”外，汇票的收款人可以记名背书的方式转让汇票权利。即在汇票背面签上自己的名字，并记载被背书人的名称，然后把汇票交给被背书人即受让人，受让人成为持票人，是票据的债权人。受让人有权以背书方式再行转让汇票。若汇票经过不止一次转让，背书必须连续，即被背书人和背书人名字应前后一致。对受让人来说，所有以前的背书人和出票人都是他的“前手”，对背书人来说，所有他转让以后的受让人都是他的“后手”，前手对后手承担汇票得到承兑和付款的责任。在金融市场上，最常见的背书转让为汇票的贴现，即远期汇票经承兑后，尚未到期，持票人背书后，由银行或贴现公司作为受让人，从票面金额中扣减按贴现率结算的贴息后，将余款付给持票人。

（6）拒付和追索（Dishonor & Recourse）。持票人向付款人提示，付款人拒绝付款或拒绝承兑，均称为拒付。另外，付款人逃匿、死亡或宣告破产，以致持票人无法实现提示，也称为拒付。出现拒付，持票人有追索权，即有向其前手（背书人、出票人）要求偿付汇票金额、利息和其他费用的权利。在追索前必须按规定出具拒绝证书和发出拒付通知。拒绝证书用以证明持票人已进行提示而未获结果，由付款地公证机构出具，也可由付款人自行出具退票理由书或有关的司法文书。拒付通知用以通知前手关于拒付的事实，使其准备偿付并进行再追索。

汇票种类繁多，按出票人的不同，分为银行汇票和商业汇票；按承兑人的不同，分为商业承兑汇票和银行承兑汇票；按付款时间的不同，分为即期汇票和远期汇票；按有无附属单据，分为光票和跟单汇票。

2. 本票

本票是一个人向另一个人签发的保证见票时或于一定时期内向收款人或持票人无条件支付一定金额的书面凭证。本票的当事人只有出票人和收款人。

根据《日内瓦统一法》的规定，本票要求具备以下必要项目：（1）表明其为“本票”的字样。（2）无条件支付承诺。（3）出票人签字。（4）出票日期和地点。（5）付款地点。（6）付款期限，如果没有写清，可以当作见票即付。（7）金额。（8）收款人或其指定人。

本票的主要种类是商业本票和银行本票。商业本票是由工商企业或个人签发的本票，也称为一般本票。商业本票可分为即期商业本票和远期商业本票，一般不具备再贴现条件，特别是中小企业或个人开出的远期商业本票，因信用保证不高，因此很难流通。银行本票都是即期的，在国际贸易结算中使用的本票大多是银行本票。国外票据法允许企业和个人签发本票，称其为一般本票，但在国际贸易中使用的本票均为银行本票。狭义的国际贸易中的本票仅指银行本票，不包括工商企业或个人签发的本票。

3. 支票

支票是由出票人签发的，委托办理支票存款业务的银行或者其他金融机构在见票时无条件支付确定的金额给收款人或持票人的票据。主要当事人涉及出票人（即银行的存款户）、付款人（即银行）、收款人或其指定人。支票出票人签发的支票金额不得超出其在付款人处的存款金额。如果存款低于支票金额，银行将拒付，这种支票称为空头支票，出票人出具空头支票要负法律责任。

支票要求具备以下必要项目：（1）表明其为“支票”的字样。（2）无条件支付命令。（3）出票日期及出票地点（未载明出票地点的，将出票人名字旁的地点视为出票地点）。（4）出票人名称及签字。（5）付款银行的名称及地址（未载明付款地点的，将付款银行所在地视为付款地点）。（6）付款人。（7）付款金额。

支票的主要种类有记名支票、不记名支票、划线支票和保付支票。记名支票是指在支票的收款人一栏写明收款人姓名，如“限付某人”或“指定人”，取款时须由收款人签章，方可支取。不记名支票又称空白支票，支票上不记载收款人姓名，只写明“付来人”。取款时持票人无须在支票背后签章，即可支取。此种支票仅凭交付而转让。划线支票是指在支票正面划两道平行线的支票。划线支票与一般支票不同，划线支票只能由银行领取票款，故只能委托银行代收票款入账。使用划线支票的目的是在支票遗失或被人冒领时，还有可能通过银行代收的线索追回票款。保付支票是指为了避免出票人开出空头支票，保证支票提示时付款，支票的收款人或持票人可要求银行对支票“保付”。保付是由付款银行在支票上加盖“保付”戳记，以表明在支票提示时一定付款。支票一经保付，付款责任即由银行承担，出票人、背书人都可免于追索。付款银行对支票保付后，即将票款从出票人的账户转入一个专户，以备付款，所以保付支票提示时不会退票。

4. 汇票、本票与支票的区别

汇票、本票与支票的主要区别见表 8-1。

表 8-1 汇票、本票与支票的主要区别

项目	汇票	本票	支票
当事人数	三人：出票人、付款人、收款人	两人：出票人、收款人	三人：出票人、付款人、收款人或其指定人
出票人和付款人的关系	不必先有资金关系	无所谓资金关系	先有资金关系
主债务人	承兑前：出票人 承兑后：承兑人	出票人	出票人
出票人担保责任	付款、承兑	自付款	付款
有无到期日记载	有	有	无（即期）
付款人	承兑人（单位或银行）	出票人（单位或银行）	银行
有无副本	有	无	无
票据行为	出票、提示、承兑、付款、背书、拒付和追索	出票、付款、保证	出票、提示
划线制度	无	无	有

8.2.2 商业单据

商业单据是为实现资金的转移而出具的书面证明，它可以是一个简单的合约。在国际贸易结算实务中，商业单据发挥着不可或缺的作用。

1. 商业发票

商业发票简称发票，是在货物装出时，卖方（出口商）开立的凭以向买方（进口商）索取货款的价目清单。在国际贸易结算中，商业发票是卖方必须提供的主要单据之一，在结算中发挥着不可或缺的作用：第一，它是卖方自己出具的履约的书面证明，是证明交易合法性的重要文件，也是装运货物的总的说明；第二，在贸易结算中不使用汇票的场合，发票可代替汇票作为支付的依据；第三，在信用证结算方式下，要求发票与信用证条款一致，所以，它可以成为核对货物是否符合合同和信用证规定的依据；第四，它还可作为进出口地报关、清关、纳税的依据；第五，它是货物发生毁损时进行索赔和理赔的依据。

商业发票的内容一般包括：须载明“发票”字样；发票编号和签发日期；合同或订单号码；收货人名称和地址；出口商名称及地址；装运工具及起讫地点；商品名称、规格、数量、重量（毛重、净重）等；包装及尺码；唛头及件数；价格及价格条件；总金额和出票人签字等。

2. 运输单据

运输单据是承运人收到承运货物签发给出口商的证明文件，它是交接货物、处理索赔与理赔，以及向银行结算货款或进行议付的重要单据。其中包括由轮船公司或其代理人签发的海运提单、由多式联运经营人签发的多式联运单据、由铁道部门签发的铁路运单、由航空公司或其代理人签发的航运运单、由邮局签发的邮包收据等。在国际货物运输中，尽管空运、铁路运输发展很快，但是目前国际贸易运输仍然以海洋运输为主，所以海运提单的作用最为重要。

海运提单简称提单（B/L），是轮船公司或其代理人在收到承运货物时签发给托运人的货物收据，也是承运人和托运人之间的运输契约的证明。它在法律上具有物权证书的效用。收货人在目的港提取货物时必须提交提单正本。由于海运提单具有以上重要作用，因此它是国际贸易单据中的主要单据之一。

由于海洋运输是国际贸易运输中的主要渠道，运输过程中经常会发生转运情况，因此，海运提单在整个运输过程中发挥着以下作用：第一，作为货物的收据。提单是承运人发给托运人的收据，确认承运人已收到提单所列货物并已装船，或者承运人已接管了货物，已代装船。第二，运输契约的证明。是托运人与承运人的运输契约证明。承运人之所以为托运人承运有关货物，是因为承运人和托运人之间存在一定的权利义务关系，双方权利义务关系以提单作为运输契约的凭证。第三，作为物权凭证。提单是货物所有权的凭证。谁持有提单，谁就有权要求承运人交付货物，并且享有占有和处理货物的权利。

3. 保险单据

保险单据简称保险单，它是保险人已接受保险的正式凭证，也是保险人和被保险人之间订立契约的证明。保险单是国际贸易中必不可少的货运单据之一，是双方保险契约的证明及被保险人索赔和保险公司理赔的依据之一。

保险单据主要分为保险单、保险凭证和联合保险凭证等。保险单，俗称“大保单”，是保险人向被保险人签发的单独保险单，是完整的承保形式。在实务中，主要采取保险单的形式。保险凭证，俗称“小保单”，是一种简化的保险单据，保险凭证与保险单具有相同的法律效力，但保险条款仍以保险单的保险条款为准。联合保险凭证，又称承保证明，是一种发票与保险单相结合的、比保险凭证更为简化的保险单据。

8.3 国际结算方式

目前，我国普遍使用的国际结算方式有汇款、托收、信用证、银行保函、国际保理、福费廷和备用信用证等。

8.3.1 汇款结算方式

1. 汇款的定义

汇款是指在不同国家或地区间从一方向另一方转移资金，也就是说，某一银行（汇出行）应其客户的委托，将一定货币额转移至其海外分行或代理行（解付行），指示其付款给某一指定人或公司（收款人或受益人）的行为。汇款结算方式是汇款人委托银行，将款项汇给收款人的一种结算方式。

2. 汇款结算方式的当事人

汇款结算方式的当事人有四个：

（1）汇款人（Remitter）。是指委托银行将款项汇给其他人的一方，在国际结算中通常是进口方。

（2）收款人或受益人（Payee or Beneficiary）。是指收取汇来的款项的一方，一般是指出口方。

（3）汇出行（Remitter Bank）。是指受汇款人的委托，汇出汇款的银行。汇出行所办理的汇款业务叫作“汇出汇款（Outward Remittance）”。

（4）汇入行（Paying Bank）。也称解付行，是指受汇出行的委托，解付汇款的银行。解付行所办理的汇款业务叫作“汇入汇款（Inward Remittance）”。

办理汇款业务的一般程序是汇款人向汇出行出具汇款申请书，委托该行办理汇款业务，汇出行按申请书的指示，用电汇、信汇或票汇的方式通知汇入行，汇入行则按双方银行事先订立的代理合约的规定，向收款人解付汇款。上述当事人中，汇款人和收款人可能为一个人，即汇款人汇款后，自己到国外去取款。当汇出行和汇入行没有建立账户关系时，还会出现第三家、第四家银行及偿付行等。

3. 汇款的种类

按汇款的具体方式不同，分为电汇、信汇、票汇三种。

（1）电汇（Telegraphic Transfer，T/T）。电汇是汇出行应汇款人的申请，以密押电报、电传或环球银行金融电信协会（Society for Worldwide Interbank Financial Telecommunication，SWIFT）等电信方式指示其在国外的分行或代理行，要求其解付一定金额给收款人或其指定人的一种汇款结算方式。电汇结算方式的一个显著特点是快捷安全，它适用于汇款金额大、汇款急的汇款项目。目前，电汇是最常使用的汇付方式。其业务流程如图 8-1 所示。

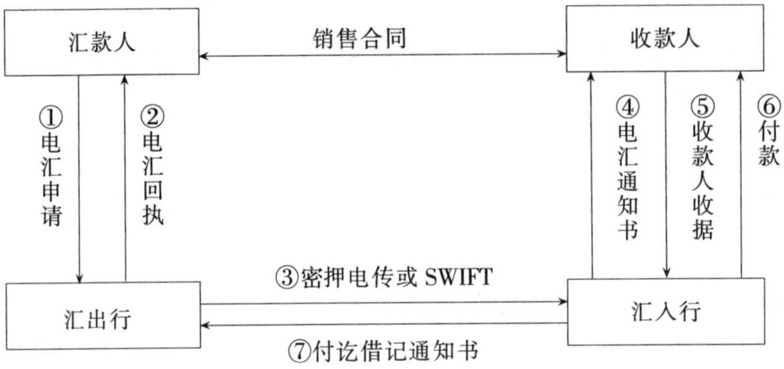

图 8-1 电汇业务流程

（2）信汇（Mail Transfer，M/T）。信汇是汇出行应汇款人的申请，以信汇委托的形式指示汇入行解付一定金额给收款人的一种汇款方式。信汇是以信汇委托书作为结算工具，其凭证传送方向与资金的流向相同，故称顺汇法。实际上，信汇和电汇的业务流程基本上是一样的，所不同的是汇出行不是用电报、电传或 SWIFT，而是通过信函的形式。因此，信汇较电汇来说，汇出行指示的传送速度要慢，所以信汇的费用也要低一些。

（3）票汇（Remittance by Banker's Demand Draft，D/D）。票汇是汇出行应汇款人的申请，代汇款人开立以其分行或代理行为解付行的银行即期汇票，交汇款人自行寄送给收款人或自行携带出国凭汇票取款的一种汇款方式。其业务流程如图 8-2 所示。

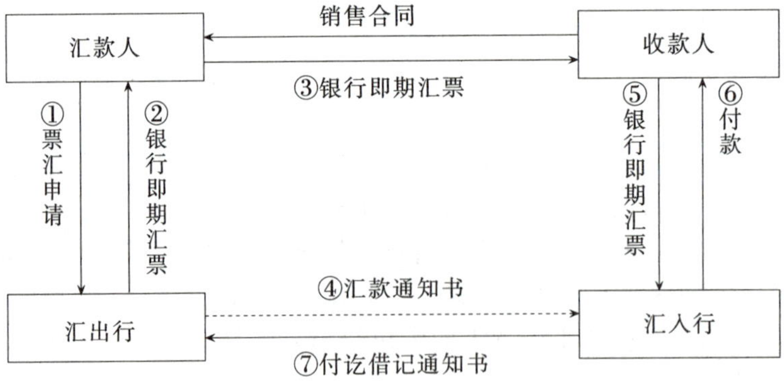

图 8-2 票汇业务流程

票汇与信汇一样，由于通过航邮汇票或自带出国，因此周期长，收费较低。票汇具有取款灵活、可代替现金流通、方便收款人、银行手续简单等特点。但是汇票是一张独立的票据，可以通过背书流通转让，若遗失或被窃，还需要挂失止付，因此，对于一些金额较小、收款时间不急的汇款可使用票汇。

4. 汇款结算方式在国际贸易中的应用

上述三种汇款结算方式由于操作简单便捷、费用低廉等因素，广受进出口商的欢迎。在整个业务中，银行只提供服务而不提供信用，所以进口商、出口商与银行之间的关系是松散的，存在着商业信用。这种商业信用表现为“预付货款”和“货到付款”，其俗称分别为“前T/T”和“后T/T”。

预付货款是一种出口商在发货前就已经收到了货款，然后在合同约定的时间内，将货物发给进口商的贸易方法，是一种对出口商有利而对进口商较为不利的贸易方法。

货到付款一般是指签署合同后，出口商先发货，进口商收到货物后再付款的结算方式，又叫“延期付款”或者“赊账交易”，是一种有利于进口商而不利于出口商的结算方式。

8.3.2 托收结算方式

1. 托收的含义

托收结算方式是由出口商开立汇票，委托出口地银行通过其在国外的分行或代理行，向买方收取货款或劳务费用的一种结算方式。托收结算方式是由出口商以开具票据的方式，委托当地银行向进口商收取款项，因此结算工具的传递方向与资金流动方向相反，故托收结算方式又称为逆汇法。

2. 托收结算方式的当事人

托收结算方式的当事人一般有四个：

（1）出票人（Drawer）。也称委托人（Consignor），是开立汇票委托银行向国外付款方收款的人。在实务中，一般是指出口商、卖方、出票人或者是托运人。

（2）托收行（Remitting Bank）。又称出口方银行（Exporter's Bank），负责将汇票寄给代收行，并须背书给代收行，委托其收款。

（3）代收行（Collecting Bank）。又称进口方银行（Importer's Bank），是接受托收行的委托，参与办理托收业务，主要是向付款人提示汇票。

（4）付款人（Drawee）。是指汇票指定的付款方。如果提示的汇票是即期汇票，付款人必须见票即付；如果是远期汇票，则付款人必须进行承兑。

此外，由国际商会发布的《托收统一规则》还增加了一个当事人，即提示行（Presenting Bank），是指向付款人提示汇票和单据的银行。代收行可以委托与付款人有往来账户关系的银行作为提示行，也可以将自己作为提示行。

3. 托收的种类

托收结算方式分为光票托收和跟单托收两种。

（1）光票托收（Clean Bills for Collection）。光票托收是指卖方仅开立汇票而不附带任何货运单据，委托银行收取款项的一种托收结算方式。它不涉及货权的转移或货物的处理，银行根据票据的付款条件收款，其业务处理比较简单。在国际贸易中，光票托收一般不用于货款的结算，而只用于收取货款尾数、代垫费、佣金、样品费、寄售费或其他贸易从属费用。

（2）跟单托收（Documentary Bills for Collection）。跟单托收是由卖方开立跟单汇票（即汇票连同一整套货运单据一起）交给银行，委托银行代收货款。也有以发票代替汇票，连同货运单据一起交银行托收，以避免进口方缴纳印花税的负担。一般贸易货款的托收都是跟单托收，之所以要跟单，就是为了要把作为货权的商业单据与货款做当面交易。在跟单托收中，银行代收货款时掌握有商业单据，银行在什么条件下向进口商交付单据，特别是代表物权凭证的运输单据，是关系到贸易双方权益的问题，所以设定交单条件是很重要的。

4. 跟单托收结算的业务程序与交单方式

根据银行交单条件的不同，跟单托收可分为付款交单和承兑交单两种。

（1）付款交单（Documents Against Payment，D/P）。付款交单是指代收行必须在进口商付清票款后，才能将货运单据交给进口商的一种交单方式。按付款时间的不同，付款交单又有即期和远期之分。

即期付款交单是指付款人见票即付，银行就将货物单据交给付款人，付款人可凭单提货，至此，代收行不承担进一步责任的交单方式，其流程如图 8－3 所示。

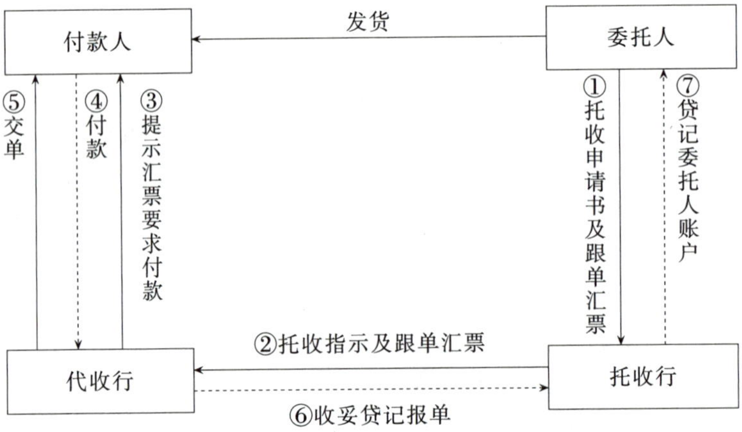

图 8－3　即期付款交单业务流程

远期付款交单是指代收行在买方没有付款的情况下，是不能交单的，直到汇票到期，付款人付款，银行才能交单的交单方式。采用这种方式一般是为了避免货物在运输途中买方的资金占压。远期付款交单的期限一般以货物运输的在途时间为宜，例如从启运港到目的港货物运输的在途时间为一个半月，则托收期限以 45 天为宜。但是，这种交单方式往往会引起许多问题，为此，《跟单托收统一规则》第 522 号（URC522）规定：托收不应该含有远期汇票而同时又指示商业单据需在付款后交给付款人。如果托收中含有远期汇票，而托收指示中又规定在付款后才交付单据，则单据将在付款后交给付款人，代收行对于因晚交单而引起的后果概不负责。远期付款交单业务流程如图 8－4 所示。

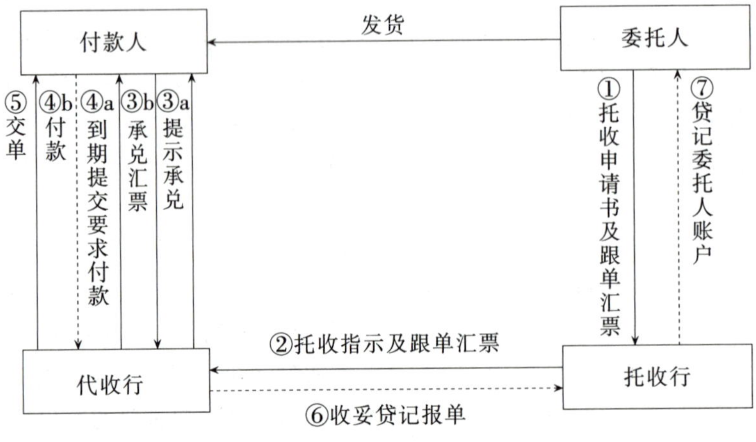

图 8－4　远期付款交单业务流程

（2）承兑交单（Documents Against Acceptance，D/A）。承兑交单是指被委托的代收行与付款人承兑汇票后，将货运单据交给付款人，付款人在汇票到期时，履行付款义务的一种托收方式。它适用于远期汇票的托收。承兑交单对进口商而言可在不动用或少动用资金的情况下取得单据，对出口商而言风险较大。所以，除了按质论价外还要考虑国际结算方式，风险大的，价格要相对提高。承兑交单业务流程如图 8-5 所示。

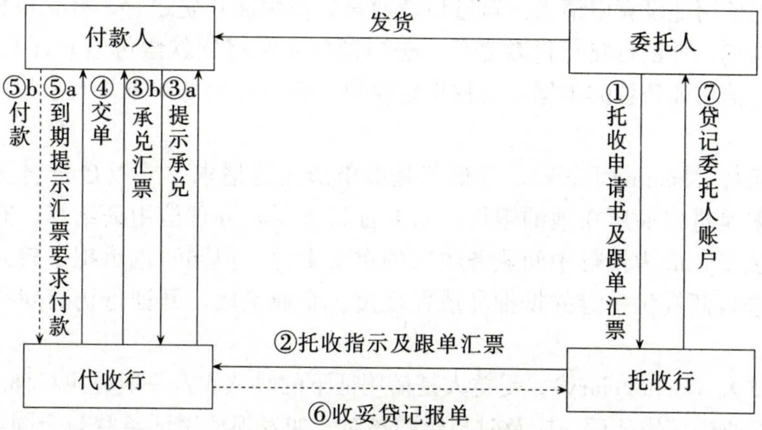

图 8-5 承兑交单业务流程

实务中，在远期付款条件下，D/A 比较常见，D/P 相对少见。欧洲大陆国家不少银行不做 D/P，拉美国家则将 D/P 当成 D/A 处理。另外，在 D/P 条件下，发生货到但汇票期限未到的情况时，进口商不能取单提货，只好将货物存仓、保险，有些国家的海关（如中东地区）还规定，货进公仓 60 天无人提取即允许公开拍卖。这些都是出口商及托收行在办理远期付款托收时应注意的问题。

5. 托收结算方式与汇款结算方式的比较

托收结算方式与汇款结算方式的相同点在于，以托收结算方式办理业务时，银行同样不提供信用，仍然与进出口商的商业信用关系紧密。这样，在托收项下，进出口商在收取货款和货物时承担着一定的风险。对出口商而言，发货后，买方会以各种理由拒付，如商品质量不合格，买方所在国家的法律政策有变等。因此，出口商可能会有收不回款项的风险。对进口商而言，存在付款后取得的货物是赝品或假货的风险。

托收结算方式与汇款结算方式的不同点在于，在跟单托收的情况下，出口商可以通过将全套单据作抵押从银行得到融资的便利，而进口商也可凭信托收据得到融资的好处。这样，使托收结算方式比汇款结算方式在国际贸易结算中能得到更广泛的应用。

8.3.3 信用证结算方式

1. 信用证的含义

信用证（Letter of Credit，L/C）是由进口方的开证行，根据进口商的申请，向出口商开具的，授权出口商按照信用证规定的条款，签发以该银行或进口商为付款人的汇票，并保证在交来符合信用证条款规定的汇票和单据时，该行必定承兑或付款的保证文件。

2. 信用证的基本当事人

信用证结算方式的基本当事人有四个，即开证申请人、开证行、受益人和出口地银行。

（1）开证申请人（Applicant）。开证申请人一般是进口商或国际贸易的买方，由它向本地银行申请开立信用证。在特殊情况下，如果开证行以其自身名义开立商业信用证或备用信用证，则信用证没有申请人。对进口商而言，信用证开立之后，有凭单付款的义务和验单退单的权利。开证行履行付款之后，进口商应及时将货款偿付给开证行，赎取单据。但对于不符合信用证条款的单据，有权拒绝赎单。银行与贸易双方如有争议，一般以银行意见为准。

（2）开证行（Issuing Bank）。开证行是应申请人的请求，或以自身名义开立信用证的银行，一般是进口商所在地的银行。对开证行来说，办理信用证结算，有利的一面是可以收取手续费，成为银行中间业务收入的重要来源。但同时也承担了较大的风险，所以通常要求进口商提供一定的抵押品或保证金。企业倒闭，开证行仍有履行对外付款的责任。

（3）受益人（Beneficiary）。受益人是信用证下的收款人，一般是出口商，有时则为中间商。出口商收到信用证后，应及时与合同核对。如发现信用证条款与合同不符，须尽早提出修改要求或拒绝接受。信用证一旦接受，出口商就有装货备单的义务和凭单议付的权利。出口商应在信用证规定的装船期限内装运货物，并在信用证的有效期内交单取款。出口商不但要对单据的正确性负责，并且要对货物的合格性负责。

（4）出口地银行。根据承担的责任不同，出口地银行可以分成通知行和议付行。通知行（Advising Bank）一般是开证行在出口地的代理行，它主要负责信用证的通知、证明信用证的真实性，同时及时澄清疑点。议付行（Negotiating Bank）按照信用证上开证行的付款承诺和开证行的邀请，同时根据受益人的要求对单据进行审核，合格后对受益人给予垫款。出口地银行可以通过办理信用证结算收取手续费。

信用证结算方式的当事人除以上四个之外，还有其他关系人，如保兑行、议付行、付款行或偿付行、转证行等。

3. 信用证的作用

信用证是一种较为完善的逆汇形式。其主要作用就是把由进口商对出口商的付款责任转由银行承担，保证进出口双方的货款或交易不致落空，并得到资金融通的便利，从而有利于国际贸易的发展，具体而言，其作用有以下几点：

（1）保证作用。对开证申请人来说，信用证条款制约着受益人，受益人必须如约行事方可得到付款，从而保证开证申请人的合同权利；对受益人来说，只要按信用证条款办理，提供合格单据，便能从开证银行取得货款，从而保证预期利润。

（2）资金融通作用。对开证申请人来说，开证时只需交纳部分押金，其余款项可等到收到货物时再交纳，这就尽可能地减少了资金占用；对受益人来说，凭信用证可在货物装船前向当地银行申请打包放款和出口押汇，在货物运抵之前便可取得资金。

但信用证方式也有一些不足，如没有汇款和托收结算方式灵活便捷，程序和条件复杂，费用较高，开证行本身有经营风险，开证申请人也可能遇上国际诈骗分子以假单据骗取资金等问题。

专题看板

牟其中信用证诈骗案始末

牟其中策划信用证诈骗始于1995年上半年。当时，天津经济技术开发区南德集团资金紧缺，身为总裁的牟其中，多次召集下属开会，商量以进口方式进行信用证融资。同年6月，牟其中通过他人认识了澳大利亚XGI公司的何某，两人在南德集团总部商定，由何某寻找可为南德集团开立信用证的外贸公司。一个月以后，牟其中又通过他人与香港东泽科技有限公司副董事长王某取得联系，两人在南德集团总部商定，由东泽公司作为信用证的受益人（即东泽公司作为出口商），与南德集团里应外合。同年7月2日，何某在武汉联系到可为南德集团开立信用证的公司。牟其中派集团职员姚某、牟某赶到武汉，与何某具体商谈有关事宜。8月8日，牟其中根据何某的要求，同意付给何某2%的开证手续费。牟其中还同意支付开立信用证所需的其他费用。同日，根据牟其中的指示，姚某起草、打印了既无进口货物内容又无进口代理公司，而由何某“协助南德集团进口产品”的协议。8月10日，姚某持牟其中签署的《授权委托书》到武汉。何某看过协议后，让姚某在协议上再补充进口代理公司为湖北省轻工业品进出口公司、进口产品等内容，姚某照办。次日，姚某又与何某签署了上述进口所需费用的补充协议。就在同一天，经牟其中同意，姚某还与何某签署了1 040万美元的《委托协议书》，规定由何某“负责代表外商与外贸公司签署有关合同及相关手续”。此后，姚某、牟某按照牟其中的指示，通过何某向湖北省轻工业品进出口公司进口“货物”。湖北省轻工业品进出口公司总经理助理王某为了本公司获取外贸代理费，竟与何某签订虚假进口合同，并向中国银行湖北省分行申请开立总额为10 727 181.88美元的7单信用证。1996年1月4日，牟其中为支撑“卫星业务”和返还即将到期的信用证款项，指使姚某、牟某继续与何某联系骗开信用证。同年1月16日、2月10日，牟其中先后给何某签署了两份《承诺书》，明确表示由何某作为中介人，委托湖北省轻工业品进出口公司代理进口2 800万美元的货物。何某立即通过湖北省轻工业品进出口公司总经理助理王某，陆续在中国银行湖北省分行骗开了总额为28 695 800美元的11单信用证。此后，姚某、牟某按牟其中的指示，伙同何某通过王某，采取上述手段，陆续又在中国银行湖北省分行骗开了总额为35 651 022.22美元的信用证13单。1995年9月，因开证金额增大，中国银行湖北省分行提出若继续开证，必须提供担保的要求。1996年1月至7月，牟其中指使姚某、牟某等人先后多次到贵阳找李某，索取了18份《见证意见书》用于开证担保。1995年7月，牟其中为达到占有信用证项下资金的目的，同意付给东泽公司“总货款”5%的贴现手续费。从1995年9月至1996年8月，东泽公司将骗取的香港力辉船务公司及已注销的中勉有限公司备运提单（表示货已装船），连同编造的装箱单、发票各29份通过中介银行转给中国银行湖北省分行。1996年6月，为掩盖假进口事实，牟其中还与湖北省轻工业品进出口公司负责人补签了6份《代理进口合同》。为表明南德集团已收到进口货物，又与湖北省轻工业品进出口公司签订了23份《备忘录》。这起信用证诈骗案给中国银行湖北省分行造成35 499 478.12美元的经济损失。

4. 信用证的种类

（1）根据开证行所负的责任不同，可以分为不可撤销信用证和可撤销信用证。不可撤销信用证是指信用证一经开出，在有效期内，未经信用证的所有当事人同意，开证行不得片面地修改或撤销信用证，只要受益人提供的单据符合信用证条款，开证行必须履行付款义务。不可撤销信用证对受益人有利，为其收取货款提供一定程度的保障。但它也并非绝对不可撤销，如果所有基本当事人，包括开证行、申请人、受益人及保兑行（若有）都同意撤销信用证，则不可撤销信用证也是可以撤销的。在国际贸易中，普遍要求使用不可撤销信用证。我国银行所开立的信用证也是不可撤销信用证。

可撤销信用证是指开证行开出信用证并经受益人接受后，有权随时修改或撤销信用证，不必事先征求受益人同意或通知受益人。可撤销信用证可从 L/C 上“Revocable”字样看出。此外，可能有一些较隐蔽的文句，如 L/C 中列有：“本 L/C 以申请人通知许可证号码后生效”，则没有该项通知前即为可撤销性质。这时，不论其如何表明是“Irrevocable”或“按 500 开立”均为可撤销信用证。

（2）根据有无其他银行加以保证兑付，可分为保兑信用证和不保兑信用证。保兑信用证是指开证行开出的信用证，由另一银行保证对符合信用证条款规定的单据履行付款义务。对信用证加以保兑的银行，称为保兑行。一家银行只能对另一家银行开立的不可撤销信用证加具保兑。它对出口商而言最有利，因为其取得了双重付款保证。只要单证相符，出口商即保证能收到货款，且可以要求任何一家银行履行付款责任，没有先后顺序限制。至于可撤销的信用证，则不在加保之列。

不保兑信用证是指开证行开出的信用证没有经另一家银行保兑。

（3）根据付款时间的不同，可以分为即期信用证、远期信用证和假远期信用证。即期信用证是指出口商向指定的付款行提交符合信用证条款的单据时，付款行立即履行付款义务的信用证。

远期信用证是指开证行或付款行收到信用证的单据时，在规定期限内履行付款义务的信用证。

假远期信用证是指信用证规定受益人开立远期汇票，但信用证明文规定按即期收汇，由付款行负责贴现，并规定一切利息和费用由开证人承担。这种信用证对受益人来讲，实际上仍属于即期收款；对进口商来说，可由银行提供周转资金的便利，但须支付利息；对出口商来讲，可即期获得汇票的票款，但承担汇票到期前被追索的风险。

（4）根据受益人对信用证的权利可否转让，可分为可转让信用证和不可转让信用证。可转让信用证是指开证行授权出口地银行（通知行）在受益人（第一受益人，即买卖双方的中间人）的要求下，将信用证的权利（出运货物、交单取款的权利）全部或部分地转让给第三者（第二受益人，即实际供货人、卖方，是第一受益人权利转让的接受者）的信用证。开证行在信用证中要明确注明“可转让（Transferable）”，且只能转让一次。

不可转让信用证是指受益人不能将信用证的权利转让给他人的信用证。凡信用证中未注明“可转让”的，即不可转让信用证。

（5）对背信用证。对背信用证是指中间商以收到的受益于他的原始信用证为担保品，请求银行以原始信用证条款为基础，开出以实际供货人为受益人的信用证。它与可转让信用证的区别在于：它与原证是两个完全独立的信用证，其受益人是该证的实际供货人，开证申请人是原证的受益人，即中间商。

（6）对开信用证。对开信用证是指两张信用证申请人互以对方为受益人而开立的信用证。两张信用证的金额相等或大体相等，可同时互开，也可先后开立。它多用于易货贸易或来料加工和补偿贸易业务。

（7）预支信用证。预支信用证是指开证行授权代付行向受益人预付信用证金额的全部或一部分，由开证行保证偿还并负担利息，即开证行付款在前，受益人交单在后，与远期信用证相反。预支信用证凭出口人的光票付款，也有要求受益人附一份负责补交信用证规定单据的说明书，当货运单据交到后，付款行在付给剩余货款时，将扣除预支货款的利息。

（8）循环信用证。循环信用证是指信用证全部或部分使用后，仍然恢复到原金额，可继续使用的一种信用证。这种信用证常用于大宗、单一、经常性的商品，如粮食、工业原料等一次性消耗品的一次订货、分批交货，进口商为了节省开证的手续和费用，常使用循环信用证。它可分为时间循环信用证和金额循环信用证。

时间循环信用证是指受益人在一定的时期内，可支出信用证规定的金额，支取后，在一定时期内仍可支取，但不能超过信用证规定的总金额或期限。如开证金额为 10 000 美元，规定每月支取的金额不超过此额度，可循环使用的时间为 9 个月，每月第三天信用证即自动恢复至原证金额，合计 9 个月所使用的循环信用证的金额总和不超过 90 000 美元。

金额循环信用证是按金额循环使用的 L/C 议付后，仍恢复到原金额，可再使用，一直到用完规定的总金额为止。在按金额循环的信用证条件下，恢复到原金额的具体做法有：自动式循环，即每期用完一定金额后，无须等开证行的通知，即可自动恢复到原金额；非自动式循环，即每期用完一定金额后，必须等待开证行通知到达，信用证才能恢复到原金额使用；半自动循环，即每次用完一定金额后若干天内，开证行未提出停止循环使用的通知，信用证即自动恢复原金额。

不论是时间循环还是金额循环，凡是上次未用完的信用证余额，可以移到下次一并使用的称为累积循环信用证，否则为非累积循环信用证。

（9）备用信用证。备用信用证（Standby Credit Letter）又称担保信用证，是指不以清偿商品交易的价款为目的，而以贷款融资，或担保债务偿还为目的开立的信用证。备用信用证是一种特殊形式的信用证，是开证行对受益人承担一项义务的凭证。开证行保证在开证申请人未能履行其应履行的义务时，受益人只要凭备用信用证的规定向开证行开具汇票，并随附开证申请人未履行义务的声明或证明文件，即可得到开证行的偿付。在美国，由于法律上不允许使用银行保函，所以银行经常采用备用信用证。

5. 信用证业务程序

信用证业务一般要经过以下程序：

（1）进口商申请开证。进口商按合同规定的期限向所在地银行申请开证。申请开证时，申请人应填写并向银行递交开证申请书，并应向开证行交付一定比例的押金或其他担保品及开证费，押金为信用证金额的百分之几到百分之几十，其高低由开证行规定，与申请人的资信和市场行情有关。对于资信良好的客户，有的银行会授以一定的开证额度，在规定额度内开证，可免交保证金。

（2）开证行开立信用证。开证行接受申请人的开证申请后，应严格按照开证申请书的指示拟定信用证条款，有的草拟完信用证后，还应送交开证申请人确认。开证行应将其所开立的信用证通过邮寄或电传或 SWIFT 送交出口地的联行或代理行，请它们代为通知或转交受益人。通知行的主要责任是鉴定信用证签名或电传密押的真实性，而且，受益人如有疑问也可通过这家银行进行查询。

（3）出口方银行通知或保兑信用证。出口方银行接到信用证后，应审核信用证真伪，并将审核结论连同该信用证正本送交受益人。若开证行要求出口方银行保兑，后者可自行决定接受与否，并将意见通知开证行。受益人收到信用证后，应与合同对照，如发现与合同不符，或因情况有变而难以履行其中某项或某些条款时，可要求修改。

（4）交单议付。受益人收到信用证后，应立即进行审核，如发现信用证中所列条款内容与买卖合同不符，或者不符合有关国际惯例（主要是《国际贸易术语解释通则》和《跟单信用证统一惯例》）的规定，应立即通知申请人并要求其修改，申请人向开证行提交修改申请书，开证行做成修改通知书后按原来信用证的传递方式交付通知行，经通知行审核签字密押无误后转给受益人。

受益人对信用证的内容审核无误，或收到修改通知书审核无误后，即可根据信用证的规定发运货物，缮制并取得信用证规定的全部单据，开立汇票（或不开汇票，视信用证的规定），连同信用证正本和修改通知书（如果有修改通知书），在信用证规定的有效期和交单期内，递交给通知行或与自己有往来的银行或信用证中指定的议付银行办理议付。

议付是受益人利用信用证取得资金融通的一种方式。即由受益人向上述当地银行递交信用证规定的全套单据，银行在单证一致的前提下，扣除了预付款的利息和手续费后，购进受益人出具的汇票和全套单据，俗称“买单”，又称“出口押汇”。议付是可以追索的。

（5）寄单索偿。议付行议付后，取得了信用证规定的全套单据，即可凭单据向开证行或其指定银行请求偿付货款。如果开证行未在信用证内指定其他银行，则议付行应将单据寄交开证行；若开证行在信用证中指定了付款行，则议付行应将单据寄交指定付款行。收到单据的开证行或付款行，在审单无误后，应及时将款项偿付给议付行。若开证行在信用证中指定了偿付行，则议付行应向开证行寄单，但同时又向偿付行发出索偿通知，偿付行在接到索偿通知后，按其与开证行的事先约定，向议付行偿付；如偿付行拒绝偿付，开证行仍应承担付款责任。开证行和付款行的付款是不可追索的。

开证行或付款行如发现单据和信用证不符，应在不迟于收到单据的次日起 7 个营业日内通知议付行表示拒绝接受单据，如果不能在该期限内表示拒绝，则开证行必须履行付款责任。

（6）申请人付款赎单。开证行在向议付行偿付后，即通知申请人付款赎单。开证人应到开证行审核单据，若单据无误，即应付清全部货款与有关费用（如开证时曾交付押金，则应扣除押金的本息）；若单据和信用证不符，申请人有权拒付。申请人付款后，即可从开证行取得全套单据。此时申请人与开证行之间因开立信用证而构成的契约关系即告结束。

信用证的业务流程如图 8－6 所示。

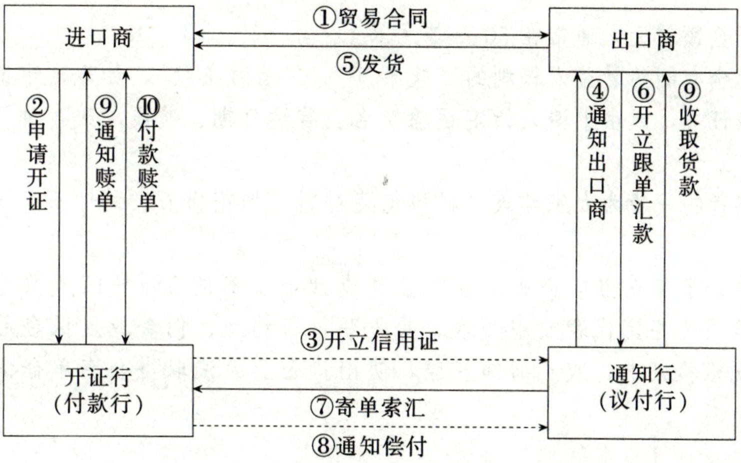

图8-6 信用证业务流程

专题看板

跟单信用证诈骗的常见方式、特征及防范对策

1. 假冒或伪造印鉴（签字）诈骗

假冒或伪造印鉴（签字）诈骗是指诈骗分子在打印的并将通过邮递方式寄出的信用证上假冒或伪造开证行有权签字人员的印鉴（签字），企图以此欺骗受益人（出口商）盲目发货，最终达到骗取出口货物的目的。这种诈骗一般有以下特征：

(1) 信用证未经通知，而直达受益人手中，且信封无寄件人详细地址，邮戳模糊。

(2) 所用信用证为陈旧或过时格式。

(3) 信用证签字笔画不流畅，或采用印刷体签名。

(4) 信用证条款自相矛盾，或违背常规。

(5) 信用证要求货物空运，或提单做成申请人（进口商）为受货人。

2. 盗用或借用他行密押（密码）诈骗

盗用或借用他行密押（密码）诈骗是指诈骗分子在电开信用证中，诡称使用第三家银行密押，但该第三家银行的确认电却无加押证实，企图瞒天过海，骗取出口货物。这种诈骗通常有以下特征：

(1) 来证无押，而声称由第三家银行来电证实。

(2) 来证装效期较短，以逼使受益人仓促发货。

(3) 来证规定装船后由受益人寄交一份正本提单给申请人。

(4) 开立远期付款信用证，并许以优厚利率。

(5) 证中申请人与受货人分别在不同的国家或地区。

3. "软条款"/"陷阱条款"诈骗

"软条款"/"陷阱条款"诈骗是指诈骗分子要求开证行开出主动权完全在开证方手中、能制约受益人且随时可解除付款责任的信用证，其实质就是变相的可撤销信用证，以便向出口企业和银行行骗。这种诈骗主要有以下特征：

（1）来证金额较大，通常在50万美元以上。

（2）来证含有制约受益人权利的“软条款”/“陷阱条款”，如规定申请人或其指定代表签发检验证书，或由申请人指定运输船名、装运日期、航线，或声称“本证暂未生效”等。

（3）证中货物一般为大宗建筑材料和包装材料，如花岗石、鹅卵石、铸铁盖、木箱和纤维袋等。

（4）诈骗分子要求出口企业按合同金额或开证金额的5%～15%预付履约金、佣金或质保金给买方指定代表或中介人。买方获得履约金、佣金或质保金后，即借故刁难，拒绝签发检验证书，或不通知装船，使出口企业无法取得全套单据议付，白白遭受损失。

4. 伪造信用证修改书诈骗

伪造信用证修改书诈骗是指诈骗分子不经开证行而直接向通知行或受益人发出信用证修改书，企图钻出口方空子，引诱受益人发货，以骗取货物。这种诈骗具有以下特征：

（1）原证虽是真实、合法的，但含有某些制约受益人权利的条款，亟待修改。

（2）修改书以电报或电传方式发出，且盗用他行密押或借用原证密码。

（3）修改书不通过开证行开出，而直接发给通知行或受益人。

（4）证内规定装运后邮寄一份正本提单给申请人。

（5）来证装效期较短，以迫使受益人仓促发货。

5. 假检证书诈骗

假检证书诈骗是指诈骗分子以申请人代表名义在受益人出货地签发检验证书，但其签名与开证行留底印鉴式样不符，致使受益人单据遭到拒付，而货物却被骗走。这种诈骗通常有以下特征：

（1）来证含有检验证书，由申请人代表签署的“软条款”。

（2）来证规定申请人代表签名必须与开证行留底印鉴式样相符。

（3）来证要求提供一份正本提单交给申请人代表。

（4）申请人将大额支票给受益人作抵押或担保。

（5）申请人通过指定代表操纵整个交易过程。

6. 涂改信用证诈骗

涂改信用证诈骗是指诈骗分子将过期失效的信用证刻意涂改，变更原证的金额、装效期和受益人名称，并直接邮寄或当面交给受益人，以骗取出口货物，或诱使出口方向其开立信用证，骗取银行融资。这种诈骗往往有以下特征：

（1）原信用证为信开方式，以便于涂改。

（2）涂改内容为信用证金额、装效期及受益人名称。

（3）信用证涂改之处无开证行签章证实。

（4）信用证未经通知行通知，而直接交给受益人。

（5）金额巨大，以诈取暴利。

7. 伪造保兑信用证诈骗

伪造保兑信用证诈骗是指诈骗分子在提供假信用证的基础上，为获得出口方的信任，蓄意伪造国际大银行的保兑函，以达到骗取大宗出口货物的目的。这种诈骗常常有以下特征：

（1）信用证的开证行为假冒或根本无法查实之银行。

（2）保兑行为国际著名银行，以增加欺骗性。

（3）保兑函另开寄来，其签名为假冒。

（4）贸易双方事先并不了解，仅通过中介人相识。

（5）来证金额较大，且装效期较短。

对跟单信用证诈骗的防范对策有：

第一，出口方银行（指通知行）必须认真负责地核验信用证的真实性，并掌握开证行的资信情况。对于信开信用证，应仔细核对印鉴是否相符，大额来证还应要求开证行加押证实；对于电开信用证及其修改书，应及时查核密押是否相符，以防假冒和伪造。同时，还应对开证行的名称、地址和资信情况与银行印鉴进行比较分析，发现疑点，立即向开证行或代理行查询，以确保来证的真实性、合法性和开证行的可靠性。

第二，出口企业必须慎重选择贸易伙伴。在寻找贸易伙伴和贸易机会时，应尽可能通过正式途径（如参加广交会和实地考察）来接触和了解客户，不要与资信不明或资信不好的客户做生意。在签订合同前，应设法委托有关咨询机构对客户进行资信调查，做到心中有数，以做出正确的选择，避免选错贸易伙伴，自食苦果。

第三，银行和出口企业均需对信用证进行认真审核。银行审证时还应注意来证的有效性和风险性。一经发现来证含有主动权不在自己手中的“软条款”/“陷阱条款”及其他不利条款，必须坚决和迅速地与客户联系修改，或采取相应的防范措施，防患于未然。

第四，出口企业或工贸公司在与外商签约时，应平等、合理、谨慎地确立合同条款。以国家和集体利益为重，杜绝一切有损国家和集体利益的不平等、不合理条款，如“预付履约金、质保金、佣金和中介费条款”等，以免误中对方圈套。

此外，银企双方还应携手协作，一致对外。要树立整体观念，互相配合，增强防诈骗意识。一旦发觉诈骗分子的蛛丝马迹，应立刻跟踪追击，并严惩不贷，以维护跟单信用证业务的正常开展，确保我国对外贸易的顺利进行。

8.3.4 国际结算新方式

1. 银行保函

（1）银行保函的含义。银行保函（Letter of Guarantee）又称银行保证书、银行信用保证书，或简称保证书，是指国际上银行办理代客担保业务时，应委托人的要求，向受益人开出的保证文件。银行保证被保证人未向受益人尽到某项义务时，由银行承担保函中所规定的付款责任。银行保函在实际业务中的使用范围很广，它不仅适用于货物的买卖，而且广泛适用于其他国际经济合作领域，如国际工程中的承包、招标与投标，以及借贷业务。

（2）银行保函的当事人。银行保函的基本当事人是委托人、担保行和受益人。委托人，即向担保行申请开立保函的人；担保行，即开立保函的银行；受益人，即有权按保函规定出具索款通知或连同其他单据，向担保行索取款项的人。

（3）银行保函的种类。依保函的性质不同，银行保函可分为有条件保函和见票即付保函。

有条件保函（Conditional，L/G）是指保证人向受益人付款是有条件的，只有在符合保函规定的条件下，保证人才给予付款的保函。在实务中，这种保函的担保人的偿付责任从属于委托人在交易合同项下的责任义务，如果委托人业已履行合同项下的责任义务，担保人也就免除了对受益人的偿付责任。

见票即付保函（Demand Guarantees）是指由银行出具的，以书面形式表示在受益人交来符合保函条款的索赔书或满足保函中规定的其他条件时，承担无条件付款责任的保函。由于银行保函是银行开立的承担付款责任的一种担保凭证，银行根据保函的规定承担绝对付款责任，因此，银行保函大多属于见票即付保函。

（4）银行保函与信用证的异同。银行保函与信用证都是银行根据申请人请求而授予受益人的银行信用。两者的区别有：

第一，信用证是以有关单据及汇票是否符合信用证条款为付款与否的根据，银行保函则往往是以合约或某些条件未能履行为前提。

第二，开证行承担第一付款责任；担保行可能承担第一付款责任，也可能承担第二付款责任。

第三，跟单信用证仅适用于有形商品贸易，银行保函则适用于各种贸易与非贸易的经济交往。

2. 国际保理

（1）国际保理的含义。国际保理（International Factoring）又称承购应收账款，是指在以商业信用出口货物时（如以 D/A 作为付款方式），出口商交货后把应收账款的发票和装运单据转让给保理商，即可取得应收取的大部分货款，日后一旦发生进口商不付款或逾期付款的情况，则由保理商承担付款责任，在保理业务中，保理商承担第一付款责任。若保理商对上述预付款没有追索权，对余款也要担保付款，即称为无追索权保理，反之则为有追索权保理。常见的还有融资保理及到期保理。国际保理服务的范围主要有资金服务、信用保险服务、管理服务、资信调查服务等。

（2）国际保理的当事人。国际保理业务至少有四方当事人，即供应商、卖方（债权人）、保理商和买方（债务人）。

（3）国际保理的种类。由于各个国家和地区的商业交易习惯及法律法规的不同，各国办理国际保理业务的内容以及做法也有所不同。根据保理业务的性质、服务内容、付款条件、融资状况等方面存在的差异，可以将国际保理业务进行如下分类：

第一，根据保理商对出口商提供融资与否，分为融资保理和到期保理。融资保理又称预支保理，是一种预支应收账款业务。当出口商将代表应收账款的票据交给保理商时，保理商立即以预付款方式向出口商提供不超过应收账款 80%的融资，剩余 20%的应收账款待保理商向债务人（进口商）收取全部货款后，再行清算。这是比较典型的保理方式。到期保理是指保理商在收到出口商提交的、代表应收账款的销售发票等单据时并不向出口商提供融资，而是在单据到期后，向出口商支付货款。

第二，根据保理商公开与否，也即销售货款是否直接付给保理商，分为公开型保理和隐蔽型保理。公开型保理是指出口商必须以书面形式将保理商的参与通知进口商，并指示他们将货款直接付给保理商。目前的国际保理业务多是公开型的。隐蔽型保理是指保理商的参与是对外保密的，进口商并不知晓，货款仍由进口商直接付给出口商。这种保理方式往往是出口商为了避免让他人得知自己因流动资金不足而转让应收账款，所以不将保理商的参与通知给买方，货款到期时仍由出口商出面催收，再向保理商偿还预付款。至于融资与有关费用的清算，则在保理商与出口商之间直接进行。

第三，根据保理商是否保留追索权，分为无追索权保理和有追索权保理。在无追索权保理中，保理商根据出口商提供的名单进行资信调查，并为每个客户核对相应的信用额度，在已核定的信用额度内为出口商提供坏账担保。出口商在有关信用额度内的销售，因为已得到保理商的核准，所以保理商对这部分应收账款的收购没有追索权，由于债务人资信问题所造成的呆账、坏账损失均由保理商承担。国际保理业务大多是这类无追索权保理。在有追索权保理中，保理商不负责审核买方资信，不确定信用额度，不提供坏账担保，只提供包括贸易融资在内的其他服务。如果因债务人清偿能力不足而形成呆账、坏账，保理商有权向出口商追索。

第四，根据运作机制是否涉及进出口两地的保理商，分为单保理和双保理。单保理是指仅涉及一方保理商的保理方式。如在直接进口保理方式中，进口商与进口保理商进行业务往来；而在直接出口保理方式中，出口商与出口保理商进行业务往来。涉及买卖双方保理商的保理方式则叫作双保理。国际保理业务中一般采用双保理方式，即出口商委托本国出口保理商，本国出口保理商再从进口国的保理商中选择进口保理商。进出口国两个保理商之间签订代理协议，在整个业务过程中，进出口双方只需与各自的保理商进行往来。

（4）国际保理业务程序。

第一，出口商在决定以托收或赊销方式成交前，把合同内容和进口人名称通知本国的出口保理商。

第二，出口保理商将有关资料通知进口地的保理商，由其对进口商进行资信调查，并及时将调查结果通知出口保理商。

第三，出口保理商对可以认可的交易与出口商签订保理协议，协议内明确规定信用额度。

第四，出口商在保理协议规定的额度内与进口商签订买卖合同。

第五，出口商按合同规定发货，取得运输单据和其他商业单据，并在单据上注明应收账款转让出口保理商。

第六，出口保理商收到全套单据后，将单据转交进口保理商。由进口保理商负责向进口商收款，并将款项拨付给出口保理商。

第七，出口保理商将收到的货款扣除手续费后交付出口商。若按协议规定，在出口商交单后已预支部分货款（一般为 50%～90%），则应在付款时扣除预付款的本息。如进口商不能按时付款或拒付，保理商应负责追偿和索赔，并按协议规定的时间向出口商付款。

3. 福费廷

（1）福费廷的含义。福费廷业务（Forfeiting）又称买断或包买票据，是指银行从出口商那里无追索权地买断由开证行承兑的远期汇票或由进口商所在地银行担保的远期汇票或本票的一种贸易融资方式。

（2）福费廷的特点。具体包括：

第一，无追索权的融资方式。出口商的一切风险、责任和费用在其向包买商提交符合约定条件的单据及相关凭证，获得票款后即消失。

第二，实质是债权的贴现。出口商将远期应收账款票据卖给包买商，就获得包买商的即期付款，其实质是一种债权的贴现。

第三，重要的中长期融资业务。融资期限至少是半年以上，以5～6年的较多。信誉卓越的福费廷包买商一般既不把出口商的名字转告第三方，也不在将来直接与出口商发生业务往来。这样可以防止当票据账款收回出现问题时，福费廷票据的卖方受到影响。

（3）福费廷的业务范围。具体包括：

1）经开证行/保兑行有效承兑的远期承兑信用证或远期议付信用证。

2）经付款行有效承诺的延期付款信用证。

3）经进口商所在地银行保付签章的本票或汇票。

专题看板

福费廷业务流程

假定某机械进出口公司通过中国进出口银行做福费廷业务，其做法与步骤如下：

第一，机械公司（出口商）先与进出口银行联系询价，将交易的有关情况，如进口商的详细情况、财务状况、支付能力等，合同金额、延付期限、币种、支付方式、结算票据种类，出口商品的名称、数量，有关进口国的进口许可和支付许可，预计订立合同的时间、预计交货时间等内容书面提交给进出口银行。

第二，进出口银行审查上述资料后，如认为可行，就向机械公司提交一个参考的贴现率，以便其测算出口设备的报价。

第三，机械公司向进出口银行确认报价后，与进口商签署贸易合同，在合同中明确规定使用福费廷。

第四，机械公司向进口商签发远期汇票，该汇票必须取得进口往来银行的担保，保证当进口商不能履行付款义务时，由担保银行无条件支付有关款项。担保行的资信必须取得出口商所在地银行（即中国进出口银行）的认可。

第五，机械公司在货物发出后，将全部货运单据通过银行系统寄交进口商。进口商将自己承兑并经担保行担保的远期汇票寄回给机械公司，单据的寄送按合同规定办理，可以凭信用证条款寄单，也可以跟单托收。

第六，机械公司取得经进口商承兑，并经担保银行担保的汇票后，便按事先约定，以无追索权的形式向进出口银行办理贴现，取得现款。

（4）对出口商的益处。可获得无追索权的中短期贸易融资；将应收账款变成现金销售收入，有效地解决了应收账款资金占用问题；在交货或提供服务后可立即得到款项，增加了出口商资金的流动性，改善了企业的清偿能力；最大限度地避免了收汇风险；不占用出口商在银行的授信额度；这类业务通常是保密的，不像商业贷款那样具有公开性，有利于保护出口商利益。

(5) 福费廷与国际保理的区别。具体包括：

1) 最根本的不同在于福费廷一般在信用证项下经有关银行承兑或保付后办理；国际保理则适用于非证业务。

2) 福费廷通常可按扣除融资利息后的承兑付款金额，全额得到融资；一般银行在办理国际保理时通常按应收账款的80%融资。

3) 在操作过程中，办理福费廷的银行一般应对承兑银行进行评估，根据其风险情况制定代理行额度，在承兑行有额度且额度足够的情况下，才接受出口商办理福费廷的申请，否则只能将该笔福费廷转卖给其他银行，在有些情况下，甚至会卖不出去，导致福费廷业务无法进行。国际保理则需要对进口商的资信进行评估，根据进口保理商对进口商的评估，得出一个风险担保额度。对于初步评估的额度及相关保理费用，如出口商认为可行并正式确认后，即可在出货后办理保理。如果进口保理商认为进口商资信情况不佳，对其评估的额度太低或根本不愿进行保理，则保理无法进行。

4) 除非出现出口商的欺诈行为，否则福费廷项下的承兑行必须到期付款，票据的买入行也不能向出口商追索，且一般认为为维护票据的无因性及可流通性特点，即使出口商存在欺诈行为，承兑行亦应先向买入福费廷项下票据的银行付款，而后再另行主张自己的权利；国际保理项下，由于保理商受让的债权应是无瑕疵的，即使出口商并非有意欺诈，只是在一定程度上存在违约行为，甚至是由于在以往业务中存在纠纷，进口商提出索赔或其他异议，则保理业务应中止，且保理商有权要求出口商进行债权的反转让。

5) 在出现纠纷的时候，福费廷项下的承兑行应先向买入福费廷项下票据的银行付款，而后再另行主张自己的权利，单纯在福费廷项下的纠纷集中在银行与银行之间，票据业务关系较为明确。国际保理项下则较复杂，常因进出口双方的贸易合作不佳而出现纠纷，进出口双方可以自行谈判、仲裁或诉讼，形成新的债权债务关系或确认过错方，保理商再根据新的结果来判断是否继续进行保理。由于在保理项下出现进口商不付款的情况时，常要依赖于进口保理商的催讨及交涉，其业务能力及投入程度有时并不理想，因此福费廷更安全。

4. 备用信用证

备用信用证业务是指开证行根据申请人的请求对受益人开立的承诺承担某项义务的凭证。开证申请人违约时，受益人可以从开证行获得补偿。备用信用证起源于美国、日本，一般用在投标、还款或履约保证业务中。近年来，美国等一些国家开始把备用信用证用于买卖合同项下货款的支付。结合我国实际情况，备用信用证的使用方式主要是：

(1) 备用信用证和汇付方式结合使用。在采用预付货款的情况下，买方最为担心的是卖方能否按照合同的规定发运货物，如果卖方违约，买方将遭受财货两空的损失。如果汇付和备用信用证结合使用，不仅使买方能够争取到货源，而且在很大程度上保证了买方的利益。在采取赊销的情况下，卖方所担心的是货物发出以后，买方能否支付货款。如果汇付和备用信用证结合使用，则不仅使卖方的销售渠道得以畅通，而且在很大程度上保证了卖方的收款利益。

(2) 备用信用证和托收方式结合使用。同汇付方式相比，托收方式相对来讲风险较小，但是基于托收先发货、后收款的特点，卖方将承担买方不提货的风险，尤其是在承兑交单的情况下，卖方很容易遭受钱货两空的风险。如果将托收同备用信用证结合使用，既可以使买方得到资金融通，为卖方争取到更多的客户，又可以使卖方在买方违约时得到赔偿。

信用证在国际贸易结算中的运用呈下降趋势，我国进出口企业和银行要顺应这一趋势，积极运用国际保理、备用信用证等新的国际结算方式。

本章小结

1. 国际结算是指国际经济交易的参与者，包括个人、企业和政府之间在发生了债权债务关系后，借助于银行，使用一定的工具和方式来完成货币的收付，进而了结这种债权债务关系的活动的总称。

2. 国际结算制度是指各国之间结算债权债务关系的基本方法和总的原则。主要有自由的多边国际结算制度、管制的双边国际结算制度和多元化混合型的国际结算制度三种。

3. 国际结算惯例是指在世界范围内被人们反复运用与普遍承认的习惯做法和特定方式，大致有自由的多边的国际结算惯例、管制的双边的国际结算惯例和多元化混合型国际结算惯例三种。

4. 国际结算工具主要包括金融票据和商业单据。金融票据有汇票、本票和支票等；商业单据包括商业发票、运输单据和保险单据等。

5. 国际结算方式有汇款、托收、信用证、银行保函、国际保理、福费廷和备用信用证等。

重点概念

国际结算	国际结算制度	金融票据	商业票据
汇票	本票	支票	汇款
托收	信用证	银行保函	国际保理
福费廷			

复习思考题

1. 名词解释

国际结算	金融票据	商业票据	汇票
本票	支票	汇款	托收
信用证	银行保函	国际保理	福费廷

2. 思考题

（1）国际结算的含义及特点是什么？

（2）简述汇票、本票和支票之间的异同。

（3）简述汇款、托收和信用证结算各自的优缺点。

（4）银行保函与备用信用证有何区别？

3. 案例分析

（1）某笔进出口业务，约定分两批装运，支付方式为即期不可撤销信用证，第一批货物发送后，买方办理了付款赎单手续，但收到货物后，发现货物品质与合同规定严重不符，便要求开证行通知议付行不要对第二批信用证项下的货运单据议付，开证行不予理睬。后来议付行对第二批信用证项下的货运单据仍予以议付，议付行议付后，付款行通知买方付款赎单，遭到买方的拒绝。

请问：开证行的处理方法是否合适？买方应如何处理此事为宜？

（2）我国某轻工进出口公司向国外客户出口某商品一批，合同中规定以即期不可撤销信用证为付款方式，信用证的到期地点规定在我国。为保证款项的收回，应议付行的要求，我国某轻工进出口公司请我国香港某银行对中东某行（开证行）开立的信用证加以保兑。在合同规定的开证时间内，我国某轻工进出口公司收到通知银行（即议付行）转来的一张即期不可撤销保兑信用证。该公司在货物装运后，将有关单据交议付行议付，不久接到保兑行通知："由于开证行已破产，我行将不承担该信用证的付款责任。"

请问：保兑行的做法是否正确？为什么？对此情况，我国某轻工进出口公司应如何处理？

第 9 章

外汇管制与外债管理

导入案例

2006 年 12 月 19 日，泰国股市在一天之内下跌 15%，市值蒸发了 229 亿美元，约合 8 200 亿泰铢；而第二个交易日，泰股又大涨超过 10%；泰铢汇率在该周也波动巨大。这次“海啸”缘于泰国政府为保护本国币值而使出的外汇管制措施。12 月 18 日，泰国央行突然宣布，要求金融机构从即日起扣留所有流入资本的 30%，与贸易及服务相关的资本流入或泰国居民汇回的投资收益将不会被扣留。只要外商直接投资的项目得到证实，扣留资金将予以归还。除此之外，流入资金被扣留的部分都将在一年后归还，前提是可以证明最初流入的资金一年内都在泰国境内。若流入资金不满一年即撤出，投资者将仅能收回被扣留部分的三分之二。由此可见，一个国家的外汇管制措施不仅会影响汇率的变化，同时也会影响整个国家的经济。

本章学习目标

1. 掌握外汇管制的概念及方法；
2. 了解我国外汇管理和外债管理的概况；
3. 了解 1994 年以来我国的外汇体制改革情况；
4. 掌握外债管理的概念及方法。

素养目标

党的二十大报告提出了全面建设社会主义现代化国家、全面推进中华民族伟大复兴的宏伟目标，强调加快构建新发展格局，着力推动高质量发展。高质量发展要求我们加强宏观经济政策协调，提高金融服务实体经济能力，防范化解金融风险。外汇管制、外债管理是我国宏观经济政策的重要组成部分，是我国金融服务实体经济、防控金融风险、深化金融改革的重要手段。通过对外汇管制、外债管理作用的学习，以及对我国外汇管理体制改革发展历程的梳理，学生可充分认识外汇监管部门围绕服务实体经济、防控金融风险、深化金融改革三大任务，有效维护外汇市场稳定和国家经济金融安全的责任，增强对我国金融稳定和金融开放的理解和支持。

9.1 外汇管制概述

9.1.1 外汇管制的含义及产生背景

1. 外汇管制的含义

外汇管制（Foreign Exchange Control）是指一个国家为防止资金的大量外逃或流入，维持国际收支的平衡和本币汇率稳定，通过法律、法令或法规而对外汇资金的收支、买卖、借贷、转移及国际结算，对本国货币的兑换及汇率所进行的管理。

2. 外汇管制的产生与发展

外汇管制始于第一次世界大战期间。当时国际货币制度濒于崩溃，美国、法国、德国、意大利等参战国都发生了巨额的国际收支逆差，本币对外汇率剧烈波动，大量资本外逃。为集中外汇资财进行战争，减缓汇率波动及防止本国资本外流，各参战国在战时都取消了外汇的自由买卖，禁止黄金输出，实行了外汇管制。1929—1933 年世界经济危机时期，很多在战后取消外汇管制的国家又重新实行外汇管制，一些实行金块本位制和金汇兑本位制的国家也纷纷实行外汇管制。1930 年，土耳其首先实行外汇管制，1932 年，德国、意大利、奥地利、丹麦、阿根廷等 20 多个国家也相继实行了外汇管制。

第二次世界大战爆发后，参战国立即实行全面严格的外汇管制。1940 年，在 100 个国家和地区中，只有 11 个国家没有正式实行外汇管制，外汇管制范围也比以前更为广泛。战后初期，西欧各国基于普遍存在的"美元荒"等原因，继续实行外汇管制。20 世纪 50 年代后期，西欧各国经济有所恢复，国际收支状况有所改善，从 1958 年开始，各国不同程度地恢复了货币自由兑换，并对国际贸易收支解除外汇管制，但对其他项目的外汇管制仍维持不变。1961 年，大部分国际货币基金组织的成员国表示承担《国际货币基金组织协定》第八条所规定的义务，即避免外汇限制而实行货币自由兑换。绝大多数国家仍在不同程度上实行外汇管制，即使名义上完全取消了外汇管制的国家，仍时常对居民的非贸易收支或非居民的资本项目收支实行间接的限制。

9.1.2 外汇管制的类型、机构与对象

1. 外汇管制的类型

根据各国对外汇管制的松紧程度的不同，可以将外汇管制分为三种：

（1）实行全面、严格的外汇管制。对国际收支的所有项目，即经常项目和资本与金融项目都实行严格控制，而且不实行自由浮动的汇率制度。外汇极端缺乏、经济不发达或对外贸易落后的发展中国家大多采用这种制度。

（2）实行部分外汇管制。即原则上对经常项目不加管制，但对资本项目的收支仍不同程度地加以管制，一般实行浮动汇率制度。由于一些发达国家或开放度较高的发展中国家经济比较发达，对外贸易规模较大，经济及金融状况较好，一般采取这种制度。

(3) 基本上取消外汇管制。即准许本国和本地区货币自由兑换成其他国家和地区的货币，对经常项目和资本与金融项目的收支都不加限制。一些工业发达国家和一些国际收支盈余的石油生产国常采用这种类型。

从世界范围来看，经济发展水平越低的国家，其外汇管制越严；反之，经济发展水平越高的国家，其外汇管制越松甚至完全取消。目前，我国大体上采用的是第二类外汇管制模式。

2. 外汇管制的机构

世界各国外汇的管制机构不同，基本上有四种类型：一是由中央银行行使外汇管制权力，如澳大利亚、荷兰、瑞典等；二是由政府某个职能部门行使外汇管制权力，如法国等；三是由政府的几个职能部门和中央银行适当分工，共同管理，如日本由财务省、经济产业省和日本银行共同行使外汇管制职能；四是由政府设立专门机构负责外汇管制，如意大利等。我国专门设立国家外汇管理局负责外汇管制工作。

3. 外汇管制的对象

(1) 对人的管理。包括对法人和自然人，根据法人和自然人在外汇管制国家内外的不同划分为居民和非居民，对居民和非居民的外汇管制措施不同。由于居民的外汇支出涉及居住国的国际收支问题，故管制较严；对非居民的管制则较松。

(2) 对物的管理。主要涉及国际支付手段如货币、铸币、黄金、有价证券和票据等。

(3) 对地区的管理。这是指对本国不同地区实行的外汇管制的要求有所区别，例如，对特别行政区、经济特区、出口加工区、保税区等管理通常较为宽松。

(4) 对行业的管理。这主要是指国家根据产业政策，对不同的进出口商品采取不同的政策待遇，以及实行复汇率制等。

(5) 对国别的管制。这是指针对不同国家和地区实行不同的资本输出输入、商品进出口的管制办法。

9.1.3 外汇管制的主要内容和方法

1. 外汇管制的主要内容

(1) 对出口外汇的管制。在出口外汇管制中，最严格的规定是出口商必须把全部外汇收入按官方汇率结售给指定银行。出口商在申请出口许可证时，要填明出口商品的价格、数量、结算货币、支付方式和支付期限，并交验信用证。

(2) 对进口外汇的管制。对进口外汇的管制通常表现为进口商只有得到外汇管理当局的批准，才能在指定银行购买一定数量的外汇。外汇管理当局根据进口许可证决定是否批准进口商的买汇申请。有些国家将进口批汇手续与进口许可证的颁发同时办理。

(3) 对非贸易外汇的管制。对非贸易外汇的管制类似于对出口外汇的管制，即规定有关单位或个人必须把全部或部分贸易外汇收支和资本输出输入收支以外的外汇收支（包括运费、保险、佣金、利润、版税、驻外机构经费，以及个人所需的旅费、医疗费、留学费用等）按官方汇率结售给指定银行。为了鼓励人们获取非贸易外汇收入，各国政府可能实行一些其他措施，如实行外汇留成制度，允许居民将个人劳务收入和携入款项在外汇指定银行开设外汇账户，并免征利息所得税。

(4) 对资本输出输入的外汇管制。发达国家一般采取鼓励资本输出的政策，但是它们在特定时期，如面临国际收支严重逆差时，也采取一些限制资本输出的政策，主要措施包括：规定银行对外贷款的最高额度；限制企业对外投资的国别和部门；对居民境外投资征收利息平衡税等。

发达国家采取限制资本输入的措施通常是为了稳定金融市场和汇率，避免资本流入造成国际储备过多和通货膨胀。它们所采取的措施包括：对银行吸收非居民存款规定较高的存款准备金额度；对非居民存款不付利息或倒收利息；限制非居民购买本国有价证券等。

必须注意的是，发展中国家对资本输出输入管制具有双重特点，一方面阻止本国资金外流；另一方面为了更快发展本国经济，在不损害国家主权的前提下，对外资积极引进。

（5）对黄金、现钞输出输入的管制。实行外汇管制的国家一般禁止个人和企业携带、托带或邮寄黄金、白金或白银出境，或限制其出境的数量。对于本国现钞的输入，实行外汇管制的国家往往实行登记制度，规定输入的限额并要求用于指定用途。对于本国现钞的输出则由外汇管理机构进行审批，规定相应的限额。不允许货币自由兑换的国家禁止本国现钞输出。

（6）汇率管制。所谓汇率管制，是通过以法定汇率代替自由汇率，并允许市场存在或实行复汇率的一种制度，其目的是扭转国际收支逆差和稳定对外汇率。汇率管制包括法定汇率制度和复汇率制两个方面。

法定汇率制度的活动规则为：当本国国际收支出现逆差，因外汇供不应求而引起外汇汇率过高时，中央银行即出售外汇，收进本币，有意识地压低外汇汇率，防止其继续上升；反之，当本国国际收支出现顺差时，因外汇供过于求而引起外汇汇率过低，中央银行就买入外汇，供应本币，抬高外汇汇率，阻止汇率继续下跌。这种以外汇平准基金间接管理外汇的措施，对稳定因国际收支短期不平衡而造成的汇率波动，效果是较好的，但对长期性国际收支不平衡造成的汇率波动收效不大，因为后者需要投入大量的基金才能平衡供求关系，而一国的外汇平准基金毕竟有限，如果一味利用该基金人为地维持本国的对外币值，可能会使外汇储备丧失殆尽。

复汇率制是指一国规章制度和政府行为导致该国货币与其他国家的货币存在两种或两种以上的汇率。复汇率制盛行于固定汇率制度时期。1973 年各国普遍推行浮动汇率制度后，复汇率制日益减少，但并没有销声匿迹。有的国家对进出口商品征收不同的关税，实际上等于提高了法定汇率，这是一种变相的复汇率制。

2. 外汇管制的方法

（1）直接外汇管制。这是指国家运用行政手段和限制性措施对外汇交易、汇率、外汇资金的来源和运用实行直接管制，主要有行政管制、数量管制和汇率管制三种方式。

行政管制是指政府全面垄断外汇交易，强制居民申报并出售所拥有的外汇资产，管制进口贸易，限制资本和贵金属的输出输入，限制本币与外汇的自由兑换，以及决定是否给予境内金融机构、企业外汇经营权和境内外金融机构能否经营本币业务及经营范围等。

数量管制是指政府对外汇买卖和进出国境的数量实行控制。主要是通过进口限制、许可证制和管制贸易与非贸易外汇，以及限定外汇市场交易数额，甚至对资本输出输入和银行账户存款调拨进行审批管理等，实现对进出口数量和非贸易外汇的统筹调节与管制。数量管制的特点包括：一是超限额限制，包括对收支限制和出入境限制；二是限买不限卖，只限制居民申请外汇，而不限制居民向国家出售外汇。目前，数量管制集中在五个方面，即进出口贸易外汇管制、非贸易外汇管制、资本输出输入管制、非居民存款账户的管制以及黄金输出输入的管制。

汇率管制是由外汇管制机构以行政方式直接规定和控制汇率水平。一些国家在其经济发展的某些阶段还采取复汇率制。

（2）间接外汇管制。这是指外汇管理机构通过入市买卖外汇和对国际收支各项目的控制，间接影响外汇供求关系及价格的管制方法。一般做法是，各国中央银行建立外汇平准基金或外汇稳定基金。基金构成包括外汇、本国货币及黄金等。中央银行利用这个缓冲体进行市场操作，即利用基金进入外汇市场买卖外汇、本币或黄金，由此影响或调节外汇供求。这种管制对国际收支短期性逆差效果较好，但对长期性逆差效果并不明显。

9.1.4 外汇管制的作用

1. 实施外汇管制的积极作用

（1）实现本国国际收支平衡、改善国际收支状况。长期的国际收支逆差会给一国经济带来显著的消极影响，维持国际收支平衡是政府的基本目标之一。政府可以用多种方法来调节国际收支，但是对于发展中国家来说，其他调节措施可能意味着较大代价。例如，政府实行紧缩财政政策或货币政策可能会改善国际收支，但也会影响经济发展速度，并使失业状况恶化。

（2）稳定本币汇率，减少涉外经济活动的外汇风险。汇率频繁地大幅度波动所造成的外汇风险会严重阻碍一国对外贸易和国际借贷活动的进行。拥有大量外汇储备的国家或有很强的借款能力的国家可以通过动用或借入储备来稳定汇率。对于缺乏外汇储备的发展中国家来说，外汇管制是稳定本币对外币汇率的重要手段。

（3）防止资本外逃或大规模的投机性资本流动，维护本国金融市场的稳定。经济实力较弱的国家存在着非常多的可供投机资本利用的缺陷。例如，在经济高速发展时商品价格、股票价格、房地产价格往往上升得高于其内在价值。在没有外汇管制的情况下，这会吸引投机性资本流入，后者会显著加剧价格信号的扭曲。一旦泡沫破灭，投机性资本外逃，又会引发一系列连锁反应，造成经济局势迅速恶化。外汇管制是这些国家维护本国金融市场稳定运行的有效手段。

（4）增加本国的国际储备。任何国家都需要持有一定数量的国际储备资产。国际储备不足的国家可以通过多种途径来增加国际储备，但是其中多数措施需要长期施行才能取得明显成效。外汇管制有助于政府实现增加国际储备的目的。

（5）有效利用外汇资金，推动重点产业优先发展，增强本国产品国际竞争能力。外汇管制使政府拥有更大的对外汇运用的支配权。政府可以利用它限制某些商品进口，以保护本国相对不成熟的产业；或者向某些产业提供外汇，以扶植重点产业优先发展。在本国企业不足以保证产品的国际竞争能力的条件下，政府可以借助于外汇管制为企业开拓国外市场。例如，规定官方汇率是外汇管制的重要手段之一，当政府直接调低本币汇率时，或限制短期资本流入时，都有助于本国增加出口。

（6）增强金融安全。金融安全是指一国在金融国际化条件下具有抗拒内外金融风险和外部冲击的能力。开放程度越高，一国维护金融安全的责任和压力越大。影响金融安全的因素既包括国内不良贷款、金融体制改革和监管等内部因素，也涉及外债规模和使用效益、国际游资冲击等涉外因素。发展中国家经济发展水平较低，经济结构有种种缺陷，特别需要将外汇管制作为增强本国金融安全性的手段。

2. 实施外汇管制的消极作用

（1）严格的外汇管制会导致汇率扭曲，从而扭曲国际贸易商品的相对优势，在世界范围内降低资源最佳配置的效率。无论是政府规定官方汇率还是政府限制外汇买卖，都会使汇率偏离市场均衡汇率。对发展中国家来说，汇率扭曲主要表现在本币汇率过高。这可能是由于政府为本币规定了偏高的官方牌价，也可能是由于政府对外汇供求施加限制的结果。这种扭曲的汇率对资源配置会产生不利影响。首先，它会打击发展中国家的农业。在发达国家普遍对农产品出口提供巨额补贴的情况下，世界农产品市场价格已经偏低；高估本币汇率进一步降低了进口农产品的本币价格，使发展中国家本国农产品价格随之下降，这是许多发展中国家农业发展缓慢、城乡差别较大的重要原因。其次，高估本币汇率会普遍性地打击该国的出口产业和进口替代产业，因为它抬高了本国出口商品的外币价格并压低了进口商品的本币价格。最后，从世界范围来看，汇率是指引国际资本流动的价格信号之一，汇率的扭曲使人们难以做出正确的投资决策。对发展中国家来说，本币汇率过高不利于吸引外资，它使外资只能支配较少数量的该国实际资源；从长远来看，这不利于该国的经济发展、技术进步和国际竞争能力的提高。

（2）在一定程度上影响国际贸易的发展和对外开放的进程。从世界范围来看，外汇管制阻碍着自由的多边结算体系的形成，自然阻碍了国际贸易和国际资本流动的正常进行。对发展中国家来说，高估本币汇率和限制外汇自由交易会打击出口企业的创汇积极性，而外汇短缺也影响该国进口贸易的发展。限制资本外流和限制投资收益回流的做法也会打击外商对该国投资的积极性。许多国家的经验证明，要打破国际收支逆差、外汇储备不足、外汇管制、对外开放程度低、经济发展速度慢之间的恶性循环，需要在逐步取消外汇管制上寻找突破口。

（3）出现外汇黑市，而且外汇官价和黑市并存可能带来权钱交易。当外汇牌价被显著压低之时，就很难避免外汇黑市的出现。当外汇黑市规模较大时，政府甚至不得不开放外汇调剂市场，使该国出现合法的双轨制汇率。为了以较低的官价购买外汇，某些个人和企业可能向掌握外汇配给权的官员行贿，助长社会的腐败风气。

9.2　我国的外汇管理体制

9.2.1　我国外汇管理体制的改革

我国外汇管理体制建立于计划经济时期。改革开放前，我国实行严格的外汇集中计划管理，国家对外贸和外汇实行统一经营，外汇收支实行指令性计划管理。所有外汇收入必须售给国家，用汇实行计划分配；对外基本不举借外债，不接受外国来华投资；人民币汇率仅作为核算工具。1978 年，改革开放拉开了外汇管理体制改革的序幕，外汇管理体制改革始终围绕党中央、国务院的战略部署，沿着社会主义市场经济体制的方向持续推进，按照使市场在资源配置中起决定性作用和更好发挥政府作用的要求，逐步建立起了适应中国特色社会主义市场经济要求的外汇管理体制。1978 年以来，外汇管理体制改革大致经历四个发展阶段。

第一阶段（1978—1993 年），外汇管理体制改革起步。这一阶段以增强企业外汇自主权、实行汇率双轨制为特征。1978 年党的十一届三中全会正式宣布我国开始改革开放，1979 年，为配合外贸体制改革和鼓励企业出口创汇，我国开始实行外汇留成制度，在外汇由国家集中管理、统一平衡的基础上，按照一定比例给予出口企业购买外汇的额度，允许企业通过外汇调剂市场转让多余的外汇，由此逐步形成了官方汇率和外汇调剂市场汇率并存的双重汇率制度。这一阶段，外汇管理体制处于由计划体制开始向市场调节的转变过程，计划配置外汇资源仍居于主导地位，但市场机制萌生并不断发育，对于促进吸引外资、鼓励出口创汇、支持国内经济建设发挥了积极作用。

第二阶段（1994—2000 年），社会主义市场经济条件下的外汇管理体制框架初步确定。1994 年初，国家对外汇管理体制进行了重大改革，取消外汇留成制度，实行银行结售汇制度，实行以市场供求为基础的、单一的、有管理的浮动汇率制度，建立统一规范的外汇市场。此后，进一步改进外汇管理体制，1996 年取消了所有经常性国际支付和转移的限制，实现人民币经常项目可兑换。1997 年，亚洲金融危机爆发，给中国经济发展与金融稳定造成严重冲击。为防止危机进一步蔓延，我国做出人民币不贬值的承诺，并重点加强对逃汇骗汇等违法违规资本流动的管理和打击，成功抵御了亚洲金融危机的冲击。总体来看，这一阶段，我国初步确立适合国情、与社会主义市场经济体制相适应的外汇管理制度框架，市场配置外汇资源的决定性地位初步奠定。

第三阶段（2001—2012 年），以市场调节为主的外汇管理体制进一步完善。2001 年底加入世界贸易组织以来，我国加速融入全球经济，国际收支在较长一段时间内呈现持续大额顺差，外汇管理提出国际收支平衡的管理目标和“均衡管理”的监管理念，包括人民币资本项目可兑换等重大改革探索有序推进。2002 年，建立合格境外机构投资者制度（QFII），跨境证券投资开放取得重大进展。2003 年成立中央汇金公司，向国有商业银行注资，外汇储备探索多元化运用。以 2005 年 7 月人民币汇率形成机制改革为起点，不断理顺外汇市场供求关系，实施了取消经常项目外汇账户限额管理、对个人实行 5 万美元便利化结售汇额度管理、启动合格境内机构投资者制度（QDII）和人民币合格境外机构投资者制度（RQFII）等一系列改革举措。2008 年，结合前期外汇管理体制改革取得的丰硕成果，修订《中华人民共和国外汇管理条例》，外汇管理法制化建设迈入新阶段。2009 年，提出外汇管理理念和方式的“五个转变”，全面推进简政放权。2012 年，实施货物贸易外汇管理制度改革，取消货物贸易外汇收支逐笔核销制度，贸易便利化程度大幅提升。

第四阶段（2013 年至今），统筹平衡贸易投资自由化、便利化，防范跨境资本流动风险，在维护外汇市场稳定尤其是成功应对 2015 年底至 2017 年初外汇市场高强度冲击的同时，外汇领域改革开放取得历史性成就。2013 年，改革服务贸易外汇管理制度，全面取消服务贸易事前审批，所有业务直接到银行办理。扩大金融市场双向开放，先后推出“沪港通”（2014 年）、内地与香港基金互认（2015 年）、“深港通”（2016 年）、“债券通”（2017 年）等跨境证券投资新机制。陆续设立丝路基金、中拉产能合作基金、中非产能合作基金，积极为“一带一路”搭建资金平台。2015 年，将资本金意愿结汇政策推广至全国，大幅简化外商直接投资外汇管理，实现外商直接投资基本可兑换。2016—2017年，完善全口径跨境融资宏观审慎管理，推动银行间债券市场双向开放，建立健全开放有竞争力的境内外汇市场。2018年，进一步增加QDII额度，取消了QFII资金汇出比例限制和QFII、RQFII锁定期要求，扩大合格境内有限合伙人（QDLP）和合格境内投资企业（QDIE）试点。2015年底至2017年初，我国外汇市场经历了两次高强度冲击，外汇管理部门在党中央、国务院的领导下，综合施策、标本兼治，建立健全跨境资本流动宏观审慎管理，不断改善外汇市场微观监管，我国日益开放的外汇管理体制经受住了跨境资本流出冲击的考验，有效维护了国家经济金融安全。

面对我国全面开放新格局下跨境资本流动双向波动和外汇管理新常态，在总结应对外汇市场高强度冲击经验基础上，外汇管理部门加快构建跨境资本流动“宏观审慎+微观监管”两位一体管理框架。宏观审慎以市场化方式逆周期调节外汇市场顺周期波动，防范国际经济金融风险跨市场、跨机构、跨币种、跨国境传染，维护外汇市场基本稳定。微观监管依法依规维护外汇市场秩序，强调反洗钱、反恐怖融资和反逃税，保持政策和执法标准跨周期的稳定性、一致性和可预期性。

9.2.2 我国现阶段外汇管理体制

1. 我国现阶段外汇管理体制的特点

我国目前的外汇管理体制基本上属于部分外汇管制。表现为：(1) 对经常项目实行可兑换政策，对资本项目实行比较严格的管制；(2) 对金融机构的外汇业务实行监督管理；(3) 禁止外币在境内计价流通；(4) 对保税区和边境地区实行有区别的外汇管理。我国外汇管理体制改革的总目标是在经常项目可兑换的基础上，创造条件，逐步放开，推进资本项目可兑换，进而实现人民币的完全可兑换。

2. 我国外汇管理的对象

我国外汇管理的对象包括境内机构、个人、驻华机构、来华人员的外汇收支或者经营活动。境内机构是指中国境内的企事业单位、国家机关、社会团体、部队等，包括外商投资企业；个人是指中国公民和在中国居住满一年的外国人；驻华机构是指外国驻华机构、领事机构、国际组织驻华代表机构、外国驻华商务机构和国外民间组织驻华业务机构；来华人员是指驻华机构的常驻人员、短期入境的外国人、应聘在境内机构工作的外国人以及在我国的外国留学生等。

3. 我国外汇管理机构

根据我国《外汇管理条例》的规定，我国外汇管理的机构是国家外汇管理局及其分局、支局。国家外汇管理局为副部级国家局，内设综合司、国际收支司、经常项目管理司、资本项目管理司、管理检查司、储备管理司、人事司（内审司）、科技司8个职能司和机关党委。设置中央外汇业务中心、外汇业务数据监测中心、机关服务中心、外汇研究中心4个事业单位。

国家外汇管理局的主要职责是：

(1) 研究提出外汇管理体制改革和防范国际收支风险、促进国际收支平衡的政策建议；研究逐步推进人民币资本项目可兑换、培育和发展外汇市场的政策措施，向中国人民银行提供制定人民币汇率政策的建议和依据。

（2）参与起草外汇管理有关法律法规和部门规章草案，发布与履行职责有关的规范性文件。

（3）负责国际收支、对外债权债务的统计和监测，按规定发布相关信息，承担跨境资金流动监测的有关工作。

（4）负责全国外汇市场的监督管理工作；承担结售汇业务监督管理的责任；培育和发展外汇市场。

（5）负责依法监督检查经常项目外汇收支的真实性、合法性；负责依法实施资本项目外汇管理，并根据人民币资本项目可兑换进程不断完善管理工作；规范境内外外汇账户管理。

（6）负责依法实施外汇监督检查，对违反外汇管理的行为进行处罚。

（7）承担国家外汇储备、黄金储备和其他外汇资产经营管理的责任。

（8）拟定外汇管理信息化发展规划和标准、规范并组织实施，依法与相关管理部门实施监管信息共享。

（9）参与有关国际金融活动。

（10）承办国务院及中国人民银行交办的其他事宜。

4. 我国外汇管理的主要内容

（1）经常项目外汇管理。经常项目是指国际收支中经常发生的交易项目，包括贸易收支、劳务收支、单方面转移等。经常项目外汇管理主要包括以下三方面的内容：

1）经常项目可兑换（银行售汇制）。是指对属于经常项目下的各类交易，包括进口货物、支付运输费和保险费、劳务服务、出境旅游、投资利润、借债利息、股息、红利等，在向银行购汇或从银行外汇账户上支付时不受限制。

2）银行结汇制。即境内机构对于其经常项目下收入的外汇，除有特殊规定外，必须按规定结售给外汇指定银行的制度。我国逐步允许中资企业开立外汇账户，保留一定限额的外汇收入，超限额外汇收入才结汇。对外商投资企业经常项目下的外汇收入，可以开立外汇结算账户，由国家外汇管理局及其分局核定其可保留外汇的最高限额，限额之内的外汇可以保留，也可以卖给外汇指定银行，超过限额部分则必须卖给外汇指定银行。属于个人所有的外汇，可以自行持有，也可以存入银行或者卖给外汇指定银行。

3）出口收汇和进口付汇核销制度。出口收汇核销是指货物出口后，对相应的收汇进行核销。具体办法是：出口单位在货物报关时，必须向海关出示外汇部门核发的核销单，凭有核销单编号的报关单办理报关手续，货物报关后，海关在核销单和有核销单编号的报关单上加盖“放行”章。然后，出口单位及时将有关报关单、汇票、发票和核销单存根送当地外汇部门以备核销。一切出口贸易方式项下的收汇均须进行核销。进口付汇核销是指进口货款付出后，对相应的到货进行核销。企业必须定期向外汇管理部门报送付款清单和到货清单，银行提供企业付款清单，海关提供到货清单，外汇管理部门对三方面的清单进行核对或抽查，发现问题即可进行处罚，处罚方式之一是将该企业列入《由国家外汇管理局审核真实性的进口单位名单》。《外汇管理条例》从立法上规定了国际上通用的出口收汇和进口付汇核销制度，以督促企业及时、足额地收回货款或货物，防范和打击套汇、逃汇等非法活动。

（2）资本项目外汇管理。资本项目外汇是指国际收支中因资本输出和输入而产生的资产与负债的增减项目资本，包括直接投资、各类贷款、证券投资等项目。我国资本项目外汇收支管理的基本原则是在放松经常项目汇兑限制的同时，完善资本项目管理。

现阶段我国国际收支中的资本项目主要是外商来华直接投资、境外直接投资和借用外债三种形式。

在外商来华直接投资方面，我国对外商投资企业的资本项目外汇收入实行外汇登记制度、外汇专用账户管理和外债登记制度；对外商投资企业资本项目的外汇支出（主要是投资款的汇回和偿还外债本金支出）均须经国家外汇管理局批准或核准后才能办理。

在境外直接投资方面，目前我国境外投资项目审批的主管机关是国家发展计划委员会和对外经济贸易合作部及其授权部门，国家外汇管理局作为境外投资的外汇管理机关要对投资者的资格、境外投资的风险和境外投资的外汇来源等进行审查。

我国《外汇管理条例》第十八条规定：国家对外债实行规模管理。借用外债应当按照国家有关规定办理，并到外汇管理机关办理外债登记。国务院外汇管理部门负责全国的外债统计与监测，并定期公布外债情况。第四十三条规定：有擅自对外借款、在境外发行债券或者提供对外担保等违反外债管理行为的，由外汇管理机关给予警告，处违法金额 30%以下的罚款。

（3）金融机构外汇业务管理。

1）经营外汇业务的资格管理。金融机构须经外汇管理机关批准，领取《经营外汇业务许可证》，才能经营外汇业务，并且不得超范围经营。未经批准的任何单位和个人不得经营外汇业务。

2）经营外汇业务遵守的规则。具体包括：第一，经营外汇业务的金融机构应按规定为客户开立外汇账户，办理有关外汇业务；第二，金融机构应依规定交存外汇存款准备金，遵守外汇资产负债比例管理的规定，并建立呆账准备金；第三，外汇指定银行办理结汇业务所需人民币资金应当使用自有资金，其结算周转外汇实行比例幅度管理；第四，金融机构经营外汇业务，应当接受外汇管理部门的检查、监督，并应向外汇管理机关报送外汇资产负债表、损益表以及其他财务会计报表资料；第五，业务终止时，应向外汇管理部门提出申请，并依法清算外汇债权债务，缴销《经营外汇业务许可证》。

（4）人民币汇率和外汇市场管理。自 1994 年汇率并轨后，我国实行以市场供求为基础的、单一的、有管理的浮动汇率制度，由人民银行根据银行间外汇市场形成的价格，每日公布人民币兑主要外币的汇率。

外汇市场是进行外汇交易的场所，通常是无形市场。全国统一的银行间外汇交易市场是我国的外汇市场。市场交易主体是外汇指定银行和其他经批准经营外汇业务的金融机构。交易客体（即交易的币种）和形式由国家外汇管理局规定和调整。

外汇市场交易应当遵循公开、公平、公正、诚实和守信用的原则。外汇指定银行和其他经营外汇业务的金融机构，应当根据人民银行公布的汇率和规定的浮动范围，确定对客户的外汇买卖价格，办理外汇买卖业务。国家外汇管理局依法监督管理全国的外汇市场，人民银行根据货币政策的要求和外汇市场的变化，依法对外汇市场进行调控。

5. 我国外汇管理的立法

1997 年 1 月，国务院修订并发布了《中华人民共和国外汇管理条例》，2008 年 8 月，对该条例进行再次修订并发布。与此同时，人民银行、国家外汇管理局还先后发布了一系列外汇管理方面的法规、规章，如《境内居民因私兑换外汇办法》《境内居民外汇存款汇出境外的规定》《结汇、售汇及付汇管理规定》《银行间外汇市场管理暂行规定》《银行外汇业务管理规定》《非银行金融机构外汇业务管理规定》《境内居民个人外汇管理暂行办法》等。由监察部、人民银行等五部委于 1999 年 1 月 25 日联合发布了《关于骗购外汇、非法套汇、逃汇、非法买卖外汇等违反外汇管理规定行为的行政处分或者纪律处分暂行规定》，从而形成了较为全面的外汇管理制度。

9.2.3 违反外汇管理法的法律责任

违反外汇管理法的行为主要有骗购外汇、非法套汇、逃汇三大类，我国《外汇管理条例》第七章、《全国人民代表大会常务委员会关于惩治骗购外汇、逃汇和非法买卖外汇犯罪的决定》、国务院批准的《关于骗购外汇、非法套汇、逃汇、非法买卖外汇等违反外汇管理规定行为的行政处分或者纪律处分暂行规定》对这三大类违法行为所应承担的法律责任做了明确规定。

1. 骗购外汇

骗购外汇的行为主要有：

（1）伪造、变造海关报关单、进口证明、外汇管理部门核准件等凭证和单据的购汇。

（2）使用、买卖伪造、变造的海关报关单、进口证明、外汇管理部门核准件等凭证和单据的购汇。

（3）重复使用海关报关单、进口证明、外汇管理部门核准件等凭证和单据的购汇。

（4）明知用于骗购外汇而提供人民币资金或者其他服务的购汇。

（5）以其他方式骗购外汇的。

《关于骗购外汇、非法套汇、逃汇、非法买卖外汇等违反外汇管理规定行为的行政处分或者纪律处分暂行规定》第四条规定：经批准经营外汇业务的金融机构、国有外经贸企业的工作人员，有以上骗购外汇行为之一，数额不满 10 万美元的，给予留用察看处分；数额在 10 万美元以上的，给予开除处分。

2. 非法套汇

非法套汇的行为主要有：

（1）违反国家规定，以人民币支付或者以实物偿付应当以外汇支付的进口货款或者其他类似支出的，但是合法的易货贸易除外。

（2）以人民币为他人支付在境内的费用，而由对方给付外汇的。

（3）明知用于非法套汇而提供人民币资金或者其他服务的。

（4）以其他方式非法套汇的。

《关于骗购外汇、非法套汇、逃汇、非法买卖外汇等违反外汇管理规定行为的行政处分或者纪律处分暂行规定》第五条规定：经批准经营外汇业务的金融机构、国有外经贸企业的工作人员，有以上非法套汇行为之一，数额不满 10 万美元的，给予警告、记过或者记大过处分；数额在 10 万美元以上不满 100 万美元的，给予降级或者撤职处分；数额在 100 万美元以上的，给予留用察看或者开除处分。

3. 逃汇

逃汇的行为主要有：

（1）违反国家规定，擅自将外汇存放在境外的。

（2）不按照国家规定将外汇卖给外汇指定银行的。

（3）违反国家规定将外汇汇出或者携带出境的。

（4）未经外汇管理部门批准，擅自将外币存款凭证、外币有价证券携带或者邮寄出境的。

（5）明知用于逃汇而提供人民币资金或者其他服务的。

（6）以其他方式逃汇的。

《关于骗购外汇、非法套汇、逃汇、非法买卖外汇等违反外汇管理规定行为的行政处分或者纪律处分暂行规定》第六条规定：经批准经营外汇业务的金融机构、国有外经贸企业的工作人员，有以上逃汇行为之一，数额不满 10 万美元的，给予撤职处分；数额在 10 万美元以上不满 100 万美元的，给予留用察看处分；数额在 100 万美元以上的，给予开除处分。

9.2.4　当前我国外汇管理体制改革展望

1. 逐步实现人民币经常项目的意愿结售汇制度

为使外汇资源的配置和市场机制的作用更有效，当前必须进一步进行外汇体制改革，特别是结售汇制度改革。无论是全面的强制结售汇还是部分的强制结售汇，都是国家对企业外汇收支行为实施行政干预的一种表现形式。随着国家宏观调控手段的不断建立和完善，国家对于外汇收支的管理将逐渐由直接管理转为间接调控，未来我国的结售汇制度应发展成为意愿结售汇的形式。

根据我国渐进式改革的历史经验，在从强制结售汇发展为意愿结售汇的过程中，可能会经历一个将限额结售汇制度推广到所有中资企业的过渡阶段，然后随着最高限额不断提高而逐渐过渡到意愿结售汇。从 1994 年实行结售汇制以来，允许企业留存现汇的比例和范围在逐渐扩大，所走的正是这样一条渐进的道路。我国已实行经常项目的人民币自由兑换，经常项目的外汇收支理应实行意愿结售汇制度。实行经常项目的意愿结售汇制度后，外汇资产的储存和风险分散到企业、银行和个人，而不是由中央银行独家承担，减少了中央银行的基础货币投放，有利于改善外汇市场上的供求，完善人民币汇率的形成机制。同时，中央银行也可以通过提高外汇指定银行结算周转外汇余额上限比例的方法，发挥“蓄水池”的功能。如果外汇市场上外汇供不应求，允许人民币汇率下降，以鼓励结汇和抑制售汇；如果外汇供过于求，允许人民币汇率上升，以抑制结汇和鼓励售汇。中央银行只需在必要的时候，干预外汇市场，防止汇率波动幅度过大。

在强制结售汇制度下，企业的出口收汇不得不通过结汇兑换人民币，而在进口时再重新用人民币购买外汇。企业不仅因此承担了汇率风险，还支付两次手续费。显然，实现意愿结售汇制度可有效降低企业的汇率风险和经营成本，增强市场竞争力。

目前，我国已允许外商投资企业和有外贸经营权的中资企业保留一定比例的经常项目外汇收入，用于经常性对外支付，对外商投资企业和中资企业都实行供给汇率制度，随着企业获准保留的外汇比例的不断增大，强制结售汇制度终将被取消。

2. 实现真正有管理的浮动汇率制度

我国目前的汇率制度实际上是钉住美元浮动，汇率缺乏弹性。随着我国经济改革的深化，在外汇市场供求逐步反映真实、全面的外汇供求关系的情况下，汇率水平应主要由市场的供求关系来决定，充分发挥市场机制对汇率的调节作用。需要改变目前中央银行根据银行间外汇市场前一营业日交易的加权平均价公布基准汇率的做法，改由中央银行根据外汇供求状况和宏观调控目标，确立每日中心汇率为参考汇率，并放宽当日汇率的波动幅度；在条件成熟时，改由几家主要的外汇指定银行根据当日的外汇市场供求状况，参考前一营业日银行间外汇市场的加权平均价，公布当日银行间外汇市场外汇买卖的即期汇率，同时扩大银行间外汇买卖的汇率浮动幅度；银行与客户之间的即期买卖汇率可在公布的市场即期汇率一定幅度内由银行直接确定；银行与客户之间的大额即期买卖可由客户根据公布的市场汇率与银行自由议定。

3. 尽快建立外汇平准基金

发达国家为稳定汇率或引导汇率向有利于本国经济的方向变动，达到减少国家外汇风险的目的，常常采取建立外汇平准基金的办法。当一国汇率出现短期剧烈波动或出现不利于本国经济发展的变化趋势时，各国金融当局常常运用自己所掌握的外汇平准基金入市干预。通过外汇平准基金在市场上买卖自己所拥有的资产，影响市场汇率的变化。

外汇平准基金一般都是由本币和外币构成，其中的外币主要是国家的外汇储备。这些资金统一由中央银行掌管，中央银行根据外汇市场的价格波动情况和供求状况，主动在市场上进行买卖外汇的操作，以稳定汇率，形成合理的基准汇率。我国的外汇平准基金由中国人民银行统一控制，通过设在中国外汇交易中心的中央银行操作室来具体实施。各国政府都通过对外汇平准基金的运作将外汇市场的波动控制在一定范围内，促进合理汇率的形成。不过，相对于资金实力非常巨大的各种基金，外汇平准基金所能产生的影响已经日显不足。此外，外汇平准基金的行动也需要中央银行对冲政策的配合，否则会给该国货币政策带来负面影响。

4. 改变人民币钉住美元的做法，努力完善我国外汇市场

我国外汇市场由于交易品种单一、交易主体不充分，市场供求受到一定的约束，在市场信息不充分的条件下，汇率形成的市场化程度比较低。为使外汇资源的配置和市场机制的作用更有效，必须进一步进行外汇体制改革，特别是通过汇率形成机制的完善进一步推动外汇市场的发展。目前，由于外汇市场上只有中央银行是唯一不受约束的参与者，由其承担买卖外汇市场供求差额的责任。实际上，中央银行是最后外汇风险承担者，是外汇市场的最大买家（或卖家），左右着市场的汇率。这种外汇体制下形成的人民币汇率只能代表中央银行对目标汇率的看法，而非所有市场参与者的共识。

完善我国外汇市场就是为了促进我国的外汇市场向高效、规范化的方向前进，使市场有竞争性地运转，发挥市场在外汇资源配置中的基础性作用，因而要扩大参加者范围和交易者范围，增加交易品种，让各种外汇资产都能进入市场进行交易，以保证市场有合理的供应水平，交易者能在同一水平上竞争。目前，我国已允许在华外资银行进入外汇市场，今后可以考虑允许外汇收支大的非金融机构进场交易，同时适当扩大汇率浮动幅度，允许外汇指定银行在规定幅度内自由议价成交，充当外汇买卖和资金调拨、融通的媒介，使外汇指定银行成为真正的市场主体和造市者。同时，根据我国对外经济贸易发展和使用货币状况，适当增加交易币种。随着外汇市场的完善，应积极创造条件开办银行间远期外汇交易，引进掉期、期权、期货等金融创新业务，使经营者能通过外汇市场转嫁外汇风险。中

央银行充当外汇市场的调控者，在外汇市场上不再过于频繁地进行外汇干预，并对外汇市场进行审慎的管理。从长远的外汇市场发展方向来看，为了使人民币成为可兑换货币，应在我国发展国际金融中心，我国外汇市场应逐步国际化，引进外汇经纪商制度，允许国外金融机构参加，允许非居民开立人民币和外币账户，允许银行之间直接询价交易，买卖双方直接清算。当然，这需要根据我国的经济发展情况和宏观调控能力有步骤地推进。

综上所述，要完善我国的外汇市场，必须要改变人民币钉住美元的做法。一些学者提出钉住由美元、欧元和日元组成的“一篮子货币”的想法，以适应我国发展与日本和欧洲的经贸往来。还有学者认为在1999年欧元启动后，特别提款权实际由美元、欧元和日元组成，上述的“一篮子货币”也就等价于特别提款权。人民币如果钉住特别提款权，由于特别提款权中所含的货币的汇率变动得以相互抵消，可使人民币的对外价值得到相对稳定。实证分析表明，人民币钉住特别提款权较钉住美元更有利于人民币汇率的稳定，从而更易满足我国对外贸易、资本转移、劳务收支等要求。

9.3 外债管理概述

20世纪80年代初爆发的国际债务危机对世界经济产生了巨大的影响，引起各国政府对外债问题的广泛重视，外债管理成为对外经济甚至宏观经济管理的重要内容。

9.3.1 外债和外债管理的含义

1. 外债的含义及内容

外债是指在任何特定时间内，一国居民对非居民承担的具有契约性偿还责任的债务，包括本金的偿还和利息的支付。

我国在对外债进行管理的实际操作中，一般是将外债归结为：国际金融组织贷款、外国政府贷款、外国银行和金融机构贷款、买方信贷、国际商业贷款、对外发行债券、国际金融租赁、延期付款、补偿贸易中直接以现汇偿还的债务和其他形式的对外债务。由此看出，外国的股权投资如外商直接投资和股票投资就不属于外债。

(1) 国际金融组织贷款。国际金融组织贷款就是由国际金融组织机构向借款人（一般为成员）提供的贷款。这种贷款的资金来源主要是成员缴纳的份额和以金融机构名义的借款。贷款对象是符合规定要求的成员，大多是发展中国家。国际金融组织贷款的条件比较优惠，以中长期贷款为主，期限较长，平均利率较低，是发展中国家的主要筹资渠道之一。

与我国关系较为密切的国际金融组织贷款主要有国际货币基金组织贷款，世界银行集团成员的国际复兴开发银行、国际开发协会、国际金融公司贷款，亚洲开发银行贷款和国际农业发展基金贷款。

(2) 外国政府贷款。外国政府贷款是指一国（债权国）政府利用本国资金向另一国（债务国）政府提供的优惠贷款。债务国一般是第三世界经济比较落后或资金短缺的国家，债权国一般是西方发达国家或石油输出国组织成员。

外国政府贷款是具有双边经济援助性质的优惠贷款。按照国际惯例，优惠性贷款一定要含有25%以上的赠予成分。所谓赠予成分，就是根据贷款的利率、偿还期限、宽限期和综合贴现率等数据，计算出衡量贷款优惠程度的综合性指标。外国政府贷款一般具有金额大、利率低、期限长、附加费用较少、附加条件较多等特点。其主要形式是混合贷款，即外国政府提供的优惠贷款或赠款和出口信贷结合使用。

（3）国际商业贷款。国际商业贷款是借款人为了满足某一建设项目和其他用途资金的需要，在国际金融市场上向外国金融机构、企业或商人筹措的借款。这种贷款的借款手续简便，在资金使用上限制条件较少，但借款成本较高，风险比国际金融组织贷款和外国政府贷款要大。借款人资信的好坏是决定国际商业贷款筹资成本的关键。国际商业贷款的种类很多，就广义来说，主要有短期融资、普通中长期贷款、买方信贷和循环贷款四种。

1）短期融资。即借款期限在一年以内（包括一年）的短期贷款，其利率随行就市。例如，欧洲货币短期贷款按伦敦银行同业拆放利率计息。短期贷款主要凭信用取得，借款人无须交纳抵押品，借贷双方一般也不用签订贷款协议，在提供时并不限定贷款用途。

2）普通中长期贷款。即借款人为了进行生产建设项目投资，在国际金融市场上筹措的一年期以上的贷款。它与短期融资的不同之处在于期限长、金额大，风险也随之增大，因此借贷双方要签订贷款协议，还要由借款人所属国家的政府等提供担保。如果一笔中长期贷款的金额不是很大，期限又不是很长，则可由一家银行独家承贷；如果一笔贷款的金额大、期限长，则可由不同国家的多家银行组成银团共同提供贷款。这样做既可扩大资金供应，又可分散风险。普通中长期贷款的利率是以伦敦银行同业拆放利率为基础，加上一个加息率；另外，在银团贷款条件下，还要收取各种费用。普通中长期贷款在提供时也不限定用途，可由借款人自行安排使用。

3）买方信贷。即出口方银行直接向进口商或进口方银行提供信贷。买卖双方以即期现汇成交，签订贸易协议后，买方向卖方先付15%～20%的订金，其余的80%～85%由卖方银行以贷款的方式贷给进口商或进口方银行，买方用这笔贷款按现汇付款条件支付给卖方，而后买方按贷款协议规定分期向卖方银行偿还贷款本息。与买方信贷相对应的还有卖方信贷，即延期付款方式，是出口方银行向出口商提供的信贷。出口商为了推销其产品，将产品赊销给外国买主，允许买方一次或分期付款。

4）循环贷款。也称备用贷款，即借款人根据贷款协议在贷款有效期内可以随时提取金额不超过规定最高限额的贷款。这种贷款的特点是借款人在限额内可以“循环”用款。循环贷款的成本较高，除支付利息外，借款人还要支付贷款人准备资金随时提取的费用。

20世纪80年代以来，我国除了利用国外官方优惠贷款和国际金融组织贷款外，利用国际商业贷款的总额也在逐年增加，主要用于期限短、见效快的出口创汇项目。但由于这种贷款期限短，汇率风险较大，使用时应慎重，必须控制商业贷款在外债总额中的比例。

（4）对外发行债券。对外发行债券是一国政府、金融机构、企业等在国际债券市场上以外国货币或境外货币标示面值所发行的债券。发行对象主要是境外的投资者，可以是银行、企业，也可以是个人，发行面很广。由于债券具有流动性、安全性和收益性以及集资额大等特点，目前，已成为我国在国际金融市场上筹措资金的一种重要形式。对外发行的债券利率一般为固定利率，也可采用浮动利率，利率水平与中长期贷款差不多，一般低于国内债券的利率，官方发行的债券利率又低于企业发行的债券的利率。发行人除按利率计算利息支付给投资者外，还须支付其他费用。但发行债券的总成本一般比向银行借款低。

（5）国际金融租赁。国际金融租赁又称融资性租赁，它是商业信贷和银行信贷同时进行的一种新的筹资方式。承租人向国外出租人租用机器设备，以支付租金形式偿还使用费，到期退还机器设备或买下设备。租赁业务比较灵活，金额可大可小，租赁期限可长可短，租金可一次性清偿或分期清偿。

2. 外债管理的含义

外债管理是指一国政府对外债及其运行加以控制和监督，是由外债管理主体运用外债管理方法作用于外债管理客体的运行系统。

9.3.2　外债管理的内容

外债管理主要包括外债规模管理、外债结构管理和外债营运管理三个方面的内容。

1. 外债规模管理

外债规模管理是确定一国的中长期和年度合理负债水平。负债过多会超过本国的承受能力和消化吸收能力，造成不必要的风险和浪费；而借款过少又难以满足国内建设的资金需求，造成国民经济发展的迟滞。因此，确定适度的外债规模是发展中国家有效管理外债的关键，但也是外债管理的难点之一。

一般而言，外债规模主要受三个因素影响：一是经济建设对外债的需求量；二是国际资本市场的可供量；三是本国对外债的承受能力。外债的承受能力是确定外债规模最重要的因素。借款不仅要看需要，更要看可能。因此，加强外债规模的控制，必须通过科学的定性、定量分析，寻找最佳规模的数量界限。

目前，世界各国用来监测外债总量是否适度的指标主要有：

（1）负债率。是指一国当年未清偿外债余额与当年政府综合财力的比率，即与当年国内生产总值（GDP）的比率，这是衡量一国负债能力和风险的主要参考数据。其公式为：

$$负债率=\frac{当年未清偿外债余额}{当年国内生产总值}\times 100\%$$

国际上公认的负债率参考数值为 100%，即超过 100%为债务负担过重。但这也不是绝对的，因为一国即使外债余额很大，如果长期和短期债务期限分布合理，当年的还本付息额也可保持在适当的水平。

（2）债务率。即当年未清偿外债余额与当年商品和劳务出口收入的比率。其公式为：

$$债务率=\frac{当年未清偿外债余额}{当年商品和劳务出口收入总额}\times 100\%$$

国际上公认的债务率参考安全线为 25%以下。

（3）偿债率。即一国当年外债还本付息总额与当年商品和劳务出口收入的比率，这是衡量一国还款能力的主要参考数据。其公式为：

$$偿债率=\frac{当年外债还本付息总额}{当年商品和劳务出口收入总额}\times 100\%$$

发展中国家的出口收汇主要用于进口原材料、技术设备和必要的消费品以及其他支出，用于债务还本付息的不应超过 20%。因此，国际上一般认为偿债率指标在 20%以下是安全的，超过这一警戒线，就有发生偿债危机的可能性。当然这一限度只能作为参考，并不是说超过了 20%就一定会发生债务危机。因为一国的偿债能力除了取决于所借外债的种类、期限和数量以外，还取决于一国的经济增长速度和出口贸易的增长速度，或者说取决于一国的经济实力。

（4）其他债务衡量指标。除以上常用的衡量一国偿债能力和债务负担的指标以外，还有一些其他指标可以作为参考，比如：一国当年外债还本付息额与当年国民生产总值的比率，根据经验数据，这个比率控制在 5%以下是安全的；外债总额与本国黄金外汇储备额的比率，一般控制在 3 倍以内。

当然，这些比率都是从某一个侧面反映了一国的债务负担或偿债能力，在实际分析中，往往要综合考察各项指标，如果只考虑某项指标，其结果可能会出现偏差。

2. 外债结构管理

外债结构管理是在确定的总规模范围内，通过对国际资本市场的预测、分析，结合国内建设对资金需求的特点，对构成总量的各个债务要素，即利率、期限、币种和融资形式等进行最优组合，以降低成本，减少风险，保证偿债能力，使外债发挥最大效益。具体包括以下内容：

（1）融资结构管理。国际融资有多种形式，包括官方和国际金融机构贷款、出口信贷、商业信贷、国际租赁、补偿贸易等。各种形式具有不同的优势和特点。

1）官方和国际金融机构贷款。该种贷款带有援助性质，具有期限长、利率低等特点，适于国民经济结构调整和基础产业的发展。

2）出口信贷。由于出口信贷直接与设备引进相互融资，因而受到政府的补贴和担保，具有成本低、风险小的特点，适用于成套设备的引进。

3）商业信贷。商业信贷具有使用方便、偿还灵活等特点，适于出口创汇项目。

4）国际租赁。特别是杠杆租赁，可以享受税收优惠，进而降低成本，适于大型运输工具的租用和不可购买但可租用的设备。

5）补偿贸易。补偿贸易既可以吸收资金，又可以带动出口，因此适于中小型技术改造项目。

发展中国家在举借外债时，应尽可能地吸收官方或国际金融机构的优惠贷款，并根据引进设备和技术的特点采用不同的融资方式，以降低成本，增加收益。

（2）期限结构管理。期限结构是指一年期以上的中长期外债和一年期以下（含一年）的短期债务的分布状况。对外债期限结构的管理，首先，要通过对外债年限的合理分布，按照国际惯例，将短期外债占外债总额的比例控制在 25%以下；其次，要避免借入大量年限相同的外债，防止还债过于集中；最后，要避免短期外债的增长长时间超过中长期外债的增长，防止债务短期化。

（3）利率结构管理。国际资本市场上存在着固定利率和浮动利率，对外债的利率结构进行管理，包括以下两个方面：

第一，中长期债务尽可能使用固定利率，以防止国际资本市场变化对一国整体债务成本的影响；同时避免单一利率，以享受利率正常变动的益处。在利率水平看跌时期，选择浮动利率，这主要适用于短期债务；反之，在利率水平看涨时期，选择固定利率，可降低成本。在一般情况下，应选择固定利率为宜，因为这样便于成本核算和还债安排以及减少风险。

第二，在不受政治和使用限制的条件下，尽可能争取政府贷款或国际金融机构贷款，以享受优惠利率；同时，降低非优惠利率即国际商业贷款的比例。在对外债的利率结构进行管理时，可采用国际金融市场上的掉期和期权等金融工具，以便于开展管理工作。

(4) 币种结构管理。对外债的币种结构进行管理，源于对汇率风险的认识。

当今世界，任何一种货币都无法长期保持坚挺的地位，在借用外债的整个过程——借、用、收、还四个环节中，只要发生货币兑换，就存在汇率风险。因此，对外债币种进行管理，一是从国家整体债务上讲，外债币种要与出口收汇、外汇储备相一致，避免偿债过程中的汇率风险；二是软、硬货币的搭配，防止外债使用过程中的汇率风险；三是在一个具体项目上，要使借、用、收、还四个环节币种相一致，避免汇率风险，保证按时偿还。

(5) 市场与国别结构管理。对外债的市场与国别结构进行管理，主要在于多元化。由于不同市场有不同的资金来源和筹资工具，不同国家对资本流动的管理法律不尽一致，政治态度不时发生变化，因此要使外债来源稳定，需广泛地涉足各个市场和国家。

合理的市场结构是根据对各资本市场的管理、市场容量和金融工具的特点，结合国内资金的需求，选择不同的市场，同时避免同一时间集中进入同一市场。外债合理的国别结构是根据引进设备的特点和债权国的资金提供形式，确定利用不同国家的贷款。避免集中于一个或几个国家，以免受政治波动影响，使外债来源稳定，满足国内建设对外债的需求。

3. 外债营运管理

外债营运管理是对外债整个运行过程进行管理，包括外债借入管理、外债使用管理和外债偿还管理。外债借入管理要掌握好借债窗口，控制好借债总量，调整好借债结构，控制好借债成本。外债使用管理要掌握好外债的投向，力争使外债投到微观经济效益和宏观经济效益综合最优的产业和项目上去。外债偿还管理要落实好偿债资金，合理安排偿债时间，避免出现偿债高峰。

9.3.3　我国的外债管理

1979 年以前，我国基本上不举借外债，也不接受外国投资。此后，积极利用外资是我国对外开放政策的主要内容之一。1980 年末，我国外债余额还不到 50 亿美元。到“八五”期末，突破了 1 000 亿美元大关，达到 1995 年末的 1 066 亿美元，1999 年末外债余额为 1 518 亿美元，截至 2021 年末，外债余额为 2.746 6 万亿美元。鼓励外商直接投资是我国利用外资政策的主要内容，所以近年来我国外债增加幅度不大。

虽然我国外债绝对规模较大，但负债率、债务率和偿债率等有关指标一直低于国际公认的警戒线。目前，我国外债存在的主要问题是外债结构有许多不合理之处，诸如外债的币种过分集中于美元和日元上，借债来源过分集中于少数几个发达国家，外债的投向也不尽合理。因此，合理安排并不断优化外债结构是我国外债管理工作的一个重点。

伴随着我国外债的发展，我国外债管理制度从 1980 年开始建立并逐步完善，形成了目前一套有中国特色的统一计划、分工负责的外债管理制度和机制。外债管理涉及的部门及其具体分工如下：

（1）国家发展和改革委员会（简称国家发改委）负责编制利用国外贷款的计划。国家发改委汇总并提出包括国际金融机构贷款、政府贷款、商业贷款、债券发行、项目融资等在内的年度利用外资计划，并会同财政部、中国人民银行等部门制定国家中长期利用国外贷款计划，报国务院批准。

（2）国家外汇管理局负责的工作有：短期国际商业贷款余额指标的核定；外商投资企业发债、项目融资借款条件的审批；外债的登记、监测、开户，以及还本付息、相关结售汇的核准；对外担保的登记和审批等。

（3）财政部负责主权债务的对外签约和债务资金的使用。

然而，我国的外债管理制度尚不完善，也存在着一些缺陷，如对外借债缺乏强有力的集中统一规划和监控，部门之间缺乏协调等问题。这些问题都需要通过进一步的改革予以解决。

本章小结

1. 外汇管制是指一个国家为防止资金的大量外逃或流入，维持国际收支的平衡和本币汇率稳定，通过法律、法令或法规而对外汇资金的收支、买卖、借贷、转移及国际结算，对本国货币的兑换及汇率所进行的管理。

2. 外汇管制的内容包括对出口外汇、进口外汇、非贸易外汇、资本输出输入、黄金及现钞输出输入和汇率等方面的管制。管制的方法有直接管制和间接管制两种。

3. 外债是指在任何特定时间内，一国居民对非居民承担的具有契约性偿还责任的债务，包括本金的偿还和利息的支付。外债管理是指一国政府对外债及其运行加以控制和监督。外债管理主要包括外债规模管理、外债结构管理和外债营运管理三个方面的内容。

重点概念

外汇管制　　外债　　外债管理　　外债规模管理
外债结构管理　　外债营运管理

复习思考题

1. 名词解释

外汇管制　　外债管理　　外债规模管理　　外债结构管理
外债营运管理

2. 思考题

（1）试述外汇管制的含义及作用。

（2）简要论述我国外汇管理体制改革的几个阶段及目前存在的问题。

（3）外债管理中有哪些监测指标？

（4）我国是外汇储备较多的国家之一，为什么还要大量举债？

3. 案例分析

2018 年，人民币兑美元汇率从一季度的坐享升值红利，到 10 月末的逼近“7”心理关口，而后在 12 月初出现大涨，年内贬值幅度为 5.5%。进入 2019 年后，人民币加速“逆袭”，除了兑澳元、新西兰元和加元小幅贬值之外，兑国际八大主流币种中的五种全线走高。截至开年后第二周，在岸人民币兑美元汇率累计上涨 1 228 个基点，涨幅达 1.79%，创出了 2005 年“汇改”以来最大的单周涨幅。在人民币强势升值的同时，美元指数明显回落。汇率市场出现了明显的“双向波动”的特征。

请问：你认为应该开展哪些外汇管理措施以应对汇率的“双向波动”风险？

第 10 章

国际资本流动

导入案例

2007 年，冰岛被联合国开发计划署评为最适宜人类居住的国家。冰岛的人均国民收入以 6.65 万美元位居全球第五。自 20 世纪 90 年代初开放金融市场并积极吸引外资以来，冰岛的金融产业得到了迅速发展，产业结构也发生了翻天覆地的变化，一度成为“北欧的金融中枢”。冰岛银行以过剩的外币积极招揽外国企业，冰岛国民购买新房时，甚至可从银行 100%贷款。

当然，世界上没有免费的午餐。2008 年第二季度，冰岛的对外债务为 1 205 亿美元，达到该国 GDP 的 7 倍之多。受全球金融危机影响，世界各大金融公司纷纷收回贷款，导致冰岛银行面临破产危机，陷入严重金融动荡。该国三大银行均已被政府接管。2008 年 11 月，冰岛从国际货币基金组织（IMF）获得 21 亿美元救济资金，但无济于事。物价上涨加之越来越多的人失业，使得国民纷纷上街示威，联合政府也随之垮台。但即使新政府成立，也根本无法扭转局势。有预测称，冰岛至少需要 20 年才能还清债务，他们付出了以债务大肆消费的代价。

本章学习目标

1. 掌握国际资本流动的概念及类型；
2. 掌握国际资本流动的原因、特征及影响；
3. 了解国际债务危机的爆发原因、影响及缓解方案与措施；
4. 了解国际融资新方式。

素养目标

党的二十大报告强调坚持中国特色社会主义道路。中国特色社会主义道路是我们党和人民在长期实践中探索出来的，是符合我国国情和时代要求的，是实现中华民族伟大复兴的必由之路。通过回顾近年来美国次贷危机、欧洲债务危机、美国国债危机等国际金融危机爆发的背景、起因、发展和对世界经济的影响，运用马克思主义政治经济学理论分析资本主义国家金融危机的本质，可以使学生增强中国特色社会主义道路自信，增强对我国经济发展和金融稳定的信心。

10.1 国际资本流动概述

10.1.1 国际资本流动的概念

国际资本流动是指资本在国际上转移，或者说，资本在不同国家或地区之间做单向、双向或多向流动，具体包括贷款、援助、输出、输入、投资、债务的增加、债权的取得、利息收支、买方信贷、卖方信贷、外汇买卖、证券的发行与流通等。国际资本流动与一国的国际收支有着直接的关系，主要反映在一国国际收支平衡表的资本和金融项目中。

国际资本流动按其流动方向，可分为国际资本流入和国际资本流出。国际资本流入，表现为本国对外国负债的增加和本国在外国资产的减少，或者说，外国在本国资产的增加和外国对本国负债的减少。国际资本流出，表现为本国对外国负债的减少和本国在外国资产的增加，或者说外国在本国的资产减少和外国对本国负债的增加。对一个国家或地区来讲，总存在资本的流出和流入，只不过是流出和流入的比例不同而已。一般来说，发达国家是主要资本流出国，发展中国家是主要资本流入国。在当今世界，国际资本倾向于在发达国家之间对流。

国际资本的输出和输入，是国际资本流动最主要的形式。因此，有时两者被看成是通用的，但严格来讲，它们仍然有所区别。首先，国际资本输出和输入所涵盖的内容比国际资本流动狭小，它仅是国际资本流动的一个重要组成部分，而国际资本流动还包括诸如动用黄金、外汇等资产来弥补国际收支逆差等行为；其次，国际资本输出和输入的途径与目的比较单一，它一般是指与投资和借贷等活动密切相关的、以谋取利润为目的的一种资本转移，而国际资本流动则还包括一些非营利性的资本转移。

10.1.2 国际资本流动的类型

国际资本按其周转时间的长短，可分为中长期资本和短期资本，前者周转时间超过一年，后者为一年或不足一年。因此，国际资本流动按照资本使用期限的长短可分为短期国际资本流动和中长期国际资本流动。

1. 短期国际资本流动

短期国际资本流动是指期限为一年或一年以内或即期支付资本的流入与流出，它可以迅速和直接地影响一国的货币供应量。现金、银行活期存款凭单、短期政府债券、商业票据、银行承兑汇票、大额可转让定期存单等都是它的重要组成部分。这种国际资本流动，一般都借助于有关信用工具，并通过电话、电报、传真等通信方式来进行。它的流动形式有以下几种：

（1）贸易资本流动。贸易资本流动是指由国际贸易往来的资金融通与资金结算而引起的货币资本在国际上的转移。世界各国在贸易往来中，一般出口商或出口方银行总是对进口商提供短期贸易信用，如延期付款、银行承兑汇票等，必然会形成国际债权债务关系，而为结清这些关系，货币资本必然从一个国家或地区流往另一个国家或地区，贸易资本流动就形成了。它是最传统的国际资本流动方式，早期的国际资本流动多以这种方式出现。随着经济开放程度的提高和国际经济活动的多样化，贸易资金在国际资本流动中的比重已大为降低。

（2）银行经营性短期资本流动。银行经营性短期资本流动是指各国经营外汇业务的银行金融机构和其他金融机构，由于相互之间的资金往来而引起的资本在国际上的转移。如进行短期融资而引起的资金的转移；跨国银行总部与分支机构之间、各分支机构之间进行的资金余缺调拨；正常的套汇、套利、掉期、头寸调拨以及银行同业间短期拆借等。

（3）保值性资本流动。保值性资本流动是指短期资本持有者为了资金的安全或保持其价值不致遭到损失，进行资金调拨转移而形成的短期资金流动。这种资本的流动亦称资本逃避。一国国内政局动荡、经济状况恶化、国际收支失衡以及严格的外汇管制等都会引发大规模的资本外逃，形成突发性的短期资本流动。

（4）投机性资本流动。投机性资本流动是指投机者在不采取抛补性交易的情况下，利用国际市场上汇率、利率及黄金、证券等价格的波动，通过低进高出或买空卖空等方式而引起的短期资本流动。随着金融开放和金融创新的不断进行，国际上投机资本的规模越来越大，投机活动也越来越盛行。

短期国际资本流动，是国际资本流动中数量巨大、形式复杂的一种，它具有以下四个特点：

第一，复杂性。表现在两个方面：一是形式复杂多样，如上所述的贸易、银行、保值性、投机性等资本流动；二是资本流动借用的工具复杂多样，既包括货币现金和银行活期存款，也包括货币市场上的其他各种信用工具，如各种短期证券和票据等。

第二，政策性。是指各国政府的系列经济政策（如利率、汇率政策）对短期国际资本流动的影响很大。某个国家利率相对提高，国际资本就会往该国流动；反之，国际资本就会流出该国。此外，如果一个国家没有外汇管制或外汇管制较松，也容易发生短期国际资本流动。

第三，投机性。在浮动汇率制度下，短期国际资本流动具有很强的投机性。尤其短期资本中的“热钱”，更具有投机色彩。投机性是短期国际资本流动的一个显著特点。

第四，市场性。即游资真正遵循市场原则，哪里利润高就往哪里流动。即使没有行情，也会人为制造利多利空的消息，哄抬或打压某国或某地区的货币，造成区域或全球范围内劣币（汇率贬值的货币）驱逐良币（汇率升高或坚挺的货币）的资本流动现象。

2. 中长期国际资本流动

中长期国际资本流动是指期限在一年以上的资本的流入与流出。它是国际资本流动的重要方式，其基本形式包括直接投资、证券投资和国际贷款三种。

（1）直接投资。直接投资是指一个国家的投资者把资金直接投到另一国的企业等机构，并由此获得对投资企业的全部或部分管理和控制权。

直接投资的形式多种多样，如果从投资资本的构成来看，有单一资本形式的直接投资和联合资本的直接投资。如果从直接投资的手段来看，则有以下四种直接投资形式：一是创办新企业，如在国外设立子公司、附属机构或者与多国资本共同投资，在东道国设立合营企业等。如 2009 年 1 月，我国企业三一重工集团斥资 1 亿欧元在德国投资一家生产建筑设备的工厂以及一个研发中心和一个培训基地。二是直接收购，是指收购国外企业的股权达到一定比例，如在美国，拥有外国企业股权达到 10%以上就属于直接收购。这种直接投资方式相对于创办新企业来说，具有的优点包括：节省时间和资本；简化不必要的环节和手续；利用原来企业的技术、管理经验和营销市场，把产品迅速打入国际市场和降低经营成本；提高经济效益等。如 1995 年 2 月 26 日，具有 233 年历史的巴林银行被尼克·里森弄垮后，引起了国际社会的震动。该年 3 月 5 日，国际荷兰出资 10 亿美元一举买入巴林银行。这是大型收购的典型范例。国际荷兰也由此登陆英伦，实现了多年的梦想。三是利润再投资，投资者在国外投资所获利润并不汇回国内，而是作为保留利润对该企业进行再投资。这种投资实际上并不存在真正的国际资本流入或流出。四是与东道国或其他国家共同投资，合作建立合资企业、合作经营企业或合作开发。

直接投资具有以下特点：

第一，投资者以其所投资的资本大小取得所投资企业部分或全部管理控制权，方便企业贯彻经营策略与管理措施。

第二，投资者可以提供资金、技术和管理经验，同时获取被投资国的市场、人力和资源。

第三，对被投资国来说，直接投资可带来较先进的技术和管理经验，可带来不同形态的资本，如果能被投资国正确对待、运用直接投资的话，将会在很大程度上推动该国经济的发展，促进当地的就业。

第四，对被投资国来说，直接投资是重要的利用外资的渠道，但不构成该国的对外债务，因为直接投资企业只是在能够取得纯利润的情况下，才有按企业章程对外国投资者支付和汇出利润的义务，且外国投资者应得的利润亦可作为再投资的资金来源。

专题看板

海尔、TCL、格兰仕对外直接投资模式分析

中国的家电行业是市场化程度最高的行业之一，市场竞争非常激烈，家电行业代表了中国许多行业未来的发展状况。而海尔、TCL、格兰仕又是中国家电行业的三大巨头，它们是中国对外直接投资的领先企业，对外直接投资活动各具特色，是对外直接投资的典型代表。

海尔模式：在国外办厂，自创品牌，自己营销。海尔的战略核心是创世界名牌，这一中心任务决定了它的对外直接投资行为。海尔采取的战术是先创品牌，后靠品牌打市场。应该说，在该模式之下，海尔已迈出了成功的一步。能否获得最终的成功还要依赖于：能否在国内市场获得持续的较雄厚的利润保证，能否不断地发挥优势，扭转劣势，具有快速成长壮大的能力，以及优秀的企业文化、高超的管理技术等诸多因素合力的保证。这种模式使海尔面临巨大挑战的同时，也加快了海尔创世界名牌的进程，缩短了其成为国际大型跨国公司的时间。

TCL 模式：国外办厂，贴牌生产为主，自己营销。TCL 的对外直接投资模式的选择与它所具有的资本运作优势是分不开的，这一点突出体现在近些年 TCL 对欧洲的投资项

目中。TCL的这种投资模式成功与否还要看TCL整合企业多元文化的能力如何。此外，“以蛇吞象”也是有代价的，代价就是承担外方巨额亏损，TCL能否在较短的时间内摆脱财务危机，是TCL能否巩固成果，为以后继续扩张创造条件的关键。此外，TCL在技术研发方面的投入也是较大的，TCL能否在技术领域有更多的作为，这对于突破TCL在国际市场中处于低端的企业形象关系重大。

格兰仕模式：国内办厂，贴牌生产为主，别人营销。利用国内劳动力优势，以及企业所在地的产业集群效应，再加上国内巨大的市场成就了格兰仕的低成本战略。它的这种低成本战略放到国际市场上，其优势仅仅表现在生产制造环节，但缺乏品牌优势和国际营销渠道，因此，格兰仕的对外直接投资模式是与它的低成本制造能力这一优势相匹配的。

与海尔、TCL的显著区别是，格兰仕的生产制造全部在国内进行。在国外的投资抓两头：一是研发，设在美国；二是营销，位于世界各主要区域市场。这种模式的好处在于减少了对外直接投资的风险，靠薄利多销获得多方面的积累。这种模式的弊端在于：由于大量的贴牌生产，营销渠道归别人所有，利润中的大部分被外方拿走，企业资金积累的过程拉长，影响研发的投入，使企业向原始设计制造商（ODM）过渡的进程拉长；同时，由于缺乏自有品牌的知名度，自有品牌产品在国际市场上长期处于低端，要想扭转这种状况会很困难。因此，格兰仕为成为世界一流企业所选择的道路还很漫长。

（2）证券投资。证券投资也称为间接投资，是指通过在国际债券市场购买外国政府、银行或工商企业发行的中长期债券，或者在国际股票市场上购买外国公司股票来实现的投资。对于一个国家来说，在国际证券市场上买进有关证券，称为投资，它意味着国际资本流出；反之，在国际证券市场卖出有关证券，称为筹资，它意味着国际资本流入。证券市场里的投资者和筹资者，可以是政府或企业，投资者也可以是个人，筹资者还可以是国际金融机构。证券投资是国际资本流动的重要方式，尤其是自20世纪80年代以来，受各种因素的影响，国际投资证券化趋势有增无减。

证券投资与直接投资的区别有以下几个方面：

第一，证券投资涉及的是金融资本的国际转移；直接投资涉及的主要是实物资本的国际转移。

第二，证券投资的目的在于凭股票、债券等获得股息、红利和债息，对企业一般没有直接的管理控制权；直接投资的目的在于获得经营利润，且对企业有直接的管理控制权。

第三，证券投资必须有健全的国际证券市场，证券可随时买卖与转让；直接投资则要求有完善优良的投资环境，不涉及证券在市场上的买卖。

第四，证券投资涉及债权债务关系，即证券市场的筹资方发行债券便构成外债；直接投资的接受方吸引的资金并不构成外债。

总之，证券投资与直接投资各有优缺点，在实际运用当中应互相弥补各自的不足，刺激国际资本的流动，推动有关国家经济的发展。

（3）国际贷款。国际贷款是指一国政府、国际金融组织或国际银行对非居民（包括外国政府、银行、企业等）所进行的期限为一年以上的放款活动。国际贷款主要有政府贷款、国际金融机构贷款、国际银行贷款等形式。此部分内容可参阅本书第 7 章的有关内容，此处不再赘述。

国际贷款的主要特点是：它是单纯的借贷货币资本在国际上的转移，不像直接投资那样，涉及在他国设立企业实体或收购企业股权，也不像证券投资那样，涉及证券的发行与买卖。国际贷款的收益以利息及有关费用来体现，贷款风险主要由借款者承担。

10.1.3 国际资本流动的原因及特征

1. 国际资本流动的原因

国际资本的流动是一种供给与需求关系产生的结果。正因为存在这样的一种供求关系，才从根本上导致了国际资本流动。

(1) 资本供给。在国际资本流动中，长期资本与短期资本流动的具体原因各不相同，但从总体上看，其原因都不外乎两个：其一是追求利润，其二是规避风险。第二次世界大战后，由于世界经济发展的不平衡，存在着不同的投资机会，追逐利润最大化，导致资本从一个地区流向另一个地区。如石油产地国利用每年石油的收益在世界各地投资，著名的主权基金阿联酋阿布扎比投资局就是一个典型。该投资局成立于 1976 年，基金设立的初衷是：一旦石油收益减少，该基金将成为阿布扎比酋长国的重要财政储备。在 2005 年到 2007 年，该主权基金投资组合的增长超过了石油收入的增长，但是它们的收益也伴随着国际金融形势的变化而巨幅波动。随着 2008 年全球金融形势的突变，阿联酋阿布扎比投资局的资产已经从 2007 年底的 4 530 亿美元降至 2008 年底的 3 280 亿美元。

在国际资本流动中，追逐利润并非唯一动机。对投资者来说，还要考虑资本的相对安全性。当某国或某地区的风险因素超过投资者所能承受的范围时，资本外流也就产生了。因此，任何国际资本的流入流出，都是追求利润和规避风险的权衡结果。而也正是因为这两个原因的存在，使谋求流动的国际资本始终存在，从而产生资本供给。

(2) 资本需求。资本需求是多方面的，但是发展中国家的资本需求是最为明显的。在发展中国家，由于国内储蓄不足以支持经济发展或起飞阶段所需要的投资需求，收入不足以支付进出口所需要的资金，为了开发本国资源、本国新产品、扩大生产能力以及引进先进技术和先进的管理经验，需要利用外资弥补经济发展的资金缺口，从而形成了对国际资本持续的需求。同时，国际投机者，尤其是以对冲基金为代表的机构投机者，在进行投机交易时，需要动用巨额资金，因此对国际资本的投机性需求也是非常大的。

(3) 其他具体影响因素。除资本供给和资本需求这两个基本原因之外，国际资本流动还受到很多具体因素的影响，主要有以下几个因素：

1) 利率差异。利率水平的高低不仅制约着资本的收益率，而且直接影响着资本流动的方向。当今世界各国经济发展与富裕程度不一，各国之间的利率水平不同，因而存在利率差异，这是影响国际短期资本流动的主要因素。资本在利润机制的驱动下，从利率较低的（资本可能比较充裕）的国家或地区流向利率较高（资本可能比较短缺）的国家或地区，直到利差消失为止。但发生该流动的前提是汇率相对稳定，否则就要遭受汇率波动的损失。

2) 汇率差异。汇率的高低和稳定也决定着资本的流动，尤其是短期资本的流动。20 世纪 70 年代初以来，世界普遍实行浮动汇率制度，各国货币汇率经常波动，且幅度较大。

如果一国汇率不稳定，本国资本所有者可能预期到所持的资本将发生贬值，就会把手中的资本或货币资产转换成另一种货币资产存于国外，从而使资本向汇率较为稳定的国家或地区流动。因此，为了避免贬值所造成的损失或为了获得升值所带来的收益，投资者会根据自己对汇率的预期，将自己的资金在不同货币之间进行转换，从而使资本在国际上流动。

一般情况下，利率与汇率呈正相关关系。一国利率提高，其汇率也会上浮；反之，一国利率下降，其汇率则会下浮。例如，1994 年美元汇率下滑，美国为此连续进行了 7 次加息，以期稳定汇率。尽管加息产生的效果取决于各种因素，但该措施已成为各国用来稳定汇率的一种常用方法。

3）财政赤字与通货膨胀。财政赤字和通货膨胀在一定条件下是相通的，两者都会引起国际资本流动。当一国发生财政赤字，而这个赤字又以发行纸币来弥补时，这必然会给通货膨胀带来压力。一旦发生严重通货膨胀，居民为避免持有的资产发生贬值，减少通货膨胀所带来的损失，就会把国内资产转化为外国债券。当财政赤字是以出售债券或向外国借款来弥补时，也可能导致国际资本流动。因为居民可能会预期在将来某个时期，政府又会靠发行纸币来抵偿债务或征收额外赋税来偿付债务，这样又会促使居民把手中的资产从国内转移到国外，或者购买保值性财产（如黄金）。

4）政府的经济政策。一国的国际资本流动与该国的宏观经济政策有着很大的关系。例如，当一国采取金融自由化政策时，意味着对资本的流入流出不加过多干预，此时国际资本在该国的流出与流入往往比较频繁，规模也较大。如今，许多发展中国家为了弥补本国储蓄不足，制定了许多鼓励外资流入的政策，这对于加快国际资本流动产生了极大的影响。当世界经济处于萧条或国际经济关系不稳定时，国家经济政策对国际资本流动的影响就更加明显了。

5）国际炒家的恶性投机。所谓恶性投机，包含两种含义：第一，投机者基于对市场走势的判断，纯粹以追逐利润为目的，刻意打压某种货币而抢购另一种货币的行为。这种行为的普遍发生，毫无疑问会导致有关国家货币汇率的大起大落，进而加剧投机，导致汇率进一步动荡，形成恶性循环，投机者则在“乱”中牟利。这是一种以经济利益为目的的恶性投机。第二，投机者不是以盈利为目的，而是基于某种政治理念或对某种社会制度的偏见，动用大规模资金对某国货币进行刻意打压，由此阻碍、破坏该国经济的正常发展。无论哪种投机，都会导致资本的大规模外逃，并会导致该国经济的衰退，如 1997 年 7 月爆发的东南亚货币危机。一国经济状况恶化→国际炒家恶性炒作→汇市、股市暴跌→资本加速外逃→政府官员下台→一国经济衰退，这几乎已成为当代国际货币危机的“统一模式”。

6）政治、经济以及战争风险的存在。政治风险是指由于一国的投资环境恶化而可能使投资者所持有的资本遭受损失。这里所指的投资环境，是针对被投资国的政局是否稳定、法律是否健全以及政治态度是否友好等方面而言的。投资环境是选择投资国的一个重要政治因素。经济风险是指由于一国投资条件发生变化而可能给资本所有者招致的损失。这里所指的投资条件涉及被投资国的经济状况是否良好、经济前景是否广阔、基础设施是否完善、居民与非居民的资产是否安全等方面的内容。投资条件的好坏是判断投资经济风险大小程度的一个重要标准。战争风险是指可能爆发或已经爆发的战争对资本造成的可能影响。

2. 国际资本流动的特征

20 世纪 80 年代以来，国际资本流动出现了巨大变化，呈现出了一系列典型的特征：

（1）国际资本流动规模急剧增长，并日益脱离实质经济。国际资本市场的规模主要指国际借贷（中长期）和国际证券投资的数量。至 20 世纪 80 年代末，该市场规模约 5 万亿美元，为 1970 年的 34 倍。整个 80 年代，金融市场资本量每年递增 16.5%，远超过世界商品贸易每年 5%的增长，进入 20 世纪 90 年代，该市场进一步扩大。2021 年，全球各家企业通过出售股票、发行债券和签署新贷款协议筹集了创纪录的 12.1 万亿美元资金。同时，衍生工具交易产生的国际资金流动数量也已远远超过传统方式交易产生的国际资金流动数量，居于绝对优势地位。

（2）国际资本流动结构急速变化。从国家和地区的角度来看，国际资本流动的结构发生了急速变化。在 20 世纪 70 年代，国际资本主要流入发展中国家和地区；80 年代以后，流向发展中国家和地区的国际资本大为减少；90 年代以来，国际资金大量流入中国、东南亚、拉美、东欧、俄罗斯等国家和地区；1997 年东南亚金融危机以后，大量资金从危机地区撤出。从以上国际资本流动的发展变化过程可以看出，国际资本具有更加明显的逐利特性，而且变化无常。

（3）国际资本流动呈现出证券化、多元化特征。以证券方式流动的国际资本逐步超过了以债权方式流动的国际资本，其主要原因是证券融资可以从根本上克服银行融资流动性差的缺点。除了传统的资本流动方式如银行贷款、商业信用、股票筹资、债券筹资等以外，期权、期货、掉期、互换等创新性金融工具日益成为国际资本流动的重要方式。

（4）跨国公司成为国际资本流动的主体。当代国际资本流动，尤其国际直接投资的主角是跨国公司。跨国公司拥有巨额的资本、庞大的生产规模、先进的科学技术、全球的经营战略、现代化的管理手段以及世界性的销售网络，其触角遍及全球各个市场，成为世界经济增长的引擎，对“无国界经济”的发展起着重大的推动作用。

（5）国际外汇市场交易量扩大。国际金融市场中的短期资金和长期资金市场的流动，基本上都要反映到外汇市场的各种交易往来中。根据国际银行的估计，1979 年，世界各主要外汇市场（伦敦、纽约、东京、新加坡、香港、苏黎世、法兰克福、巴黎等）每日平均外汇交易额为 750 亿美元，1984 年扩大到 1 500 亿美元。2020 年，全球外汇市场交易额达到每日平均为 6.6 万亿美元，相比 2007 年日均 3.3 万亿美元的交易额增长了 100%。

上述分析表明，国际金融市场上的资金流动，尤其短期资金流动，已占主导地位。货币资本已脱离世界生产和国际贸易而独立运动，而由此形成的货币资本运动与商品运动相分离的现象，也构成了当代资本流动的一个重要特点。

10.1.4 国际资本流动的影响

20 世纪 90 年代以来，经济全球化的趋势不断加强，在这一世界经济发展进程中，一个突出的现象就是：国际资本流动相对于国际贸易和世界生产的独立性日益增强，并成为影响世界经济发展的主导因素。国际资本流动规模的扩大和速度的加快，都将对各国经济和整个世界经济发展产生重大影响。

1. 短期国际资本流动的影响

短期国际资本流动速度快、期限短，对经济的影响十分复杂，主要表现在以下几个方面：

（1）对国际贸易的影响。在国际贸易中，买卖双方（或银行）提供的短期资金融通，如预付货款、延期付款及票据贴现等，都有利于国际贸易双方获得资金便利，从而有利于国际贸易的顺利进行。

（2）对各国国际收支的影响。当一国的国际收支出现暂时性逆差时，该国的货币汇率就会下跌，如果投机者意识到这种汇率下跌仅是暂时的，预期不久就会上升，就会按较低汇率买进该国货币，等待汇率上升后再以较高的汇率卖出，这样就形成了该国的短期资本流入之势，这种趋势显然有利于调节该国的国际收支逆差。反之，一国的国际收支出现暂时性顺差时，该国汇率会上升，如果投机者意识到该汇率上升只是暂时的，预期不久会回落，就会按较高的汇率卖出该国货币，等待汇率回落后再以较低的汇率买进该国货币。这种投机行为形成该国的短期资本流出，这显然有利于减少该国出现的暂时性顺差。

当一个国家出现持续性逆差时，该国的货币汇率就会持续下跌，如果投机者预期该国货币汇率还会进一步下跌，就会卖出该国货币，买进其他货币，以期该国货币贬值，其他货币升值后获利。这种投机行为会使该国的资本流出，从而会扩大逆差，加剧国际收支失衡。反之，当一个国家出现持续性顺差时，这个国家的货币汇率就会持续上升，如果投机者预期这种汇率还会上升，他就会卖出其他货币，买进该国货币，以期该国货币升值后获利。这种投机行为会使该国顺差扩大，从而也加剧了国际收支失衡。

（3）对一国货币政策的影响。短期资本的流动性强，并且对货币政策的变化反应灵敏，因此它会大大降低各国货币政策的效力。当一国试图通过提高利率实行紧缩货币政策时，国外短期资本会受高利率的诱惑大量涌入，导致该国国内货币供应量增加，降低实行紧缩货币政策的力度。而当一国试图降低利率以推动扩张性财政政策的时候，利率的大幅下挫又会诱发大量的资本外流，进而导致国内货币供应量的减少，削弱了货币政策的效果。总的来看，短期资本的频繁流动不利于维护各国货币政策的独立性，加大了各国经济政策协调的难度。

（4）对国际金融市场的影响。国际资本流动加速了全球经济和金融的一体化进程。所谓一体化，就是指若干部分按照一定的方式有机地联系在一起。这是由于国际投机资本在世界各主要金融市场的套汇、套利活动，使国际金融交易中存在的汇率差异和利率差异被迅速拉平，导致世界主要金融市场的价格呈现一体化趋势；国际流动资本在世界各金融市场之间追逐高额利润的游动过程，使得一国的经济、金融与世界经济和金融的相关性增强，从而加速了世界经济、金融一体化的进程。

适量的金融投机，有利于减少金融商品的价格波动幅度，确保市场价格的稳定性；投机者进入金融市场承担并分散了原始金融市场的价格风险，使建立以风险规避为主的理性金融投资市场成为可能；投资者进入金融市场，大大提高了金融市场的流通性和资金营运率。然而进入 20 世纪 90 年代以来，国际金融市场上时刻充斥着数万亿美元的游资，它们脱离于生产领域，在各国金融市场开放的环境下，流动频繁，随时可能对各国的资本市场、证券市场、外汇市场等形成强烈的冲击。

2. 长期国际资本流动的影响

长期国际资本期限长，金额大，对当事国及世界经济的长期稳定和持续发展都会有较大的影响。

（1）对世界经济的影响。长期国际资本流动促进了生产要素的国际转移，有利于生产要素在全球范围内合理配置，增加世界经济的总产值与总利润，并趋于最大化；促进先进的生产技术和科学的管理经验广泛传播，推动国际分工的发展和国际协作的加强；促使跨国银行的发展与国际金融中心的建立，使多种货币共同构成国际支付手段，在不同程度上加深了货币信用的国际化。

(2) 对资本输出国的影响。主要的积极影响：一是可为剩余资金找到出路，从而可以提高资本的边际效益；二是可以通过出口信贷等方式，使对外贷款（即资本输出）与购买本国的成套设备或某些产品相联系，带动本国商品的出口，从而增加出口贸易的利润收入，刺激国内的经济增长；三是可以迅速地进入或扩大海外商品销售市场；四是有利于提高国际地位，这是由于资本输出，一般来说意味着该国的物质基础较为雄厚，意味着该国更有能力加强同其他国家的政治与经济联系，从而有利于提高自己的国际声誉或地位。

主要的消极影响：一是必须承担资本输出的经济和政治风险；二是会对输出国经济发展造成压力，在货币资本总额一定的条件下，过度的资本输出会使本国的投资下降，从而减少国内的就业机会，降低国内的财政收入，加剧国内市场竞争，进而影响国内的政治稳定与经济发展；三是可能会培养出未来的国际商品市场上的竞争对手。

(3) 对资本输入国的影响。长期国际资本流动对资本输入国也有积极与消极两个方面的影响。主要的积极影响有：可以弥补输入国资本的不足，从而发展生产；可以引进先进技术与设备，获得先进的管理经验；促进产品结构升级换代，从而提高劳动生产率，增强出口产品的国际竞争力，改善国际收支；可以增加就业机会，增加国家财政收入。

主要的消极影响有：若输入资本过多，超过了本国的承受能力，则可能会出现无法偿还债务的情况，导致债务危机的爆发；盲目而过量的资本输入会导致经济发展畸形，加重对外国资本的依赖性，一旦外国资本停止输出或抽走，本国经济发展就会陷入被动的境地，甚至使本国的政治主权受到侵犯；大量外国企业如果把产品就地销售，必然会使国内市场竞争加剧，从而使国内企业的发展受到影响。

10.2　国际债务危机

10.2.1　国际债务危机的概念

所谓债务危机，是指作为债务人的一国政府、机关、企业，在特定的、比较集中的时期内，因支付困难不能履行对内对外的债务契约，不能按期还本付息，致使债权人受到呆账损失或威胁的一个经济过程。债务危机与金融危机有一定的区别和联系。通常来说，债务危机是金融危机的一种表现形式，因此金融危机的爆发一定会伴随着债务危机，但债务危机可单独爆发，间或涉及股市或国际收支等领域；金融危机爆发的基础是经济危机并与再生产周期密切相关，而债务危机不一定与经济危机直接相关，其原因多种多样。

国际债务危机是指一国不能按时偿付其国外债务，包括主权债务和私人债务，表现为大量的公共或私人部门无法清偿到期外债，一国被迫要求债务重新安排和请求国际援助。20 世纪 60 年代以来，由于国际经济旧秩序的影响和国内经济发展战略失误，致使部分发展中国家外债负担沉重。20 世纪 80 年代初，美国、联邦德国、日本等发达国家实行高利率政策，发展中国家利息负担大大加重。1982 年 8 月，墨西哥宣布无力偿还到期债务，引发第二次世界大战后最严重的国际债务危机。1983 年，巴西、阿根廷等 42 个债务国陆续宣布无力偿还到期债务，危机空前恶化。债权、债务双方虽经多次谈判，做出重新安排部分债款的偿还期，但无缓解。1985 年，美国财政部长詹姆斯·贝克提出“美国关于发展中国家持续增长计划”（俗称“贝克计划”），但收效甚微。1987 年，发展中国家外债总额高达 11 900 亿美元，比 1982 年（6 214 亿美元）增长近 1 倍，至今仍在上升。国际债务危机不仅给发展国家经济发展造成很大困难，而且严重威胁整个国际金融体系。

专题看板

国际资本流动与金融危机

金融危机在过去的几十年中可谓连续不断，给发生国经济造成的影响相当严重。首先，我们回顾一下在过去几十年中世界上发生的几次金融危机：20 世纪 80 年代初发生的拉美国家的债务危机；80 年代末到 90 年代初美国储贷银行业的危机；90 年代的日本金融危机；1994 年的墨西哥金融危机；1997 年的亚洲金融危机；2007 年初的美国次贷危机；2010 年的欧洲债务危机。

其中三次发生在发展中国家的金融危机有着惊人的相似之处：首先，在危机发生之前，这些国家都是经济发展的希望之星，都吸引了大量外资。其次，在危机发生过程中，这些国家的政府一直是关键的参与者。最后，金融危机使这些国家蒙受了巨大的损失，同时也迫使这些国家对经济做出调整。下面我们简单地描述一下在发展中国家发生的这几次金融危机。

拉美国家的债务危机：20 世纪 70 年代，两次石油涨价使得石油输出国积累了大量美元，这些美元主要存在美国和欧洲的商业银行里。当时在发达国家的资本市场上，美元的供给较充足，而美元的需求稳定，因而利率较低。为了寻找高回报的投资机会，商业银行把目光投向拉美国家和东亚。商业银行愿意向拉美和东亚的发展中国家放贷，一是因为这些国家经济发展的势头看好，二是这些放贷大多有发展中国家的政府担保，其信用可谓主权级。到 1983 年为止，西方主要商业银行对发展中国家的贷款总量超过了发展中国家总负债的一半，达 3 350 亿美元。但随着 20 世纪 70 年代末和 80 年代初美国利率大幅度提高，投向拉美国家的资本有减少的趋势。这时，拉美国家的负债已经很高了，拉美国家的主要借款国（墨西哥、巴西、阿根廷、智利等）平均每年要用其出口创汇的 50%以上来还本付息。于是，以 1982 年墨西哥政府宣布不能按时还债为先导，开始了拉美发展中国家的债务危机。

墨西哥金融危机：20 世纪 80 年代，墨西哥经济发展起伏很大，1982 年的债务危机和 1986 年的石油价格暴跌使墨西哥经济走向衰退。20 世纪 90 年代初期，墨西哥经济似乎非常健康：通货膨胀得到了控制，外国直接投资增长迅猛，墨西哥中央银行积累了几十亿美元的储备，美国、加拿大、墨西哥达成的北美自由贸易同盟于 1994 年初生效。墨西哥 20 世纪 80 年代的艰难时势似乎已成过眼云烟。然而，北美自由贸易同盟生效后不到一年，墨西哥就遭遇经济灾难。1994 年 12 月 20 日，墨西哥政府宣布比索贬值，随后的金融危机又使比索贬值了一半。通货膨胀率飙升，墨西哥经济进入了严重的衰退时期。1995 年，墨西哥国内生产总值比上年下降 6.2%。

亚洲金融危机：亚洲 1997 年的金融危机是从泰国开始的。1997 年 7 月 2 日，泰国政府和金融当局宣布放弃长达 13 年之久的泰铢与美元挂钩的汇率制度，随后泰铢贬值高达 48%左右。泰国的危机波及菲律宾、马来西亚、印度尼西亚、新加坡等国的金融市场，造成一场席卷整个亚洲的金融风暴。

综观以上三个案例，我们发现一个共同的特点：这些国家的金融危机都与国际资本流动有关。在危机发生之前，这些国家的形势是“一片大好”。可能是由于国际形势的变化，或者是这些国家改革开放的努力，外资对这些国家的预期较好。为了吸引更多的外资，这些国家都采取了许多措施，如开放资本市场等。因此，这段时期外资大量流入这些国家。外资的流入可以弥补国内储蓄的不足，可以补偿经常项目账户的赤字，可以带来新的投资项目和管理技术，可以使国内的房地产市场兴旺，可以使国内的有价证券升值。总之，外资的大量流入带来了到处莺歌燕舞的局面，应该说这对发展中国家来说是一次机会，如果抓紧时间做好国内金融体制的基本建设，规范金融业，加强监管，可能使本国的金融业走上现代化的轨道并保持经济的持续增长。但是这一切来得太快，这些国家来不及将全国金融法规和监管体系建立起来，危机就来临了。

10.2.2 国际债务危机爆发的原因

国际债务危机的爆发是国内及国际因素共同作用的结果，但外因往往具有不可控性，且外因总是通过内因起作用的。因此，从根本上说，国际债务危机产生的直接原因是内因，即对国际资本盲目借入、使用不当和管理不善而导致的结果。具体表现为下述几方面。

1. 外债规模膨胀

如果把外债视为建设资金的一种来源，就需要确定一个适当的借入规模。若借债过多，但缺乏相应的国内资金及其他条件的配合，宏观经济效益就得不到应有的提高，进而可能因沉重的债务负担而导致债务危机。衡量一国的外债承受能力和外债偿付能力，可以用负债率、债务出口比率、还本付息与总产值比率和外债偿债率等指标来衡量（具体内容请参见本书第 9 章）。其中，外债偿债率被认为是衡量一国偿付能力最直接、最重要的指标。因为外债的偿还归根到底取决于一国的出口创汇能力，所以举借外债的规模要受制于今后的偿还能力，即扩大出口创汇能力。如果债务增长率持续高于出口增长率，就说明国际资本运动在使用及偿还环节上存在着严重问题。从理论上讲，一国应把当年还本付息额与出口收入的比率控制在 20%以下，超过此界限，借款国应予以高度重视。譬如，2009 年美国国债总额只有 9 万亿美元，而到了 2011 年，美国债务总额就达到了 14.3 万亿美元，并在 5 月 16 日达到了美国国会规定的法定上限，引发美国国债危机。

2. 外债结构不合理

在其他条件相同的情况下，外债结构对债务的变化起着重要作用。外债结构不合理的主要表现有：

（1）短期债务和商业贷款比重过大。这类债务利息高，又往往以可变利率计息，在利率不断上涨的情况下，利息负担加重。

（2）外债币种过于单一。如果一国外债集中于一种或两种币种，汇率风险就会变大，一旦该外币升值，则外债就会增加，增加偿还难度。

（3）期限结构不合理。如果短期外债比重过大，超过国际警戒线，或未合理安排偿债期限，就会造成偿债时间集中，若流动性不足以支付到期外债，就会爆发危机。2008年韩国的外债危机就是非常经典的案例，由于1 800亿美元的巨额外债一半以上是2006年以后由银行举借的，外资纷纷外逃，韩国汇率大幅贬值，据韩国央行2009年1月28日公布的数据，2008年韩元兑美元贬值25.7%，兑日元贬值40.7%。贬值幅度为1997年以来最大。

3. 外债使用不当

借债规模与结构确定后，如何将其投入适当的部门并最大地发挥其使用效益是偿还债务的最终保证。从长期看，偿债能力取决于一国的经济增长率，短期内则取决于一国的出口率。所以人们真正担心的不应是债务的规模，而是债务的生产能力和创汇能力。许多债务国在大量举债后，没有根据投资额、偿债期限、项目创汇率以及宏观经济发展速度和目标等因素综合考虑，制定出合理的外债使用方案。譬如，有些国家不顾国家的财力、物力和人力等因素的限制，盲目从事耗资金、工期长，短期内很难形成生产能力的大工程建设，造成债务积累加速；有些国家相当一部分的外债根本没有流入生产领域或用在资本货物的进口方面，而是盲目过量地进口耐用消费品和奢侈品，这必然导致投资率的降低和偿债能力的减弱，而不合理的消费需求又是储蓄率降低的原因，使得内部积累能力跟不上资金的增长，进而促使外债的进一步增加；有些国家则是大量借入短期贷款在国内做长期投资，而投资的方向主要又是房地产和股票市场，从而形成泡沫经济，一旦泡沫破灭，危机也就来临了。

4. 外贸形势恶化，出口收入锐减

由于出口创汇能力决定了一国的偿债能力，一旦一国未适应国际市场的变化、及时调整出口产品结构，其出口收入就会大幅减少，经常项目逆差就会扩大，从而严重影响其还本付息能力。同时巨额的经常项目逆差进一步造成了对外资的依赖，一旦国际投资者对债务国经济前景的信心大减，对其停止贷款或拒绝延期，债务危机就会爆发。

5. 金融环境恶化

当一国国内的利率低于国内的通货膨胀率，也低于世界市场利率时，如果仍维持着固定的汇率制度，就会促使人们将资金转移到境外赚取较高的利息，流向国外的外汇无法再被用来购买进口商品和偿还外债。

10.2.3 国际债务危机的影响

债务危机不仅会影响债务国，而且会给债权国以及国际金融市场和国际金融体系均带来严重的影响，主要表现如下所述。

1. 对债务国的影响

（1）债务国投资规模会大幅缩减。首先，为了满足还本付息的需要，债务国必须大幅度压缩进口以获得相当数额的外贸盈余。因此，经济发展和结构调整所需的材料、技术和设备等的进口必然受到严重抑制，从而造成生产企业投资的萎缩，甚至正常的生产活动都难以维持。

其次，债务危机的爆发使债务国的国际资信大大降低，进入国际资本市场筹资的渠道受阻，不仅难以借到条件优惠的借款，甚至连条件苛刻的贷款也不易借到。同时，国际投资者也会视危机爆发国为高风险地，减少对该国的直接投资。外部资金流入的减少，使债务国无法筹措到充足的建设资金。

最后，危机爆发后国内资金的持有者对国内经济前景持悲观态度，也会纷纷抽回国内的投资，这不仅加重了国家的债务负担，也使国内投资资金减少，无法维持促进经济发展应有的投资规模。

(2) 通货膨胀会加剧。债务危机爆发后，流入债务国的资金大量减少，而为偿债流出的资金却越来越多。资金的流出，实际上就是货物的流出，因为债务国的偿债资金主要是依靠扩大出口和压缩进口来获得的。由于投资的缩减，企业的生产能力也受到影响，产品难以同时满足国内需求与出口的需要。为还本付息，国家将出口置于国内需求之上。同时，进口商品中一些基本消费品也会大幅减少。当国内市场的货物供应量减少到不能满足基本要求，以至发生供应危机时，通货膨胀就不可避免。此外，在巨额资金净流出、头寸短缺的情况下，债务国政府往往还会采取扩大国内公债发行规模和提高银行储蓄利率等办法来筹措资金。但筹措到的资金相当大一部分是被政府用于从民间购买外币偿还外债，必然造成国内市场货币流通量增多。由于这部分资金较少用于投资，故不具有保值更无增值的效应。这样，在公债到期偿还或储户提款时，银行实际并无能力偿还，于是不得不更多地发行利率更高、期限更短的新债券，并扩大货币发行量。在这种情况下，通货膨胀不可避免。

(3) 经济增长会减慢或停滞。为制止资金外流，控制通货膨胀，政府会大幅提高利率，使银根进一步收紧，而为偿债需兑换大量的外汇，又使得本币大幅贬值，企业的进口成本急剧升高。资金的缺乏及生产成本的上升，使企业的正常生产活动受到严重影响，甚至破产、倒闭。投资下降，进口减少，虽然有助于消除经济缺口，但生产的下降势必影响出口的增长。出口若不能加速增长，就无法创造足够的外汇偿还外债，国家的债务负担也就难以减轻。这些都使国家经济增长放慢，甚至会出现较大幅度的倒退。例如，20 世纪 80 年代拉丁美洲爆发债务危机后，其经济基本上在原地踏步。整个 80 年代，拉丁美洲国家的国内生产总值累积增长 12.4%，而人均增长－9.6%。在 1997 年亚洲金融危机中，深受外债危机困扰的泰国、印度尼西亚和韩国的 1998 年国内生产总值预计值分别为－5.5%、－14%和－2%。

(4) 社会后果严重。随着经济衰退的发生，大批工厂、企业倒闭或停工停产，致使失业人口剧增。在高通货膨胀的情况下，职工的生活会受到严重影响，工资购买力不断下降，对低收入劳动者来说，更是入不敷出。失业率的上升和实际工资的下降使债务国人民日益贫困化，穷人队伍越来越庞大。同时，因偿债实行紧缩货币政策，债务国在公共社会事业发展上的投资经费会越来越少，人民的生活水平也会日趋恶化。因此，人民的不满情绪与日俱增，他们反对政府降低人民的生活水平，反对解雇工人，要求提高工资。而政府在债权银行和国际金融机构的压力下，又不得不实行紧缩货币政策。在此情况下，会导致民众用游行示威甚至暴力的方式表示对现状的极度不满，从而导致政局不稳和社会动乱。

2. 对债权国的影响

债权国出口减缩，延缓了经济恢复的进程。20 世纪 80 年代中期，美国出口的 40%左右是输往发展中国家的，由于发展中国家受债务危机的困扰，经济恶化，进口减少，使发达国家出口减少，对处于经济危机中的债权国的经济复苏产生极为不利的影响。

3. 对国际金融体系的影响

由于巨额债务不能收回，将会影响国际银行体系的资金周转与稳定。由于大多数商业贷款来自欧洲货币市场，大量呆账、坏账不能收回，因此造成国际信贷资金周转的中止与停滞，动摇了整个国际金融体系的稳定。

10.2.4 国际债务危机缓解的方案与措施

如何采取措施，防范、化解债务危机，维护国际金融体系的稳定，是各国极其重视的问题。一般来说，缓解债务危机的措施有下述几个方面。

1. 债务重新安排

在债务危机爆发的初始阶段，发达国家提出缓解债务危机的主要办法就是重新安排债务，包括两方面主要内容：一是官方间债务重新安排，一般通过巴黎俱乐部，也称十国集团来进行，由债权国政府和债务国，根据多边协议原则，签订双边协定；债务重新安排的金额，延长还款期是统一的，而利率则通过双边谈判加以确定。二是债务国所欠私人银行的债务则通过由 IMF 牵头成立的银行咨询委员会，组织债权国银行与债务国达成重新安排债务协议，但债务国必须如期支付所有应付的利息。重新安排债务推行的核心是将债务危机视为发展中国家暂时出现的流动性困难，因此它只能稍许缓解一些债务国的窘迫状况，但其作用并不显著。

2. 债务资本化

对债务危机的最初解决方案并没有使债务国摆脱债务负担，从而人们意识到债务危机不仅仅是一个暂时的流动性的问题，而且由于债务国现有的经济状况不具有清偿能力，债务危机的解决必须与发展中国家经济的长期发展相结合，由此出现了债务资本化。

债务资本化是指债务国将部分外债转变为对本国企事业单位的投资，包括债务转换股权、债务转用于资源保护以及债务调换等，从而达到减少外债的目的。

（1）债务转换股权。债务转换股权是 1983 年以来出现的解决债务国部分债务的办法。它是指投资者购入债权银行对发展中国家的债权，将债权通过债务国的中央银行调换成当地的货币进行投资。

债务资本化对债权人、投资者和债务国都有好处。债权人以低于账面价格卖出未能实现的债权，收回大部分资金；投资者以低于账面价格买入债权，又以账面价格换成当地货币进行投资；债务国能以当地货币将外币债务购回，减少了外债，并可引进先进技术和促进对本国的投资，提高就业率，发展经济，在一定程度上缓解了债务国缺乏资金的矛盾。

然而，债务转换股权如采用过多，引进过量外资，将导致一些部门的控制权逐渐落入外国公司之手，出现经济被外资控制的局面；如果政府通过全国的银行系统筹措债务转移所需的资金，势必造成债务国货币供应量大增、刺激通货膨胀，使货币贬值，对汇率也会产生不利影响；而且当债务额过于庞大，又没有较多投资机会时，这种方法就不能广泛实施。

（2）债务转用于资源保护。债务转用于资源保护是指通过债务转换取得资金用于保护自然资源。这种措施由世界野生物基金组织主管科研的副会长托马斯·E. 洛夫乔伊于

1984 年提出。具体做法为：世界野生物基金组织同债务国金融机构、中央银行、政府资源管理机构或私人自然资源保护组织达成协议，确定换成当地货币的汇率及管理和使用这笔资金的代理机构，然后以其收到的捐赠资金从私人银行或二级市场以折扣价购进债务后，转售给债务国资源管理机构或私人自然资源保护组织，并向该国中央银行兑换成该国货币，然后再交给资源保护机构用于环保项目投资。

（3）债务调换。债务调换是指发行新债券以偿付旧债。具体做法为一国以债券形式举措新债，出售债券取得现款，以便在二级市场上回购债务，或直接交换旧债。这种方案的设想是，如果新债券能比现存债务以较小的折现率出售，那么其效应将是减少债务而不必使债务国动用大量外汇储备。但这种方法受限于一国的资信及资本市场的发达程度。

3. 发展中国家经济调整方案

如前所述，债务危机的频发与债务国的经济政策与发展战略失误有着直接关系。20 世纪 80 年代中期后，不少发展中国家对过去的经验教训进行总结，并实行新的经济调整，具体包括：重新制定发展战略；协调宏观经济政策；调整经济结构；改革经济管理体制。这些新措施有助于经济的持续发展，从而在一定程度上缓解了债务危机的影响。

10.3　国际融资新方式

国际金融市场中各种国际资本流动的路径可以形成国际融资方式，它除了包括实体融资、国际商业银行贷款、出口信贷、发行国际债券等传统的融资形式外，还出现了 BOT、TOT、ABS 等一系列新型的国际融资方式。

10.3.1　BOT 融资方式

1. BOT 融资方式的产生和含义

BOT 全称为 Build-Operate-Transfer，通常直译为“建设-运营-转让”，意译为“基础设施特许权”。它是国际上一种较新的融资方式，是政府以特许权的形式将国家基础设施的建设、经营权交给私人公司，并给予该公司合理的利润，在特许期满后，再将该基础设施建设的所有权移交给政府的一种方式。

长期以来，世界各国的基础设施建设主要由政府部门或公营企业通过财政拨款、国际金融组织贷款直接承担。但进入 20 世纪 80 年代后，政府的巨额赤字、债务危机及私有化浪潮大大削弱了政府的投资能力；而与此同时，随着世界各国经济的迅猛发展，对基础设施的需求亦急剧膨胀。BOT 在土耳其的私营计划框架工程中首次产生，并很快被世界各国认同并广泛使用。如著名的英吉利海峡隧道、澳大利亚悉尼港口隧道、马来西亚南北高速公路等，都是运用 BOT 融资方式的成功例证。

2. BOT 融资方式的特点

当代资本主义国家在市场经济的基础之上引入了强有力的国家干预，同时经济学在理论上也肯定了“看得见的手”的作用，市场经济逐渐演变成市场和计划相结合的混合经济。BOT 融资方式恰恰具有这种市场机制和政府干预相结合的混合经济的特色。

一方面，BOT 融资方式能够保持市场机制发挥作用。BOT 融资的大部分经济行为都在市场上进行，政府以招标方式确定项目公司的做法本身也包含了竞争机制。作为可靠的市场主体的私人机构是 BOT 融资方式的行为主体，在特许期内对所建工程项目具有完备的产权。这样，承担 BOT 融资项目的私人机构在 BOT 融资项目的实施过程中的行为完全符合经济人假设。

另一方面，BOT 融资方式为政府干预提供了有效的途径，这就是和私人机构达成的有关 BOT 协议。尽管 BOT 协议的执行全部由项目公司负责，但政府自始至终都拥有对该项目的控制权。在立项、招标、谈判三个阶段，政府的意愿起着决定性的作用。在履约阶段，政府又具有监督检查的权力，项目经营中价格的制定也受到政府的约束，政府还可以通过通用的 BOT 法来约束 BOT 项目公司的行为。

3. BOT 融资的具体方式

运用 BOT 融资方式承建的工程一般都是大型资本、技术密集型项目，主要集中在市政、道路、交通、电力、通信、环保等方面，具体而言有以下几种方式：

（1）BOT（Build-Operate-Transfer），即建设-运营-转让，政府授予项目公司建设新项目的特许权时，通常采用这种方式。

（2）BOOT（Build-Own-Operate-Transfer），即建设-拥有-运营-转让，是指私人合伙或某国际财团融资建设基础产业项目，项目建成后，在规定的期限内拥有所有权并进行经营，期满后将项目移交给政府。这种方式明确了 BOT 融资方式的所有权，项目公司在特许期内既有经营权又有所有权。一般说来，BOT 即指 BOOT。

（3）BOO（Build-Own-Operate），即建设-拥有-运营。这种方式是开发商按照政府授予的特许权，建设并经营某项基础设施，但并不将此基础设施移交给政府或公共部门。

（4）BLT（Build-Lease-Transfer）。即建设-租赁-转让，是指政府出让项目建设权，在项目运营期内政府成为项目的租赁人，私营部门成为项目的承租人，租赁期满后，所有资产再移交给政府公共部门的一种融资方式。

（5）BTO（Build-Transfer-Operate），即建设-转让-运营。对于关系到国家安全的产业如通信业，为了保证国家信息的安全性，项目建成后，并不交由外国投资者经营，而是将所有权转让给东道国政府，由东道国经营通信的垄断公司经营，或与项目开发商共同经营。

（6）IOT（Investment-Operate-Transfer），即投资-运营-转让，是指收购现有的基础设施，然后根据特许权协议运营，最后移交给公共部门。

（7）DBFO（Design-Build-Finance-Operate）。即设计-建设-融资-运营。这种方式是从项目设计开始就特许给某一私人部门进行，直到项目经营期收回投资，取得投资收益。但项目公司只有经营权没有所有权。

上述几种融资方式虽然提法不同，具体操作上也存在一些差异，但它们的结构与 BOT 融资方式并无实质差别，所以习惯上将上述所有方式统称为 BOT。

4. BOT 融资风险的确定和分担

BOT 融资风险大致可划分为两类：一类是非项目风险，包括利率、汇率、通货膨胀等经济性风险；政策变动、政府更替、战乱等政治性风险。另一类是项目风险，包括设计不合理、建设延期、费用超支等施工风险；市场需求不足、营运中断等经营风险。对于上述风险的分担，按国际惯例，应是哪一方最有能力控制风险就由哪一方承担，对不属于各方的风险则通过协商谈判，以合同的形式界定各利益主体应承担的风险，也可采用担保、风险手段转移风险。

专题看板

马来西亚南北高速公路项目融资

1. 项目背景

马来西亚南北高速公路全长 900 多千米，最初是由马来西亚政府所属的公路管理局负责建设，但是在公路建成 400 多千米之后，由于财政方面的困难，政府无法将项目继续建设下去，采取其他的融资方式使项目得以最终完成便成为唯一可取的途径。在众多方案中，马来西亚政府选择了 BOT 融资方式。

2. 项目融资结构

从 1987 年年初开始，经过为期两年的项目建设、经营、融资安排的谈判，马来西亚政府与当地的马来西亚联合工程公司签署了一项有关建设经营南北高速公路的特许权合约。马来西亚联合工程公司为此成立了一家项目子公司——南北高速公路项目有限公司，以政府的特许权合约为核心组织起项目的 BOT 融资结构。项目的 BOT 融资结构由以下三个部分组成：

(1) 政府的特许权合约。马来西亚政府是南北高速公路项目的真正发起人和特许权合约结束后的拥有者。政府通过提供一项为期 30 年的南北高速公路建设经营特许权合约，不仅使得该项目由于财政困难未能动工的 512 千米得以按照原定计划建设并投入使用，而且通过项目的建设和运营带动了周边经济的发展。

(2) 项目的投资者和经营者。项目的投资者和经营者是 BOT 融资方式的主体，在这个案例中，是马来西亚联合工程公司所拥有的马来西亚南北高速公路项目有限公司。

(3) 项目的国际贷款银团。英国投资银行——摩根格兰福 (Morgan Grenfell) 作为项目的融资顾问，为项目组织了为期 15 年、总金额为 25.35 亿马来西亚元（约合 9.21 亿美元）的有限追索项目贷款，占项目总建设费用的 44.5%，其中 16 亿马来西亚元（约合 5.81 亿美元）来自马来西亚的银行和其他金融机构，是当时马来西亚国内银行提供的最大一笔项目融资贷款，9.35 亿马来西亚元（约合 3.4 亿美元）来自由十几家外国银行组成的国际银团。对于 BOT 融资方式，这个金额同样也是一个很大的数目。

3. 融资结构简评

采用 BOT 融资方式为马来西亚政府和项目投资者，以及经营者均带来了很大的利益。从政府的角度，由于采用了 BOT 融资方式，可以使南北高速公路按原定计划建成并投入使用，对于促进国民经济的发展具有很大的好处，并且可以节省大量的政府建设资金，并且在 30 年特许权合约结束以后可以无条件收回这一公路的特许权。

10.3.2 TOT 融资方式

1. TOT 融资方式的含义

TOT 全称是 Transfer-Operate-Transfer，是公共项目“转让-运营-转让”经营模式的简称。TOT 是 BOT 融资方式的新发展，近些年来比较流行。它是指政府部门或国有企业将建设好的项目的一定期限的产权或经营权有偿转让给投资者，由其进行运营管理；投资者在约定的期限内通过经营收回全部投资并得到合理的回报，双方合约期满之后，投资者再将该项目交还政府部门或原企业的一种融资方式。TOT 融资也是企业进行收购与兼并所采取的一种特殊形式，它具备我国企业在并购过程中出现的一些特点，因此可以理解为基础设施企业或资产的收购与兼并。在我国，TOT 融资方式多用于桥梁、公路、水厂、电力等基础设施项目。例如：上海将黄浦江上的南浦大桥、杨浦大桥及过江隧道的专营权以一定比例的股份转让给海外公司——中信泰富，将沪杭高速公路上海段 30 年运营权的大部分股份转让给国内民营企业——福禧公司，都是通过 TOT 融资方式引进外资或者私人资本，盘活了基础设施存量资产，提高了资金利用效率。

2. TOT 融资方式的特点

和其他融资方式相比，TOT 融资方式有其独特的优势，这些优势主要体现在：

（1）与 BOT 融资方式比较。TOT 融资方式省去了建设环节，使项目经营者免去了建设阶段风险，使项目接手后就有收益。由于项目收益已步入正常运转阶段，使得项目经营者通过把经营收益权向金融机构提供质押担保方式再融资，也变得容易多了。

（2）与向银行和其他金融机构借款融资方式比较。银行和其他金融机构向项目法人贷款的实质是一种借贷合同关系。虽然也有一些担保措施，但由于金融机构不能直接参与项目经营，只有通过间接手段监督资金安全使用。在社会信用体系还没有完全建立起来的阶段，贷款者要承担比较大的风险。由于贷款者“惜贷”心理的作用，项目经营者想要通过金融机构筹集资金，其烦琐手续和复杂的人事关系常常使人止步。而 TOT 融资方式的出资者直接参与项目经营，由于利益驱动，其经营风险自然会控制在其所能承受的范围内。

（3）与合资、合作融资方式比较。合资、合作牵涉两个以上的利益主体，由于各方站在不同利益者的角度，合资、合作形式一般都存在一段“磨合期”，决策程序相对也比较长，最后利润也是按协议或按各方实际出资比例分配。TOT 融资方式的经营主体一般只有一个，合同期内经营风险和经营利益全部由经营者承担，这样，企业内部决策和内部指挥协调相对容易多了。

（4）与内部承包或实物租赁融资方式比较。承包或实物租赁虽然也是把项目经营权在一定时期让渡出去，但与 TOT 融资方式相比，仍有许多不同之处。经营承包一般主体为自然人，项目对外法人地位不变，项目所有权权利完整保留。对于租赁行为，虽然经营者拥有自己独立的对外民事权利，但资产所有权权利乃由出租者行使，租赁费用一般按合同约定分批支付或一年支付一次。TOT 融资是两个法人主体之间的契约行为，经营者在合同期内，仍有独立的民事权利和义务，按合同约定，经营者还可拥有部分财产所有者的权利。经营者取得财产经营权的费用也一次性支付。

（5）与融资租赁方式比较。融资租赁是指出租者根据承租人对供应商和设备的选定，购买其设备交承租人使用，承租人支付租金的行为。融资租赁方式涉及购买和租赁两个不同合同，合同主体也涉及出租人、供应商、承租人三方，其运作实质是“以融物形式达到融资的目的”。TOT 融资方式的合同主体只有财产所有人和其他社会经营主体。经营者既是出资者，又是项目经营者。所有者暂时让渡所有权和经营权，其目的是通过项目融资，筹集到更多的建设资金投入到城市基础设施建设中去。TOT 融资方式省去了设备采购和建设安装环节，采购设备调试风险和建设安装风险已由项目所有者承担。合同约定的标的交付后，经营者即可进入正常经营阶段，获取经营收益。

（6）与道路或其他土地开发权作为补偿方式比较。以开发权作为补偿项目，其本身一般不具备创收经营权，项目具有纯公益性质。TOT 项目融资，其项目本身必须是经营性资产，有比较固定的收益。与取得其他开发权融资方式比较，省去了建设环节风险和政策不确定性因素风险，其运作方式对项目所有者和经营者都有益处。

3. TOT 融资存在的风险

在实际操作 TOT 融资过程中，必须注意以下几个关键问题：

（1）项目选择问题。被选项目一定要产权清晰，经营创收符合国家政策规定，经营状态正常。

（2）经营所有权转让资金再投入问题。要使基础设施建设走上良性循环，必须把经营性资产和纯公益性资产适当分开。通过 TOT 融资方式取得的建设资金，最好是再投入建设经营性项目，可以防止实施 TOT 融资时，不按市场价格转让经营权；另外，通过再建经营性项目，由于可以对新老项目进行比较，形成竞争机制，故可促进两个经营性项目共同发展。

（3）项目操作程序要公开透明。由于公共领域经营项目具备不完全竞争性，为了争夺项目转让权，很容易产生经济学上所说的“寻租”现象。

10.3.3 ABS 融资方式

1. ABS 融资方式的概念

ABS 全称是 Assets-Backed-Securitization（即资产证券化）。具体表述为：将某一目标项目的资产所产生的独立的、可识别的未来收益（现金流量或应收账款）作为抵押（金融担保），据以在国际资本市场发行具有固定收益率的高档债券来筹集资金的一种国际项目融资方式。随着国际经济合作的发展，ABS 融资方式以其涉及环节少、风险分散、筹资成本低、融资证券化等优势受到了越来越多的筹资者和投资者的重视。凡是可预见未来收益和持续现金流量的基础设施和公共工程开发项目，都可利用 ABS 融资方式筹资。很多国家和地区将 ABS 融资方式重点用于交通运输部门的铁路、公路、港口、机场、桥梁、隧道建设项目，能源部门的电力、煤气、天然气基本设施建设项目，公共事业部门的医疗卫生项目，供水、供电和电信网络等公共设施建设项目，并取得了很好的效果。如美国雷曼兄弟公司以项目融资专门公司的身份，通过公开在证券市场发行债券，为墨西哥的收费公路建设项目筹资 2.05 亿美元，使该项目提前服务于社会。

2. ABS 融资方式的特点

ABS 融资作为一种独具特色的筹资方式，具有以下特点：与通过在外国发行股票筹资比较，可以降低融资成本；与国际银行直接信贷比较，可以降低债券利息率；与国际担保性融资比较，可以避免追索性风险；与国际双边政府贷款比较，可以减少评估时间和一些附加条件。

3. ABS 融资方式的运作过程

ABS 融资方式的运作过程分为以下六个主要阶段：

第一阶段：组建项目融资专门公司。采用 ABS 融资方式，项目融资专门公司可为信托投资公司或信用担保公司，它是一个独立的法律实体。这是采用 ABS 融资方式筹资的前提条件。

第二阶段：寻求资信评估机构授予融资专门公司尽可能高的信用等级。由国际上具有权威性的资信评估机构，经过对项目的可行性研究，依据对项目资产未来收益的预测，授予项目融资专门公司 AA 级或 AAA 级信用等级。

第三阶段：项目主办人（筹资者）转让项目未来收益权。通过签订合同，项目主办人在特许期内将项目筹资、建设、经营、债务偿还等全权转让给项目融资专门公司。

第四阶段：项目融资专门公司发行债券筹集项目建设资金。由于项目融资专门公司信用等级较高，其债券的信用级别也在 A 级以上，只要债券一发行，就能吸引众多投资者购买，其筹资成本会明显低于其他筹资方式。

第五阶段：项目融资专门公司组织项目建设、项目经营并用项目收益偿还债务本息。

第六阶段：特许期满，项目融资专门公司按合同规定无偿转让项目资产，项目主办人获得项目所有权。

10.3.4 其他新的融资方式

20 世纪 80 年代，国际金融市场掀起了一股创新浪潮，新型融资工具不断涌现，在传统方式的基础上出现了很多创新方式。

1. 机动偿还贷款

机动偿还贷款是一种将贷款偿还与借款国的出口收入或国际资本市场的利率变化等相结合的贷款方式。如：把贷款偿还与借款国的出口收入联系起来，当出口收入下降时，贷款分期偿还额占还本付息额的比重就下降，否则就提高。如果与国际资本市场上的利率变化联系起来，当利率下降时，还债比率就高，否则就降低。这样，借款人可根据本国的进出口情况和国际金融市场形势的变化安排偿债计划。

2. 分享股权贷款

采取分享股权贷款融资方式，借贷双方须签订协议，贷款人以低于市场价格的利率向借款人提供贷款，而贷款人则可以享有贷款项目的部分股权，从而由借贷双方共同分担项目的风险。在双方签订的协议中，一般要对项目产品的定价做出规定，并且贷款人要根据其所享有的股权获得一定的项目管理权。

3. 自动延期包销信贷

自动延期包销信贷是一种目前在发达国家比较流行的贷款方式。基本做法是：贷款人（一般是银团）与借款人签订协议，由贷款人向借款人提供一笔中长期贷款，利率低于一般贷款，而借款人则根据双方签订的协议发行一笔与该笔中长期贷款总额相等的短期欧洲票据或货币存单（3～6 个月），交由贷款方包销。这样，贷款银行通过包销短期欧洲票据或货币存单获得的是短期存款，而借款人从贷款人那里获得的是费用低于传统贷款费用的中长期贷款。这种借贷方式的特点是借款人的借款费用低于传统的筹资方式，贷款人则可以在提供较长期贷款的同时，经销一笔短期票据，以此获得一笔短期存款，增加低成本的资金来源。

本章小结

1. 国际资本流动是指一个国家（或地区）的政府、企业或个人与另外一个国家（或地区）的政府、企业或个人之间，以及国际金融组织之间资本的流入和流出。它是国际经济交易的基本内容之一。

2. 按照资本跨国界流动的方向，国际资本流动可以分为资本流入和资本流出；按照资本跨国流动时间的长短，国际资本流动可以分为中长期国际资本流动与短期国际资本流动。短期国际资本流动主要包括贸易资本流动、银行经营性短期资本流动、保值性资本流动和投机性资本流动四种类型；中长期国际资本流动主要包括直接投资、证券投资和国际贷款三种类型。

3. 国际资本流动的根本原因在于资本供给与需求的相互作用。影响它的其他具体因素有利率差异、汇率差异、财政赤字与通货膨胀、政府的经济政策、国际炒家的恶性投机和政治、经济、战争风险的存在。

4. 国际资本流动在资本输入国、资本输出国以及国际金融市场上都存在着广泛的影响，与利益的分配、风险的产生都有密切的关系，在带来经济效益的同时也带来了一定的风险与危害。

5. 债务危机是指作为债务人的一国政府、机关、企业，在特定的、比较集中的时期内，因支付困难不能履行对内对外的债务契约，不能按期还本付息，致使债权人受到呆账损失或威胁的一个经济过程，是金融危机的一种表现形式。

6. 国际债务危机爆发的原因在于：外债规模膨胀；外债结构不合理；外债使用不当；外贸形势恶化，出口收入锐减；金融环境恶化等。

7. 国际债务危机缓解的方案和措施包括债务重新安排、债务资本化和发展中国家经济调整方案。

8. 国际金融市场中除了实体融资、国际商业银行贷款、出口信贷、发行国际债券等传统的融资形式外，还有 BOT、TOT、ABS 等一系列新型的国际融资方式。

重点概念

国际资本流动	长期国际资本流动	短期国际资本流动	国际直接投资
国际证券投资	国际贷款	国际债务危机	债务资本化
BOT	TOT	ABS	

复习思考题

1. 名词解释

国际资本流动	长期国际资本流动	短期国际资本流动	国际直接投资
国际证券投资	国际贷款	国际债务危机	债务资本化

2. 思考题

（1）什么是国际资本流动？请说明国际资本流动与资本输出及输入之间的关系。

(2) 按跨国流动的时间长短划分，国际资本流动可分为几种类型?

(3) 国际资本流动的根本原因是什么? 受哪些因素的影响?

(4) 国际资本流动产生的正效应包括哪些方面? 国际资本流动会产生哪些风险?

(5) 国际债务危机产生的原因是什么? 有什么方案可以解决?

(6) 请简述 20 世纪 90 年代以来国际融资的新方式。

3. 案例分析

假设有三位美国客户甲、乙、丙，在美国境内的一家银行存款，甲存入 100 万美元，乙存入 50 万美元，丙存入 80 万美元。由于某种原因，甲、乙将全部存款存于苏黎世银行。

请问：上述三位客户，谁的美元变成了欧洲美元? 共产生了多少欧洲美元?

参考文献

1. 陈雨露．国际金融．6 版．北京：中国人民大学出版社，2019.
2. 姜波克．国际金融新编．6 版．上海：复旦大学出版社，2018.
3. 陈全功．国际金融热点问题追踪．武汉：武汉大学出版社，2017.
4. 路妍，姜学军，等．国际金融学．北京：清华大学出版社，2020.
5. 孙刚，王月溪．国际金融学．2 版．大连：东北财经大学出版社，2014.
6. 何伟．国际金融应用．2 版．北京：中国财政经济出版社，2021.
7. 张礼卿．国际金融．2 版．北京：高等教育出版社，2018.
8. 张亦春，郑振龙．金融市场学．6 版．北京：高等教育出版社，2020.
9. 何璋，胡松明，孙宪臣．国际金融．北京：北京师范大学出版社，2018.
10. 李荣谦．国际金融．6 版．北京：清华大学出版社，2022.
11. 沈国兵．国际金融理论与实务．上海：复旦大学出版社，2023.

图书在版编目（CIP）数据

国际金融／李杰辉编著．--4版．--北京：中国人民大学出版社，2024.1
新编21世纪高等职业教育精品教材．金融类
ISBN 978-7-300-31862-2

Ⅰ.①国… Ⅱ.①李… Ⅲ.①国际金融－高等职业教育－教材 Ⅳ.①F831

中国国家版本馆CIP数据核字（2023）第121984号

福建省社科研究基地福建江夏学院金融风险管理研究中心资助
新编21世纪高等职业教育精品教材·金融类
国际金融（第四版）
李杰辉 编著
Guoji Jinrong

出版发行	中国人民大学出版社		
社　　址	北京中关村大街31号	**邮政编码**	100080
电　　话	010－62511242（总编室）		010－62511770（质管部）
	010－82501766（邮购部）		010－62514148（门市部）
	010－62515195（发行公司）		010－62515275（盗版举报）
网　　址	http://www.crup.com.cn		
经　　销	新华书店		
印　　刷	天津中印联印务有限公司	**版　　次**	2008年5月第1版
开　　本	787 mm×1092 mm　1/16		2024年1月第4版
印　　张	14.75	**印　　次**	2024年1月第1次印刷
字　　数	355 000	**定　　价**	42.00元